기후재난시대를 살아내는 법

기후재난시대를
살아내는 법

우리 사회의 약자들에게 더 깊숙이 침투하는
기후변화의 현장을 고발하다

이수경 지음

궁리
KungRee

옆 사람을 부둥켜 안고
폭풍우를 견뎌내었다

2023년 5월, 세계보건기구는 코로나19 비상사태 종식을 선언했다. 2020년 3월 코로나19 팬데믹선언 3년 2개월 만이었다. 그러나 비상사태 종식이 선언되었다고 코로나19 위험이 끝난 것은 아니며 여전히 코로나19는 진행 중이다. 3년 2개월 동안 코로나19로 전 세계는 세계대전과 같은 재난에 휩싸였다. 2023년, 코로나19로 인한 사망자는 700만에 달한다. 5년간의 제1차 세계대전 사망자가 900만, 6년간의 제2차 세계대전 사망자가 5000만에서 7000만에 달했는데 코로나19는 3년간 700만에 달하는 사망자와 7억 명에 달하는 확진자를 냈다. 게다가 코로나19 상황에서 의료붕괴로 인한 사망자, 사회적 봉쇄로 인한 우울증과 폭력의 증가와 같은 코로나19의 간접적인 희생자, 세계화된 지구에서 코로나19로 상품의 품귀현상과 물가폭등으로 인한 사망자 등을 모두 합하면 코로나19의 영향은 세계대전의 영향 못지않다.

코로나19의 고통은 모두가 겪고 있는 것처럼 보이지만 가만히 들여다보면 코로나19의 먹이가 되는 대상은 따로 있다. 1997년 IMF 외환위기와 2008년 글로벌 금융위기에 그랬던 것처럼, 코로나19도 모든 사람이 같은 고통을 짊어지는 것은 아니다. 코로나19 시기, 자산의 양극화는 더 심해졌고 부담과 고통은 나눠지 않고 일부가 짊어졌다. 생존의 위기에까지 내몰린 소상공인이야 말할 것도 없지만 우리 사회의 약자에게 코로나 때문에 더해진 짐은 가뜩이나 버거운 삶을 위태롭게 만들고 있다. 재난은 사회적 약자에게 늘 더 사납다.

코로나19 한가운데 치러진 21대 대선의 주요 의제로 남성에 대한 역차별이 떠올랐지만 우리나라 여성의 노동조건은 OECD 최악이다. 교육기회를 빼면 우리나라의 여성은 경제적 사회적으로 남성에 비해 훨씬 기회가 적다. 경제수준이 비슷한 나라는 물론 일부 아랍이나 아프리카 국가에 비해서도 우리나라의 성평등지수는 낮다.[1] 이렇게 불평등한 여성의 지위는 코로나19를 겪는 동안 더 불리해졌다. 여성은 코로나19 기간 동안 더 많이 일자리를 잃고 더 많이 가사노동을 떠안아야 했으며 더 많은 폭력에 시달렸다. 이대남[2] 역차별을 말하기엔 우리나라는 아직도 양성평등에 도달하기조차 숨 가쁘다.

세계에서 가장 가난한 나라에서 태어나 세계에서 가장 오랜 시간

---

1 대한민국은 진짜로 '양성 평등 후진국'일까?, 팩트체크K, KBS 뉴스, 2022. 7. 17.
2 이대남은 '이십대 남성'의 줄임말. 남성 역차별을 주장하기 위해 등장한 신조어.

기후재난시대를 살아내는 법

노동을 해서 우리나라를 선진국으로 만든 노인들은 OECD 1위의 빈곤률에 시달린다. 노인들이 겪어야 하는 고통은 빈곤만이 아니다. 자식들에게 다 퍼주고 유일하게 남은 병들고 늙은 몸은 이제 조롱거리로 전락했다. 코로나19로 가난한 노인들은 밥을 굶고 병들어도 갈 병원조차 병원비조차 없다.

코로나19라는 위기는 구멍숭숭한 사회 안전망에서 벗어난 이들에게는 더욱 가혹하다. 사회의 약점을 증폭시키고 그곳으로 약한 자를 끌어들인다. 노인, 여성뿐 아니라 아동, 이주노동자, 장애인 등 모든 사회적 약자가 코로나19로 빈곤의 고통을 더 크게 겪는다. 위기에는 사회적 약자일수록 더 많이 일자리를 잃고 더 빠르게 소득이 준다. 위기에는 국가가 제공하는 공공서비스의 혜택도 줄어든다. 공공병원이나 학교, 노인복지센터나 장애인 복지센터, 이주노동자 지원센터 등이 문을 닫으면 사회적 약자는 민간병원이나 학원 등을 이용할 여력이 없다. 중앙정부의 효율적인 지휘 아래 일사불란하게 움직이는 위기관리정책에서 지역마다 다른 여건과 자원이 고려될 여지는 사라진다. 위기는 불평등을 가중시킨다.

이렇듯 재난은 사회의 약한 고리에 더 깊숙이 침투한다. 코로나19로 위기가 드러난 곳이 우리 사회의 약점이다. 코로나19와는 비교가 안 될 재난이 예고돼 있다. 아니 이미 그 재난 속에 우리는 살고 있다. 기후변화가 바로 그것이다. 기후변화는 기상이변은 물론 코로나19와 같은 감염병을 더 자주 더 심각하게 일으키고 있다. 또 기후변화대책에서 빠질 수 없는 산업구조조정으로 많은 사람들이 일자리를 잃게 될 것이다. 기후변화는 물론 기후대책도 사회적 약자에겐 코로나19와 같은 재난이 될 수밖에 없다. 따라서 코로나19 위기로 드러난 우리 사회의 약한 고리를 재점검하는 것이 기후변화시대를 견뎌내기 위한 혹은 기후변화를 대비하기 위한 최소한의 준비다.

기후변화, 필요한 것은 정치적 결단이다

"왜 세계의 북반구 국가들은 코로나 사태에는 행동에 나섰고, 기후사태에는 행동에 나서지 않는 것일까?"라는 물음으로 『코로나, 기후, 오래된 비상사태』라는 안드레아스 말름의 책은 시작한다. 코로나19는 기후변화와는 달리 긴급한 현재의 비상사태였다거나 피해가 직접 눈 앞에서 벌어졌다는 주장에 대해 저자는 "지난 40년 동안 기후변화로 인해 매년 15만 명 이상이 사망했다. 2019년 극한 기후사태로 2200만 명의 이재민이 발생했고 그 수도 해마다 기하급수적으로 늘고 있다"고 답한다. 기후변화 피해가 결코 미래에 일어날 긴급하지 않은 피해가 아니라는 것이다. 그럼에도 자원과 기술을 모두 가진 세계의 북반구 국가들이 기후변화대책과는 달리 코로나19 대책에는 발빠르고 적극적으로 움직인 동인은 무엇일까?

저자는 코로나19 위기가 전 지구적으로 확산되던 무렵 희생자가 어디서 발생했느냐에 주목한다. "바이러스가 이란을 휩쓸던 때가 아니라, 이탈리아에서, 더 정확하게는 북부의 부촌인 롬바르디아에서 수백 명의 사망자가 나오기 시작한 시점이었다. 설상가상으로 유명 인사들과 정치인들이 병을 앓기 시작했다. 톰 행크스와 그의 아내, 영국의 찰스 왕세자는 물론 총리도 이 무리에 끼어 있었다. 이들 중 누구도 기후위기가 초래한 심각한 위험에 직면하지는 않았다."

물론 이 책이 코로나19가 부자국가와 부자들의 병이라고 말하는 것은 아니다. 코로나19가 처음 공격한 대상이 유럽의 부자들 혹은 유명인사였던 것이 유럽국가에서는 매우 이례적인 봉쇄령까지 끌어낼 수 있었던 것 아니냐는 저자의 의심을 좌파의 배배 꼬인 심술로 치부할 수는 없다. 저자는 그 의도야 어찌 됐든 자본과 기술을 모두 가진 미국, 유럽, 일본은 물론 한국과 같은 개발국가의 정부가 적극적으로 나선 탓에 전 세계가 기후변화라는 전쟁에서 처음 승리한 전투로 코로나19가 기록될 수 있을 것 같다고 진단한다. 저자가 주목하는 것이 바로 코로나19에서 보여준 개발국가 정부들의 '정치적 결단'이다. 코로나19에서 어렵지만 승리를 거둔 것처럼 기후변화 전쟁에서 인류가 이길 방법은 오직 더 빠르고 적극적인 '정치적 결단'을 시민사회가 끌어내는 것뿐이라는 것이다.

코로나19도 다른 재난과 마찬가지로 사회적 약자에게 더 큰 희생을 요구한다. "역경을 극복하기 위해서는 대처할 자원을 얼마나 가졌느냐에 달려 있고 이는 사회적 요인들에 의해 결정되기 때문이다. 사람들은 계급, 젠더, 인종, 세대, 시민/이주민으로 나뉘어 있어서 누군가는 전장에서 부상을 입는가 하면, 다른 일부는 번쩍거리는 갑옷으로 치장하고는 만반의 준비를 한다. 감염병의 경우에도 양상은 다르지 않다." 코로나19도 마찬가지다. 그러나 다른 재난과는 달리 코로나19 상황에서 각국 정부는 사회적 약자와 코로나19 피해자를 위한 대책을 수립 실시하였다. 그 결과 봉쇄령을 포함한 사회적 거리두기와 적극적 재정정책을 편 국가들에서는 코로나19 사태 이후 심화되던 양극화가 오히려 개선되었다. 물론 코로나19를 지나치게 정치적으로 다룬 결과, 가장 먼저 코로나19를 유행시킨 국가이면서도 가장 늦게까지 코로나19의 사회적 면역에 도달하지 못한 중국의 반례도 있기는 하다. 중국은 2022년, 시진핑 3연임 확정으로 장기집권체제의 발판을 다졌으면서도 과도하게 강압적이고 길었던(무려 3년) 코로나19 봉쇄정책으로 인해 오히려 정치적 위기에 직면했다.

이 책은 각국 정부의 코로나19 대응에서 기후변화의 해결책을 찾을 수 있다고 믿는다. 신자유주의 이후 모든 경제위기의 만병통치약쯤으로 여겨지던 긴축재정을 폐기하고, 시민들이 집에 머물 수 있도록 기본소득 형태의 재난지원금을 실시하고, 의료보험제도가 없는 국가에서도 코로나19에 대한 공공의료서비스를 실시하는 등, 정부의 적극적인 개입이 재난과 위기에 필요한 정치행위라는 것이 코로나19를 통해 입증되었다.

코로나19 비상사태도 끝났다. 그사이 우리나라에는 정치방역을 끝내고 과학방역을 하겠다는 윤석열 정부가 들어섰다. 윤석열 정부가 하겠다는 과학방역이 무엇인지는 임기 1년이 지나고 코로나19가 다 끝나도록 분명치는 않다. 이 책이 주장하는 대로 체제만이 기후변화와 코로나19의 원인은 아니다. 그러나 코로나19로 인한 위기를 극복한 각국의 사례에서 본 것처럼 정치적 해결 없이 코로나19나 기후변화와 같은 재난을 과학적으로 해결할 수는 없다. 가장 권위 있는 국제 기후변화 보고서인 유엔 기후변화에 관한 정부간 협의체 (IPCC) 평가보고서에 항상 정책결정자를 위한 요약본(SMP)이 존재하는 이유다. 코로나19건 기후변화건 사회적 문제를 해결할 정치적 해법을 갖지 못한 정부는 국민에게 필요하지 않다. 돈 많이 들고 쉽게 부패하고 늙고 못생긴(대부분) 정치인이 필요한 것은 의외로 결론이라는 게 잘 나지 않는 과학 따위의 문제를 정치적으로 합의하기 위해서이기 때문이다.

위기가 몰려온다

코로나19는 우리에게 건강 영향과 경제적 타격만 입힌 것은 아니다. 전쟁을 포함한 모든 재난이 그렇듯이 코로나19도 세계를 지탱해온 경제구조, 정치구조를 포함한 전 영역에 영향을 미치고 세계는 코로나19로 구조적 변화를 겪고 있다. 각국은 코로나19로 확대된 재정과 물류유통의 교란으로 물자부족과 물가상승에 시달리고 있다. 식량과 에너지 난으로 각국의 정치가 불안해지고 국제적 긴장도 높아지고 있다. 안드레아스 말름에 따르면 "코로나19는 기후변화라는 전쟁의 하나의 총알"에 불과한데도 코로나19의 영향에서 벗어나기 위해서 얼마나 많은 시간과 피해자가 필요한지 여전히 가늠하기 힘들다.

코로나19와 기후변화뿐 아니다. 이미 시작된 4차 산업혁명으로 인한 산업구조조정과 플랫폼산업 분야의 노동시장의 불안정성은 어느 때보다 높아지고 있다. 노동자들의 노동여건도 나빠지면서 동시에 취약한 산업의 고용불안도 동시에 심해진다. 노동시장이 불안정할수록 인구의 수도권 유입은 늘고 지금도 대도시에 비해 취약한 지방의 공공서비스조차 제대로 제공되지 못할 가능성이 커진다. 더구나 우리나라는 이 시기에 인구의 다수를 차지하는 베이비부머의 은퇴 시기가 맞물려 위기는 증폭될 수밖에 없다.

어느 나라든 인구가 폭발하는 베이비붐 시기가 있다. 이들이 인구의 다수를 차지하기 때문에 베이비부머의 인생주기가 그 국가의 성장주기가 되는 일은 어쩌면 당연하다. 급속하게 성장하면서 달려온 만큼 베이비부머의 은퇴가 우리 사회에 미치는 영향도 크다. 고도성장 사회에서 살아온 베이비부머는 노동을 시작하고도 한참이 지나서야 국민연금이나 건강보험 같은 공공서비스의 혜택을 받기 시작했을 뿐 아니라 연금과 같은 공공서비스에서 제외된 윗세대를 사적으로 부양하고 다음 세대의 교육비용을 충당하느라 스스로를 위해 마련한 노후자금이 없다. 노후자금이 없는 은퇴세대는 우리 사회가 짊어진 또 하나의 불안요인이다.

서울은 세계적 도시다. 서울에 대한 외국인의 찬사는 끝이 없다. 서울은 21세기의 도시라고 보기에는 너무 발전했다고 말하며 외계의 도시 같다는 찬양(?)까지 있을 정도다. 외계의 도시인지 세계 제1

의 도시인지는 모르겠으나 서울이 한국의 여느 곳과도 차원이 다른 도시라는 것은 분명하다. 한국에서 좋은 것은 모두(예외인 몇을 빼면 거의 전부) 서울 차지다. 한국에서 귀찮고 지저분한 것은 아무리 필요해도 서울은 자리를 내주지 않는다. 자식을 낳으면 서울로 보내라는 속담이 있는 한국에선 지방에서 낳았어도 지방민의 장학금으로 키웠어도 쓸 만하다 싶은 물건이든 사람이든 다 서울로 보낸다. 서울에 그렇게 사람이 많으니 사람한테 조금이라도 해가 되는 건 모두 지방으로 보내야 한다. 서울이 버린 쓰레기도 서울 집을 밝히고 덥히는 에너지도 서울엔 있을 자리가 없다. 그러는 동안 서울은 집값이 천정부지로 치솟고 지방엔 빈집이 넘쳐난다. 가뜩이나 비좁은 나라에서 한 곳에만 몰려 사느라 드는 비용이 한국의 성장을 가로막는 걸림돌이 되고 있다.

기후변화로 더 이상 현재와 같은 산업구조를 유지할 수 없다는 것은 분명해졌다. 국토도 더 이상 현재와 같은 방식으로 사용하기에는 한계가 분명하다. 서울에 부동산 자산을 몰아넣은 정치권이 십수 년 전부터 시늉에 불과하더라도 균형발전을 공약에 끼워 넣는 건 수도권 집중이 우리나라의 발전을 가로막는 구조적인 문제라는 것을 알고는 있기 때문이다. 밀집되어 능률을 올리던 서울은 과밀로 현저히 능률이 떨어지는 도시가 되어버린 지 오래다. 코로나19와 기후변화, 경제적·지역적 양극화의 해법은 산업구조개편이나 균형발전과 같은 구조개혁에서 시작해야 한다. 위기를 야기한 구조를 바꾸지 않고 문제를 해결할 방법은 없다.

기후변화의 파국, 이미 시작되었다

기후변화로 인류가 멸종할 것이라는 예언을 점차 더 많은 사람이 믿고 있다. 기후변화가 아니더라도 인류라는 생물종은 언젠가는 멸종하고 지구라는 행성도 언젠가는 사라질 것은 당연한 일이다. 그런데도 기후변화로 인한 인류멸종이나 지구종말을 근심하는 이유는 우주의 시간이나 진화의 시간 속에서의 종말을 걱정하는 것이 아닌 것은 분명하다. 이 세대 혹은 다음 세대 혹은 그 다음 세대와 같이 우리에게 가시적이거나 적어도 공감할 수 있는 시간 범위 내에서 인류가 기후변화로 종말을 맞이할 것이 걱정이라면, 단언컨대 그럴 일은 없을 것이다.

기후변화의 마지노선으로 여겨지는 산업화 이전 대비 1.5~2℃ 지구평균 기온이 상승하여도 아니 그 두 배쯤 기온이 상승하여도 아마 인류는 아마도 수천 년에서 수만 년까지 멸종하지 않을 것이다. 단지 수자원의 부족으로 인류가 살 만한 땅은 더 좁아지고 인류가 먹을 양식은 훨씬 덜 생산될 것이고 폭풍우, 산불, 해일 등으로 더 많은 사고에 노출될 것이다. 기후변화가 전쟁이라면 코로나19는 그 전쟁에서 쓰인 하나의 총알에 불과하다는 평가를 받는 코로나19 겨우 3년 동안에도 인류 전체가 먹고 남을 식량이 있는 현재에도 식량난으로 폭동이 일어나고 난민이 발생하고 전쟁 위험이 수직 상승했다. 인류의 역사가 보여주는 것은 우리에게 기후변화로 인한 식량 생산이 줄기 전에, 태풍과 해일이 덮치기 전에, 국경선을 넘는 난민이 늘고, 수자원, 에너지자원을 둘러싼 국가간 분쟁이 시작된다는 것이다. 기후변화의 가장 많은 희생자는 기상이변에 의해서도 식량 고갈에 의해서도 감염병에 의해서도 발생하지 않는다. 어떤 재난이든 결국 재난을 재앙으로 만드는 것은 자원이 고갈되기도 전에 시작되는 자원을 둘러싼 경쟁, 그리고 전쟁이다. 경쟁을 통해 생존하는 방식을 고수하겠다면 기후변화시대의 가장 많은 희생자는 전쟁터에서 나올 것이다. 벌써 20년 전부터 영국, 미국 등에서는 기후전략보고서가 쏟아져 나왔다.

그러나 기후변화시대의 생존방식이 경쟁이 되면 최후의 1인이 남을 때까지 전쟁은 계속된다. 국가간 전쟁만이 아니다. 곳곳에서 내전이 일어나고 어느 국가, 누구도 안전하지 않다. 만인에 대한 만인의 투쟁을 촉발할 경쟁으로 얻을 것은 겨우 재앙에 빠질 조금 더 늦은 순서일 뿐이다. 이미 1995년 기후변화협약이 맺어진 이유다. '공동의 차별적 원칙'이라는 이제는 유명해진 환경문제 책임의 원칙은 기후변화라는 재난을 경쟁이 아니라 연대와 협력을 통해서 넘겠다는 인류의 약속이다. 기후변화로 발생한 기상이변과 식량난, 수자원 부족, 난민과 정치적 혼란에 대한 인류 공동의 해결책을 마련해야 하는 것은 인류애 때문이 아니다. 연대하고 협력하지 않고는 이스터섬의 비극을 피할 길이 없기 때문이다. 기후변화로 인류가 종말을 맞지는 않겠지만 자원을 둘러싼 경쟁이 시작되면 인류 역사상 가장 평화롭다는 현재의 문명은 끝없는 전쟁의 소용돌이 속에 파괴될 것은 분명하다. 자원 부족의 신호가 떨어지기도 전에 시작되는 경쟁은 기후변화에서 비교적 안전하다는 국가마저도 전쟁의 소용돌이로 끌고 들어가게 될 것이다. 세계대전은 늘 그렇게 일어났고 전쟁의 소용돌이에 휩싸인 세계에서는 우리가 누리는 문명화된 세상은 종말을 고할 것이다.

　유감스럽게도 기후변화협약 이후 30년이 흐르는 동안 협약의 이행은 미뤄지고 퇴색되었다. 코로나19 당시 보여준 개발국가들의 백신과 치료제를 둘러싼 이기적 행태는 기후변화협약에 대해 더 이상 기대할 것이 없는 듯 보이기도 한다. 우리나라는 좀 더 심각하다. 2023년 도쿄 G7회의에서 "기후변화에 대한민국이 적극적인 역할을 선도할 것"이라고 밝힌 윤석열 정부의 기후정책은 한마디로 립서비스 외에는 "없다". 문재인 정부 엇나가기 혹은 되돌리기가 유일한 국정과제처럼 보이는 윤석열 정부는 국내외적으로 박한 평가를 받은 문재인 정부의 기후·에너지정책마저 좌파의 비합리적인 바보짓쯤으로 여기고 문재인 정부 이전으로 되돌리기에만 급급하다. 윤석열 정부의 기후정책은 기후 문제가 아니라 경제문제, 수출문제를 걱정해야 할 수준이다. 더디긴 하지만 'RE100(재생에너지 100% 사용-)'과 같이 이제 수출에서도 산업에서도 영향력을 발휘하는 기후정책이 국제적 표준으로 채택되고 있기 때문이다.

남극이라는 혹한에도 살아남은 펭귄들의 비법

1972년, 태풍 베티는 하루 최대 강수량 407.5mm를 쏟아부었다. 우리나라의 연평균 강수량이 대략 1,200~1,300mm인 것을 고려한다면 한 해 쏟아지는 비의 대략 3분의 1이 하루 동안 퍼부은 것이다. 8월 19일, 남한강이 범람하면서 한때 44가구 250여 명이 살던 충북 단양의 작은 섬, 시루섬은 꼼짝없이 고립되고 말았다. 미처 피신하지 못한 주민 232명은 3개의 원두막과 20㎡도 안 되는 물탱크 위에 올라서야 했다. 피할 곳이라고는 거기밖에 없었다. 물탱크 위의 주민들은 노약자를 중심으로 청년들이 밖에서 스크럼을 짜 마을에 있던 높이 7m, 지름 5m 물탱크 위에서 거센 비바람과 시루섬 대부분을 침수시킨 물살과 싸워내며 하루를 꼬박 버텨내야 했다. 태풍이 지나가고 비록 4명이 사망하고 4명이 실종되는 인명피해가 났지만 224명이 생존하였다. 당시 이 태풍으로 전국에서 550명이 사망하거나 실종되면서 시루섬의 사투는 기적이라 불렸다.

남극은 지구상에서 가장 추운 곳이다. 연평균기온은 −23℃ 정도이며 연안은 −10℃ 이하, 내륙은 −55℃에 이른다. 지구상에서 가장 추운 남극에도 생물은 산다. 북극곰이 북극을 대표한다면 남극을 대표하는 동물은 단연 펭귄이다. 극한 환경이 펼쳐지는 남극의 겨울 동안 번식을 하는 황제펭귄은 추위를 이기기 위해 무리를 짓는다. 영하 45도에 이르는 혹한과 초속 50m의 강풍이 몰아치는 남극의 겨울 얼음판 위에서 번식하는 황제펭귄의 생존법은 놀랍다. 수컷 황제 펭귄은 발 위에 알을 올려놓은 채 부화한다. 이제 황제펭귄은 새끼 가 깨어나고 암컷이 찾아올 때까지 넉 달 가까운 남극의 겨울밤을 버텨내야 한다. 지구에서 가장 추운 남극의 겨울 밤을 버텨내는 황 제펭귄의 비결은 체온 나누기다. 펭귄 무리의 중심에 있는 펭귄은 따뜻하지만 가장자리 펭귄은 찬바람에 고스란히 노출된다. 따라서 펭귄들은 조금씩 바람이 불어가는 방향으로 움직이면서 무리 가장 자리 펭귄과 안쪽 펭귄의 위치를 바꾼다. 이렇게 펭귄 무리의 온기 를 골고루 나눈 덕에 펭귄은 남극이라는 혹한 상황에도 살아남을 수 있다.[3]

애덤 매케인 감독, 레오나르도 디카프리오 주연의 영화 〈돈 룩 업 (Don't look up)〉의 마지막 장면이 내가 기대하는 기후변화시대를 사 는 우리의 마지막이기를 소망한다면 너무 비관적일까? 아니면 너무 희망적일까? 〈돈 룩 업〉은 혜성이 지구와 충돌하는 분명하고 명백 한 상황에서도 문제해결의 의지는 없이 눈앞의 이익만을 추구하느 라 시간과 기회를 모두 놓쳐버린 정계와 재계, 언론, 과학계의 좌충 우돌을 그린 블랙코미디이다. 기후변화에 대한 정부의 무관심과 무 능력을 꼬집은 이 영화는 결국 모든 기회를 잃은 인류가 필요한 기 술과 자원을 갖고도 혜성의 충돌을 막지 못하는 비극으로 막을 내린 다. 그러나 혜성충돌과 인류멸망이라는 비극 속에 이 영화는 하나의

---

3 조홍섭, 남극 혹한 견디는 황제펭귄 비법은 '1분에 10cm', 한겨레, 2012. 11. 30.

희망의 싹을 심어둔다. 충돌의 그 순간 주인공이 자리한 곳은, 눈꼽만한 기회라도 1초라도 더 살기 위해 옆 사람을 사지로 밀어넣는 아귀다툼 속이 아니라, 사랑하는 가족, 공동체와 마지막 음식을 나눌 식탁 앞이다. 혜성충돌도, 기후변화도, 막을 기회를 다 놓쳐버려도 적어도 인간답게 문명인답게 마지막을 맞을 기회까지 사라진 것은 아니라는 영화의 메시지는 그래서 역설적으로 희망적이다.

어쩌면 우리는 이미 기회를 거의 다 놓쳤을 수도 있다. 지구의 기온을 바꾼 기후변화라는 시간 속에서 아마 우리는 늦었는지도 모른다. 21세기 말까지 산업시대 대비 1.5℃ 상승이라는 마지노선을 달성하지 못할 것이 거의 분명해 보인다. 우리는 더 이상 탄소를 배출하지 않아도 이미 배출한 탄소로 지구의 기온이 올라가는 것을 막을 수 없는 지경에 이르렀는지도 모른다.

그렇다고 우리가 할 일이 없는 것은 아니다. 기후변화를 막기 위해서도, 기후변화를 조금이라도 완화시키기 위해서도, 설사 이미 종말이 예견된데도, 우리가 할 일은 여전히 남아 있다. 자식도 내팽개친 채 저만 탈출해보겠다고 애쓸 것인지, 자원을 더 차지해 조금이라도 더 살아보겠다는 경쟁에 뛰어들것인지, 아니면 자리를 좁혀 폭풍우 속의 한 사람이라도 더 끌어안을지. 적어도 최후의 1인까지 경쟁하고 다투는 전쟁을 피할 길은 남아 있는 셈이다.

차례

1장

불평등이 기후변화를
재앙으로 이끈다

2023년 9월, 리비아의 가장 큰 항구도시 데르나를 폭풍이 강타했다. 데르나 외곽의 댐 두 곳이 붕괴되면서 도시의 20% 이상을 급류가 휩쓸고 지나갔다. 6,000명 이상의 사망자와 1만 명 이상의 실종자가 발생한 리비아 홍수가 기후변화로 인한 것이라는 데에는 이견이 없다. 2023년 한국의 여름도 잔인했다. 더위와 수해로 수천 명의 사람이 목숨과 살 터를 잃었다. 기후변화를 기후재앙이라 불러도 이제 아무도 거기에 토를 달지 않는다. 더위도 수해도 이미 예고되었는데도 국가적 경보시스템은 제대로 작동하지 않고 책임자들은 골프다 모임이다 제 놀이에 바쁘다. 기후변화와 같은 자연재해를 재앙으로 만드는 건 늘 인재다. 국민들이 목숨과 가족, 재산을 잃어도 윤석열 정부는 아무것도 책임지지 않으면서 허공을 향해 엄벌만 되뇌인다. 기후재앙이 수해로 산불로 더위로 국민을 덮치고 해가 갈수록 재난의 크기가 커질 것이라는 것을 모르는 사람은 없다. 기후변화로 더 잦아지고 거세질 더위와 수해와 산불지역에 대한 대책이 이미 수립되고 시행 중이지만 정작 현실에서 기후변화 대책은 제대로 작동하지 않는다. 인력도 자원도 제대로 투입하지 않으면서 구색맞추기로 끼워넣은 기후대책으로는 기후재앙으로부터 국민을 지켜낼 수 없다.

기후변화는 우리가 맞고 있는 위기 중 가장 시급하고 광범위하고 절박하다. 도시지역의 빈곤층 주거지역인 반지하에 대한 대책도 쪽방과 같은 열악한 주거시설의 냉난방대책도 필요하다. 기후변화시대, 주거는 식량과 마찬가지로 최저 한계를 국가가 보장해야 한다. 기후변화는 물론 기후변화대책으로도 수많은 일자리가 사라질 것이다. 때맞춘 4차 산업혁명과 플랫폼산업의 확대로 더 많은 사람이 일자리에서 쫓겨나고 있다. 기후변화는 기존의 사회체제의 모순과 한계 때문에 발생했다. 기후변화를 야기한 사회체제에 대한 전반적인 개편 없는 기후변화 대책은 속임수에 불과하다. 기후변화, 이제 필요한 것은 과학기술이 아니다. 국가의 인적·물적 자원을 동원할 정치적 결단이다.

기후재난시대, 이미 시작됐다[1]

2019년 말부터 2022년까지 불과 3년여의 기간, 코로나19는 세계의 질서를 흔들어놓았다. 기성의 정치, 경제체제에 큰 타격을 주었고 코로나19로 사람들은 삶의 양식조차 바꾸지 않을 수 없었다. 코로나19로 인한 사망자 수가 아니더라도 코로나19가 세계대전과 비견되는 이유다. 2023년 코로나19 비상사태가 종식되면서 사람들은 일상을 되찾았다. 그러나 모두가 그런 것은 아니다. 코로나19로 누군가는 생명을 잃거나 가족을 잃었고 평생 코로나19 후유증으로 고통을 짊어지고 살아야 한다. 코로나19로 노후를 대비해 빚까지 얻어가며 차린 가게가 파산하거나 일자리를 잃은 사람들은 사회적 거리

---

[1] IPCC 6차 보고서 「기후변화 2021 과학적근거(2021년)(국영문 합본, 기상청 2021년 발행)」를 주로 참고하여 IPCC 「지구온난화 1.5℃ 특별보고서(2018년)(국문판, 기상청 2019년 발행)」를 비교하여 정리하였음.

두기가 해제되어도 코로나19 이전으로 돌아갈 수 없다. 세계는 이제 코로나19를 기점으로 BC(before corona)와 AC(after corona)로 나뉠 것이라고 말한다. 그러나 틀렸다. 코로나19가 분기점이 되기에는 코로나19는 비교조차 되지 않는 재난이 연이어 달려오고 있기 때문이다.

기후변화로 고조되는 전쟁의 위험

기후변화로 코로나19와 같은 감염병은 더 많이 더 광범위하게 더 강하게 닥쳐올 것으로 예견되고 있다. 코로나19와 같은 감염병의 창궐만이 문제인 것도 아니다. 기후이상으로 곳곳은 더 많은 그리고 더 강력한 자연재해를 겪어야 한다. 가뭄으로 식량수급에 차질이 생기면 정치적으로도 위태로워지는 국가가 더 많이 늘어날 것이다. 각 국가의 정치상황만 그렇게 되는 것이 아니다.

식량생산 감소로 난민이 발생하면 국경에 대한 압력은 더 높아지게 되고 전쟁위협은 당연히 더 커지게 될 수밖에 없다. 현재도 물 부족으로 같은 수원을 사용하는 국가 간 긴장이 높아지고 있는데, 세계 곳곳에서 내란 혹은 전쟁이 더 많이 발발하게 될 것은 분명하다. 수단 내전이 기후변화로 인한 물 부족에서 기인하였다는 것은 이미 널리 알려진 사실이다.[2] 불행하게도 국지적인 전쟁이 세계대전으로 비화할 가능성도 적지 않다. 늘 그렇듯 기존의 질서가 무너지는 신호탄은 내전과 전쟁이 될 것이다.

기후변화 시나리오가 이미 강대국의 군사계획에서 중대한 비중을 차지하게 된 지는 오래되었다. 기후변화로 식량공급의 위기가 개발도상국에서만 일어나리라는 보장은 없다. 기후변화에는 비교될 수조차 없는 코로나19 팬데믹으로도 세계는 수년째 자원공급의 어려움을 겪고 있다.

지구의 평균기온이 2~3℃만 올라도 전쟁이 일어나는 것은 물론 핵전쟁의 가능성까지 보인다고 주장하는 권 다이어의 『기후대전』은 이미 10여 년 전에 출간되었다. 이 책이 출간되기도 훨씬 이전부터 미국과 같은 선진국은 기후변화를 대비한 전략보고서를 준비해온 것이다. 산업화 이전 대비 지구 평균기온이 겨우 1.09℃ 오른 2023년 현재의 세계를 보라. 10여 년 전 과도한 겁주기 같았던 이 책의 예측은 평균기온이 겨우 1℃ 상승한 지금의 세계와 너무나 닮아 있다.

1990년대 이후의 저물었던 탈냉전시대가 다시 돌아왔다. 러시아

---

2 1980년대부터 시작된 기후변화로 수단 남부에서는 심각한 가뭄이 발생했다. 이로 인해 북부 아랍계와 남부 기독교계 흑인 사이에 분쟁이 촉발됐다. 그 과정은 이렇다. 인류가 만들어낸 온실가스로 지구가 더워지면서 인도양 상공에서 만들어지던 계절성 열대 몬순이 사라졌다. 유엔 통계에 따르면 열대 몬순의 실종으로 지난 20년간 수단 남부의 강수량은 40% 이상 줄었다. 이 같은 현상은 심각한 생태변화와 함께 정치·경제적 상황도 바꿨다. 과거 수단에서는 목축에 종사하던 북부 아랍계와 농사를 짓던 남부 흑인들이 평화롭게 살았다. 당시에는 식수와 식량이 넉넉해 남부 농민들은 북부 목동들이 가축을 몰고 와 물과 풀을 먹이는 일을 너그럽게 봐줬다. 그러나 가뭄이 심해지면서 사정이 달라졌다. 남부 농민들은 북부 아랍계가 식수와 곡물을 축낸다고 비난하면서 양측 간 대립이 시작됐다. 이런 반목이 점차 거세져 2003년부터 본격적인 내전이 벌어졌다.(반기문, "수단 다르푸르 분쟁 지구온난화가 원인", 중앙일보, 2007. 6. 18.)

우크라이나 전쟁으로 핵전쟁의 공포는 실체가 되었다. 중국과 미국의 냉전은 아슬아슬하다. 더구나 중국 대 미국의 냉전체제의 최전방에서 남북이 대치하고 있는 우리나라의 전쟁위험은 어느 때보다 높아졌다. 하필 이 시기 우리나라에는 한미일 동맹만이 외교인 줄 아는 윤석열 정부가 들어섰다. 윤석열 정부는 러시아와 중국 도발의 첨병을 자처하고 나서면서 신냉전의 전선을 휴전선으로 끌어들였다.

미국의 군사전략과 국제관계연구센터(CSIS)[3]와 신미국안보센터(CNAS)[4]가 공동으로 2007년 11월에 출간한 보고서 「결과의 시대」에 따르면 IPCC 5차 보고서(이하 5차 보고서)에서 가장 이상적인 시나리오라는 RCP2.6[5]시나리오 상황에서도 2040년 세계의 정세는 상당히 우려스럽다.

---

3 미국 전 국무부부장관 리처드 아미티지, 전 국방부장관 헤럴드 브라운, 전 국가안보보좌관 즈비그뉴 브레진스키, 전 국방부장관 윌리엄 코언, 전 국무부장관 헨리 키신저 등을 운영위원으로 둔 워싱턴의 두뇌집단.

4 전 국방부장관 윌리엄 페리, 전 국무부장관 매들린 울브라이트, 전 해군장관 리처드 댄지그, 전 국방부차관 윌리럼 린 등 클린턴 행정부의 국방관료를 이사로 둔 기후변화에 중점을 둔 군사전략 연구기관.

5 RCP 시나리오
  -Representative Concentration Pathways, 대표농도경로
  -IPCC 5차 평가보고서(2013)에서는 인간 활동이 대기에 미치는 복사량으로 온실가스 농도를 정하였다. 하나의 대표적인 복사강제력에 대해 사회·경제 시나리오는 여러 가지가 될 수 있다는 의미에서 '대표(Representative)'라는 표현을 사용하며, 온실가스 배출 시나리오의 시간에 따른 변화를 강조하기 위해 '경로(Pathways)'라는 의미를 포함하고 있다.〈RCP 시나리오별 설명 및 2100년 기준 CO_2 농도〉

종류	시나리오 설명	2100년 기준 CO_2 농도(ppm)
RCP2.6	지금부터 즉시 온실가스 감축 수행	420
RCP4.5	온실가스 감축 정책이 상당히 실현되는 경우	540
RCP6.0	온실가스 감축 정책이 어느 정도 실현되는 경우	670
RCP8.5	현재 추세(저감 없이)로 온실가스가 배출되는 경우	940

"지구 표면의 3분의 2를 차지하는 해양 위쪽 대기가 대륙 쪽 대기보다 더 시원하기 때문에 지구 평균 기온이 1.3℃ 올라간다는 이야기는 드넓은 대륙은 2℃ 이상 올라가고, 대륙 한가운데는 그보다 더 높아지며, 고위도 지역은 상승폭이 더 커져서 극지방 부근으로 가면 4~5℃ 높아진다는 뜻이다. 빙하가 점점 빨리 녹으면서 2040년이 되면 해수면이 전 세계적으로 0.23m 높아지고 여기에 더욱 사나워진 폭풍계까지 더해지면 폭풍해일이 발생해, 특히 남아시아, 동남아시아, 동아시아에서 인구가 밀집한 삼각주가 침수된다. 많은 토지가 영원히 유실되고, 수천만 명의 난민이 새로운 집과 생계를 찾아 가뜩이나 인구가 많은 이웃 지역으로 이주한다. 여기에 국경지대가 끼어 있다면 분쟁이 일어날 가능성이 매우 크다. 예를 들어 인도는 이미 3,000km에 이르는 방글라데시와의 접경 지역 전체에 높이 2.5m의 울타리를 둘렀다. 해안 저지대가 바다에 침수된 방글라데시는 대량 난민이 발생할 확률이 높은 나라다. 비슷한 난민 행렬은 지구 반대편에서도 일어나는데, 지구온난화로 강우 유형이 바뀌고 아열대지방 그리고 중위도에서 위도가 낮은 중저위도지방에서 강우량이 대폭 줄어들면서 대규모 가뭄으로 농민들이 고향을 이탈하는 사태가 발생한다. 가령 중앙아메리카와 카리브해 인접 국가가 곡물 수확량 감소와 강력해진 허리케인, 해수면 상승으로 어려움을 겪게 되면서 이들 국가와 국경을 맞댄 미국 남부 지역이 심각한 압력에 시달린다. 남유럽 국가들뿐 아니라 지중해 연안의 유럽연합 국가들도 점점 심각해지는 만성 가뭄에 허덕인다. 미국 남서부는 가뭄이 더 잦

그림 I-1 지구 표면온도 변화

*(가)지구 표면온도 변화(10년 평균) 추정치(1~2000년)와 관측치(1850~2020년)
*음영은 오차범위, 실선은 중앙값

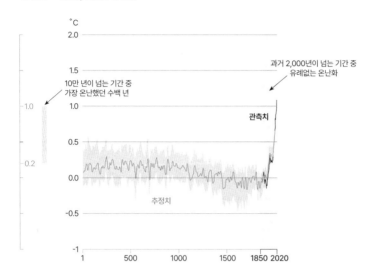

*(나)지구 표면온도 변화(연평균) 관측치와 인간 및 자연적 요인과, 자연적 요인만 고려한 모의 결과
(1850~2020년)

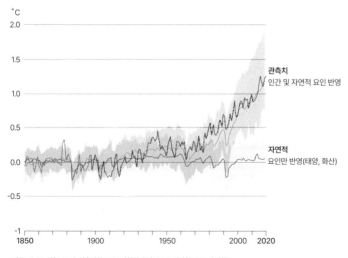

* 자료 : IPCC 6차 보고서, 기후변화 2021 과학적 근거(IPCC, 기상청 2021년 발행)

아지고 더 길어지는 통에 농촌뿐 아니라 빠르게 성장하는 여러 도시도 타격을 입고, 멕시코 만과 대서양 중부에 인접한 해안 저지대는 허리케인 카트리나의 잦은 위협에 직면한다."

기후변화로 인한 전쟁위험이 높아지는 국가에 우리나라가 빠질리 없다. 남북의 긴장이 해소되지 않는 한 우리나라는 언제 어떤 이유로도 전쟁이 재개될 수 있는 휴전국가이기 때문이다. 그것만 문제인 것은 아니다. 기후변화로 곡창지대였던 동남아시아는 가뭄 피해가 예상되며 세계 4대 곡창지대 중 하나인 중국 동북 3성[6] 또한, 잦은 홍수로 식량생산에 타격을 입을 것으로 예측된다. 이 지역은 식량생산이 많을 뿐 아니라 인구밀집도 또한 높아 기후변화로 식량 생산에서는 오히려 유리해진 시베리아 등지로 대규모 인구이동이 일어나거나 일본, 한국 등으로 밀입국이 더욱 증가하게 된다. 이로 인한 동북아의 긴장은 더 높아지고 군사 강국인 러시아와 중국이 기후변화로 높아진 국내의 불만을 국외로 돌리기 위해 이 지역의 긴장을 이용할 가능성이 크다. 러시아, 중국, 미국 등 군사적 강국의 팽팽한 대치로 이 지역에서 전쟁이 일어난다면 가장 큰 희생자는 우리나라가 될 것은 분명하다.

기후변화로 지구의 평균기온이 올라갈 때마다 대규모 인구이동이 일어난다. 미국 국경으로 몰려드는 남미 각국의 긴 인구이동과 유럽에 밀입국하기 위해 지중해를 떠도는 수많은 난민선이 남의 일

6 지린성 · 랴오닝성 · 헤이룽장성.

만은 아니다. 기후변화는 결코 자연재해만으로 끝나지는 않는다. 어떤 재난이든 결국 자연재해가 인간을 삼키기 이전에 인간끼리 먼저 삼키겠다는 싸움이 시작되기 때문이다. 지금 분쟁지역마다 높아지고 있는 전쟁위험은 기후변화라는 대격변을 육감으로 감지한 인간들이 레밍 떼처럼 절벽으로 달려나가기 시작했다는 경고인지도 모른다. 자연재해를 재앙으로 만들지 않는 방법은 그래서 과학이나 기술이 아니라 정치다.

전례 없는 기후온난화 규모

인간의 영향으로 대기와 해양, 육지가 온난해지고 있는 것은 이제 누구도 부인할 수 없는 명백한 사실이다. 인간의 영향으로 과거 2,000년 기간에 비해 최근 150여 년 동안 유례없이 빠른 속도로 기후가 온난화되고 있다. 그림 I-1(가)를 보면 1850~2020년 기간 동안 세계 평균기온이 상승하는 것이 눈에 띈다. 조금 더 세분해 들여다보면(그림 I-1(나)) 150년 기간 중에서도 전 세계적으로 산업화가 본격적으로 시작된 최근 60년(1970~2020년) 동안 전 세계 평균 기온이 급격히 치솟은 것을 알 수 있다.

이렇게 최근의 기후온난화 규모는 수백 년에서 수천 년에 이르는 기간 동안 전례 없는 수준이다. 2019년 대기 중 이산화탄소는 적어도 과거 200만 년 중에서 가장 높았으며 메탄과 아산화질소 농도는 적어도 80만 년 중에 최고 수준이다. 200만 년은 현생인류(호모 사피엔스)가 나타나기도 전, 호모 하빌리스(도구를 사용하는 사람, 손을 쓰는 사람)라는 선행인류가 살던 시절로, 인류가 아직 아프리카 밖으로 벗어나지도, 불을 사용하지도 못하던 시절이다. 20만 년 전에 출현한 현생인류가 겨우 150년 동안 배출한 온실가스로 우리가 사는 지구의 환경은 물론 선행인류조차 경험하지 못한 환경으로 바꿔버리고 있다. 산업화 이후 우리가 저질러놓은 짓의 규모가 가늠이 가는가?

해빙과 강수의 변화가 말해주는 것들

지구 표면온도는 과거 2,000년을 50년 단위로 봤을 때 1970년 이후 가장 빠르게 증가했다. 가장 최근의 온난기인 약 6,500년 중 수백 년 동안의 온도보다 최근 10년간(2011~2020년)의 온도가 더 높다. 과거 어느 때보다 지난 40년 동안 지구 온도는 꾸준히 높아졌다.(그림 I-1) IPCC 6차 보고서(이하 6차 보고서)는 21세기의 첫 20년 동안 지구 표면온도가 1850~1900년 대비 0.99℃ 더 높아졌다고 발표했다. 2018년 IPCC 지구온난화 1.5℃ 특별보고서(이하 1.5보고서)에서 같은 기간 지구온도가 0.87℃ 높아졌다고 평가한 것보다 0.1℃ 이상 기후변화가 더 진행되었다는 것을 의미하는 결과다. 이는 새로운 자료와 더 발전된 방법론에 따른 것으로 파국까지의 시간이 더 줄어들었다는 것을 보여주는 암울한 소식이다.

2011~2020년에는 1850~1900년보다 지구 표면온도가 1.09℃ 더 높았고 육지의 지구 평균 강수량은 1950년 이후 증가했다. 지구의 평균 강수량이 증가했다는 의미는 모든 지역에 비가 조금 더 많이씩 내린다는 의미가 아니다. 지역과 시기에 따라 더 많은 폭우, 홍수 혹은 가뭄과 같은 기상이변이 더욱 잦아졌다는 것을 뜻한다. 2023년, 6,000명 이상의 사망자를 낸 리비아 홍수는 항구도시 데르나 상류에 이 지역 1년치 강수량에 해당하는 폭우가 5시간 동안 쏟아졌기 때문에 발생했다.

기후변화로 지역에 따라 해빙과 강수가 변화하면서 해양 표면 염분도도 변화하고 있다. 증발이 좀 더 우세한 지역의 표층 부근에서는 염분이 증가하고 남·북반구 모두 고위도 지역에서는 표층수가 저염화되는 현상을 보였다. 표층수의 저염화는 심층해류순환[7]에 영

---

7   북대서양에서는 바람과 지형학적인 구조에 의해 밀도가 큰 바닷물이 대량으로 만들어진다. 북대서양의 무거운 바닷물은 심해까지 침강하면서 지구자전효과에 의해 대서양 서쪽 경계를 따라 남쪽으로 흐르면서 남극해에서 형성된 침강류와 합류하여 흐른다. 이 심해 해류는 인도양과 태평양으로 흐르며, 태평양으로 흐른 심해 해류는 뉴질랜드 부근의 수심 8,000m 이상의 깊고 거대한 케르마데크 해류로 흘러 들어가 차츰 주위 바닷물과 섞이면서 태평양으로 떠오르게 된다. 이렇게 표층으로 떠오른 바닷물은 표층해류를 따라 다시 인도양을 거쳐 대서양으로 흘러들어가게 된다. 이것을 '열염 컨베이어벨트' 또는 '심층해류순환'이라 부른다. (심층해류순환, 한국해양과학기술원 블로그, 2023. 8. 6 검색)

향을 미칠 수도 있는 매우 심각한 위기의 징조다. 최근 전 지구적 겨울철 혹한이 심층해류순환의 약화로 인한 것이라는 주장도 있는 것처럼 심층해류순환이 약해지거나 끊어지게 되면 저위도 지역은 열이 축적되어 매우 뜨거워지고, 고위도지역은 혹독하게 추워질 수 있다. 이것을 소재로 만들어진 영화가 2004년 개봉된 〈투모로우(The day after tomorrow)〉다.

인간 활동에 의한 이산화탄소로 인해 현재 전 지구적으로 해수 표면이 산성화되어가고 있다. 최근 수십 년 동안 관측된 표면 해수의 산성화 정도는 과거 200년 동안 유례없는 현상이다. 지구온난화의 영향으로 20세기 중반 이후 해양 상층부에서 산소농도가 감소하고 있다. 해양의 산성화, 산소농도 감소, 염도 변화는 모두 인간에 의한 지구온난화의 결과이며 이로 인한 해양생태계의 변화 및 어업 영향은 이미 심각하다.

1990년 이후 전 세계에서 빙하가 감소하고 특히 북극의 해빙면적 감소는 심각하다. 2011~2020년 연평균 북극 해빙면적이 적어도 1850년 이후 최저수준에 도달했다. 1950년대 이후 전 세계 대부분 빙하가 동시에 감소하고 있는 현상은 적어도 과거 2,000년 동안 유례가 없었다.

1901년과 2018년 사이에 지구의 평균해수면은 0.2m 상승했으며 그 상승률은 점점 빨라지고 있다. 0.2m는 고작 20cm다. 해수면 증가 0.2m 영향은 충분히 감당할 만하지 않을까? 함정은 고르지 않다는 것이다. 지역에 따라 해수면 증가폭은 크게 다르다. 더 큰 문제는 해수면이 증가하면 폭우시 하천의 물이 평균 해수면 상승 폭과는 비교할 수도 없이 높아진다. 따라서 해안 인근 도시의 상습침수구역이 크게 확장되어 많은 해안도시가 물에 잠길 수밖에 없다. 21세기 중반, 해안 저지대에 거주하는 약 6억 명의 인구가 홍수 위험에 노출되어 있다.

1950년대 이후 대부분의 육지에서 폭염 등 극한고온의 빈도가 많아지고 강도가 높아졌다. 1980년대 이후에는 해양폭염의 빈도도 거의 2배로 늘었다. 전 세계에서 태풍과 같은 강한 열대성저기압(3~5등급)의 발생 비율이 과거 40년 동안 증가했고 열대성저기압의 세력도 강해졌다. 육지 대부분에서 호우의 빈도와 강도가 높아졌다. 인간의 영향이 1950년대 이후 동시다발적인 폭염과 가뭄, 복합적인 홍수, 극한 강수나 하천 범람을 동반하는 폭풍해일, 고온, 건조, 강한 바람과 같은 산불에 취약한 기상조건과 같은 극한현상 확률을 증가시켰다.

인간에 의한 기후변화로 육지 증발산량이 증가해 일부지역에서 가뭄이 늘면서 식량생산에 적신호가 켜졌다. 더 따뜻해진 날씨로 해양에서 수분증발이 많아져 강우량은 늘지만 늘어난 강우는 고위도 지대에 더 많이 내리고 세계 곡물의 대부분이 재배되는 중위도 지역에는 훨씬 적게 내리는 등 지구온난화와 함께 기상상태도 변하면서 육지생물권의 변화가 진행되고 있다.

『기후대전』이 예측한 2040년 상황을 우리는 이미 겪고 있다. 기후변화 피해는 이미 심각하고 돌이키기에는 한참 늦었는지도 모른다.

2

기후변화, 남은 시간은 얼마인가[8]

6차 보고서의 기후변화 전망은 조급해졌다. 현재의 온실가스 배출량을 유지한다면 2021~2040년 사이 지구의 온도는 산업화 이전보다 1.5℃ 이상 상승하게 될 것이라는 분석 결과가 나왔는데 이는 1.5보고서에서 예측한 것보다 10여 년이나 앞당겨진 전망이다. 또 6차 보고서는 1986~2005년 사이의 기후변화 폭을 5차 보고서에 비해 0.08℃ 높게 수정하였는데, 이러한 6차 보고서의 결론은 우리에게 남은 시간이 더 줄어들었다는 것을 의미한다.

6차 보고서에 따르면 21세기 동안 지구온도 상승을 1.5℃로 억제

---

8 IPCC 6차 보고서 「기후변화 2021 과학적근거(2021년)(국영문 합본, 기상청 2021년 발행)」를 주로 참고하여 IPCC 「지구온난화 1.5℃ 특별보고서(2018년)(국문판, 기상청 2019년 발행)」를 비교하여 정리하였음.

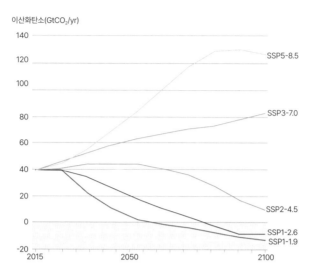

그림 I-2 5가지 시나리오별 미래 연간 CO_2 배출량 및 지구 표면온도 증가

시나리오	최적 추정치(℃)		
	단기(2021~2040)	중기(2041~2060)	장기(2081~2100)
SSP1-1.9	1.5	1.6	1.4
SSP1-2.6	1.5	1.7	1.8
SSP2-4.5	1.5	2.0	2.7
SSP3-7.0	1.5	2.1	3.6
SSP5-8.5	1.6	2.4	4.4

* SSP(Shared Socioeconomic Pathways) 공통사회경제 경로
  - IPCC가 발간한 6차 평가보고서(2021년)에서 사용한 기후변화 예측모델로 온실가스 감축 수준 및 기후변화 적응대책 수행 여부 등에 따라 미래 사회경제 구조가 어떻게 달라질 것인지 고려한 시나리오이다.
  - SSP 다음 첫번째 숫자는 기후변화 적응을 위한 사회·경제적 노력, 두번째 숫자는 2100년 기준의 복사강제력을 나타낸다.
* SSP1-1.9 : 2050년에 넷제로 달성 후 마이너스 배출
  SSP1-2.6 : 2050년 이후에 탄소중립 달성 후 마이너스 배출
  SSP2-4.5 : 21세기 중반까지 현재 수준으로 유지 후 배출 감소
  SSP3-7.0 : 2100년까지 현 수준의 2배 온실가스를 배출
  SSP5-8.5 : 현 수준의 2배 이상 온실가스를 배출
* 자료 : IPCC 6차 보고서

하는 유일한 방법은 2050년에 탄소중립[9]을 달성하고 그 이후 온실가스를 마이너스로 배출하는 가장 강력한 SSP1~1.9 경로를 따르는 방법 외에는 없다. SSP1~1.9 시나리오를 제외한 어떤 시나리오에서도 2100년이 되면 지구온도는 1.5℃ 이상 오른다. 우리나라를 포함해서 각국이 2050년 탄소중립을 선언하고 나선 배경이 바로 6차 보고서의 권고 때문이다. 2050년까지 탄소중립에 도달하고 이후에는 온실가스 배출 총량이 마이너스가 되어야 한다. 더 이상 우물거릴 시간이 없다.(그림 I-2)

왜 기후변화 1.5℃ 이하 상승이 목표가 되어야 하는가?

연구된 105,000개의 생물종 가운데 기후변화 폭이 1.5℃ 이상이면 곤충의 6%, 식물의 8% 그리고 척추동물의 4%가, 기후변화 2℃에서는 곤충의 18%, 식물의 16% 그리고 척추동물의 8%가 서식지의 절반 이상에서 사라진다. 2℃ 기후변화에서는 전 지구 육지면적의 약 13%가 다른 유형의 생태계로 전환되지만 1.5℃[10] 기후변화에

---

9 대기 중 이산화탄소 농도 증가를 막기 위해 인간 활동에 의한 배출량은 최대한 감소시키고, 흡수량은 증대하여 순 배출량이 '0'이 된 상태. 인간 활동으로 배출하는 온실가스(+요인)는 최대한 줄이고, 배출되는 온실가스는 산림 흡수나 CCUS로 제거(−요인)하여 실질적인 배출량을 '0' 수준으로 낮추는 것을 탄소중립(Net zero)이라고 한다.
  * CCUS(Carbon Capture, Utilization, Storage) : 이산화탄소 포집, 저장, 활용 기술
10 원문에서는 1℃로 되어 있으나 이 보고서의 모든 항목에서 1.5℃와 2℃일 때를 비교하고 있어 1.5℃의 오기로 보여 여기서는 1.5℃로 표기하였다.

서는 피해면적이 4%로 줄어든다.

기후변화가 심해질수록 해양 생물종의 분포가 고위도로 이동하고 생태계 파괴도 심해진다. 산호초는 1.5℃ 기후변화에서도 70~90% 감소한다. 1.5℃ 기후변화로도 대부분 지역에서 산호초가 사라지지만 2℃ 기후변화에서는 산호초는 멸종(99% 초과)한다. 특히 고위도 지역의 피해보다 저위도 지역에서 해양 및 연안 생태계의 피해가 커지는데 2℃ 기후변화에서는 되돌릴 수 없는 생태계 손실 위험이 커진다.

1.5℃ 이상의 기후변화로도 사회적 소외계층과 취약계층, 그리고 농업이나 어업에 생계를 의존하는 지역 공동체는 높은 위험에 처하게 된다. 기후변화에 책임이 적은 사람일수록 더 큰 피해를 받는다. 기후변화가 심각해지는 정도에 따라 빈곤층과 사회적 소외계층은 더욱 증가하지만 기후변화를 2℃가 아닌 1.5℃로 억제하면 기후 관련 위험에 노출되고 빈곤에 취약해질 인구를 2050년까지 최대 수억 명 줄일 수 있다.

2℃ 기후변화에서는 1.5℃ 기후변화와 비교해 물 부족에 시달릴 세계 인구 비율이 두 배로 늘어난다. 기후변화가 진행되면서 곡물 수확량도 줄어들고 지금도 빈곤과 기아에 시달리는 아프리카와 아시아에서 더 많은 사람이 빈곤과 기아에 노출된다. 기후변화 1.5℃에서도 곡물생산은 줄어들지만 기후변화 2℃에서는 특히 사하라 인근의 아프리카, 동남아시아, 중남미 지역에서 쌀, 옥수수, 밀 등 곡물의 수확량의 심각하게 감소한다.

기후변화가 진행될수록 극한현상은 계속 악화된다. 기후변화로 온도가 0.5℃ 증가할 때마다 폭염을 포함한 극한고온의 강도와 빈도, 호우, 가뭄이 뚜렷하게 증가한다. 기후변화가 추가로 진행되면 1.5℃ 기후변화 수준에서조차 관측 역사상 전례 없는 극한기상이 더 자주 발생할 것이다. 2022년 유럽의 고온과 가뭄, 동북 아시아의 전례없는 폭우 등이 더 자주 더 강하게 나타날 것이 틀림없다.

2100년까지 평균기온이 1.5℃ 상승하면 해수면은 0.26~0.77m 상승하는데, 이는 2℃ 기후변화 상황보다는 0.1m 낮은 수치다. 해수면이 0.1m 더 상승하면 최대 1000만 명(2100년 인구기준)의 인구가 재난에 빠진다. 물론 21세기 동안 지구온도 상승을 1.5℃ 이하로 억제하더라도 해수면은 2100년 이후에도 계속 상승한다.

기후변화를 1.5℃ 이하로 억제하더라도 2050년 이전에 적어도 한 번은 9월에 북극 해빙이 완전히 사라질 것은 확실하다. 1.5℃ 이하

표 I-1 기후변화 1.5℃ vs 2℃ 주요 영향 비교

구분	1.5℃	2℃
생태계 및 인간계	높은 위험	매우 높은 위험
중위도 폭염일 온도	3℃ 상승	4℃ 상승
산호 소멸	4.5℃ 상승	6℃ 상승
기후영향 · 빈곤 취약 인구	2℃에서 2050년까지 최대 수억 명 증가	
물부족	2℃에서 최대 50% 증가	
대규모 기상이변 위험	중간 위험	중간~높은 위험
해수면	0.26~0.77m	0.3~0.93m
북극	100년에 한 번	10년에 한 번

* 자료 : 대한민국2050 탄소중립 전략

로 기후변화를 억제한다고 해도 기후변화로 인한 피해를 막을 수 없는 것은 분명하다. 기후변화 1.5℃도 너무 안이한 것이 사실이다.(표 I-1) 그럼에도 불구하고 지구온난화가 1.5℃를 넘기는 것만은 막아야 한다. 1.5℃를 넘기면 그후에는 어떤 노력으로도 기후변화 피해를 막아낼 수가 없기 때문이다.

기후변화가 기후변화를 가속한다

영구동토층의 해빙, 심층해류순환의 약화, 극지방 빙상의 해빙, 기후변화로 인한 산불의 증가는 양의 되먹임 현상[11]을 불러일으킨다. 양의 되먹임 현상이 시작되면 기후변화는 폭주한다. 기후변화로 산불이 증가하면 다시 대기 중에 온실가스가 증가하고 증가한 온실가스는 기후변화를 가속한다. 마찬가지로 해빙이 사라지는 것은 심각한 문제다. 해빙이 사라져 육지가 드러나면 그동안 해빙이 햇빛을 반사하던 효과가 사라져 기온이 더 높아지고 높아진 기온은 더 빨리 얼음을 녹이고 다시 녹은 얼음으로 햇빛 반사효과는 사라지는 악순환이 시작된다. 1.5℃보다 조금만 더 높아져도 전혀 다른 차원의 위

11 기후되먹임(Climate feedback) : 기후시스템 내에 존재하는 각 과정들 사이에서 최초의 과정의 결과가 두 번째 과정에 변화를 촉발하고 이 과정이 다시 최초의 과정에 번갈아 영향을 미치는 게 될 때 이러한 상호 작용 메커니즘을 기후되먹임이라고 부른다. 양의 되먹임은 원래의 과정을 증폭시키는 것을 말하며 음의 되먹임은 감소시키는 것을 말한다.(기상청 홈페이지, 기후시스템)

기가 발생할 수 있다. 해빙이 사라지면서 시작되는 양의 되먹임 현상은 극지방에서 빙상의 되돌릴 수 없는 손실을 수백~수천 년에 걸쳐 일으킬 가능성이 크다. 만약 그렇게 된다면 해수면 상승은 몇 cm 범위에서 몇 m 범위로 몇 백 배 늘어난다. 임계점인 1.5℃에 도달하면 기후변화는 걷잡을 수 없이 가속화되기 때문이다.

기후변화를 2℃가 아닌 1.5℃로 억제하면 영구동토층이 녹는 것을 막을 수 있을 것으로 전망된다. 그러나 최근 들어 가능성이 낮아 보였던 영구동토층의 해빙이 이미 시작되었다는 주장도 등장하고 있다. 영구동토층의 해빙으로 툰드라 일대의 가문비나무가 넘어질 듯한 위태로운 모습으로 서 있는 '술 취한 나무' 현상이 관찰되고, 땅이 꺼진 구덩이에 무스(말코손바닥사슴) 등 동물이 빠져 죽는 일도 종종 발생한다. 영구동토층 해빙으로 생긴 열카르스트 호수에서 메탄이 끓는 거품처럼 올라오는 것도 심상치 않은 징조다. 기후변화의 결과인 영구동토층 해빙은 다시 기후변화를 더욱 가속할 수 있다는 점에서 빙하나 해빙이 녹는 것보다 더 위험할 수 있다.[12]

영구동토는 여름에도 녹지 않고 2년 이상 1년 내내 항상 얼어 있는 퇴적물, 토양 또는 기반암을 의미하며, 지구표면의 14% 정도에 해당하는 2100만km²의 면적을 가진다. 주로 북극의 고위도에 위치하고, 북극해의 얕은 대륙붕에 있는 해저 영구동토를 포함하는 영구동토는 오래된 유기탄소 퇴적물을 함유한다. 현재 대기에 이산화탄

---

[12] 강건택, "알래스카 영구동토 녹는중…멈추기엔 이미 늦어", 연합뉴스, 2022. 9. 8.

소로 존재하는 탄소량보다 최소 2배의 탄소를 보유하고 있는데 영구동토 해빙으로 땅속에 갇혀 있던 메탄과 이산화탄소가 배출되면 기후변화는 걷잡을 수 없이 가속화된다.[13] IPCC 보고서에는 반영되지 않았던 영구동토층의 해빙이 시작되었다면 비관적인 6차 보고서의 전망마저 장밋빛으로 보일 만큼 인류 미래는 훨씬 더 암울하다.

21세기 말까지 지구기온을 왜 1.5℃ 이상 상승시키면 안 되는지는 명백하다. 고체가 액체가 되고 액체가 기체가 되는 임계점이 존재하는 것처럼 기후변화의 임계점이 1.5℃이다. 1.5℃를 넘으면 양의 되먹임 현상으로 기후변화의 속도와 강도는 걷잡을 수 없어진다. 2℃는 1.5℃보다 불과 0.5℃ 차이에 불과하지만 0.5℃를 더 억제하기 위해서 들여야 하는 비용의 증가는 엄청나다. 마찬가지로 그 0.5℃를 넘어서면 인간이 산업사회 이후에 이루어놓은 모든 질서가 붕괴된다. 이제 1.5℃까지는 정말 얼마 남지 않았다.

개인의 실천만으로 바꿀 수 있는 건 죄책감뿐이다

"2℃ 목표로 통하는 문은 이제 곧 닫힐 것이다. 2017년이 되면 그 문은 영원히 봉쇄된다." 2017년까지 온실가스 감축을 이루지 못할

---

13 국립기상과학원 홈페이지, 알기 쉬운 기후변화, 영구동토층이란 무엇이며 이것은 기후변화와 어떤 관련이 있는가?

경우 화석연료를 기반으로 한 우리 경제는 극도로 위험한 기후변화의 소용돌이에 '꼼짝없이 갇히게' 될 것이라고 경고한 것은 기후기구도 환경단체도 아닌 국제에너지기구(IEA)다. 1974년, 산유국의 국제기구인 OPEC에 대응하기 위해 주요 석유소비국이 설립한 기구가 IEA다.

나오미 클라인의 『이것이 모든 것을 바꾼다』에서 기후변화 대응의 마지노선이라고 밝힌 2017년은 이미 5년을 훌쩍 넘겨버렸다. 그 사이 새로운 자료와 더 발전된 방법론에 따라 기후변화의 마지노선인 상승온도 상한선도 2℃에서 1.5℃로 오히려 더 엄격해졌다. 기후변화로 인한 재난을 막기엔 이미 늦어버렸다. 이제 필요한 건 기후변화로 인한 피해를 조금이라도 줄이고 기후변화라는 재난을 오히려 부추기는 '약육강식'의 경쟁에서 벗어나 기후변화를 불러온 사회구조에서 벗어나는 일이다. 기후변화를 야기한 사회구조를 바꾸지 않고는 기후변화를 버텨낼 한가닥 희망조차 가져볼 수 없다.

요즘 공익광고에서 많이 다루는 주제가 기후변화다. 정부와 대기업이 제공하는 실천캠페인에서는 "기후변화 실천은 어렵지 않다." 일회용컵 대신 머그잔을 들고 다니고 냉방온도를 1℃만 높이고 가까운 거리를 걷거나 대중교통을 이용하면 지구가 살아난다고 한다.

개인의 실천은 중요하다. 실천하는 개인이 정치와 체제를 바꾸기 때문이다. 그러나 개인의 실천만으로는 공익광고와는 다르게 거의 아무것도 바꾸지 못한다. 2019년 우리나라 온실가스 배출량 중 가정에서 배출하는 비중은 4.5%에 불과하다. 우리가 가정에서 배출하는 온실가스를 모든 국민이 전부 배출하지 않는다고 하여도 우리나라가 줄일 수 있는 배출량은 고작 4.5%일 뿐이다. 그러나 100%의 국민이 100%의 배출량을 줄이는 것은 불가능하다. 그럼 30%의 국민이 30%의 배출량을 줄이면 우리나라 배출량의 0.4%를 줄일 수 있을 뿐이다.(여기서 30%를 예로 들은 이유는 국민의 자발적 참여를 강조할 때 늘 동원되는 숫자가 30%이기 때문이다. 정치적 결단이나 구조의 개편과 같은 법적 제도적 변화 대신 개인의 자발적 참여로 세상을 바꿀 수 있다고 믿는 사람들이 좋아하는 숫자가 30%다. 유감인 것은 안전상의 결함을 이유로 자동차의 무상리콜을 실시해도 자발적 참여는 30%에 훨씬 못미치기 일쑤다. 결정적인 안전위험, 금전적인 손해에도 불구하고 말이다.)

물론 반론을 짐작할 수 있다. 가정에서 배출하는 에너지 외에도 에너지산업에서 생산하는 전기, 제조업의 상품, 수송, 농업, 폐기물 분야 등 실천하는 소비자가 2차적으로 미칠 영향까지 고려한다면 그 영향은 적지 않다는 대답이 돌아올 것이다. 다시 묻자. 우린 이미 늦었다. 조금이라도 먼저 바꿔야 재난의 크기도 강도도 작아진다. 왜 소비자와 국민을 바꿔서 기업과 정부를 바꾸어야 하는가? 왜 처음부터 기업과 정부를 바꾸지 않는가?

1991년 페놀사건으로 수돗물에 대한 불신이 뜨거워지자 정부와 기업은 "합성세제를 줄이자"는 캠페인을 벌였다. 소각장 반대 여론이 거세지자 정부와 지자체는 "음식물쓰레기를 줄이자"는 공익광고를 연신 미디어에 살포했다. 소비자, 국민의 책임이라는 메시지다. 합성세제를 정량대로 썼는지, 아니 손빨래를 하려는 부지런함은 보였는지, 분리수거는 잘했는지, 음식물을 남긴 적은 없는지, 가슴에 손을 얹고 생각해보고 죄 없는 자만 정부와 기업에게 돌을 던지라는 메시지다.

이번엔 기후변화다. "기후변화 실천 어렵지 않다"는 공익광고가 넘쳐난다. 장바구니를 들고 다니는지, 에어컨 대신 선풍기를 틀고 난로 대신 털옷을 껴입었는지, 가까운 거리는 걸어다녔는지, 이렇게 '쉬운 실천'을 마다한 소비자와 국민이 죄인이다. 이런 공익 광고는 늘 책임자를 은폐한다. 우리나라의 거의 유일한 기후변화대책(정부와 기업은 물론 환경단체까지)인 개인적 실천을 강조하는 동안 대규모 온실가스를 배출하는 에너지산업과 기업들은(우리나라의 경우 90% 이상) 끊임없이 배출량을 늘려가기만 했다. 개인들은 더 비싼 가격 더 많은 노동을 감수하며 친환경적인 것으로 추정되는 선택을 하라고 요구받지만, 대기업들은 규제를 회피할 뿐 스스로 행동을 바꾸지 않고, 정부는 애꿎은 국민의 세금으로 오히려 온실가스 배출기업의 지원에 나선다.

개인적 실천이 기후변화 행동의 첫걸음이라는 것을 부인하는 것이 아니다. 단지 우리 걸음의 목적지가 문명을 외면한 '자연인'의 삶이 아닌 것은 분명하다. 우리에겐 돈이 부족한 것도 대안이 없는 것도 아니다. 중요한 것은 책임과 해결할 돈이 쌓여 있는 곳으로 갈 마음이 전혀 없는 정치를 움직이는 것이다. 공익광고가 요구하는 착한 소비자의 선택으로 기업이 바뀌길 기다릴 시간도 정당성도 없다. 책임 있는 시민이 정부를 움직여야 하고 정부는 당장 기업을 바꾸어야 한다.

뜨거운 대한민국[14]

안면도에서 측정된 한반도 배경대기[15]의 이산화탄소 농도는 지난 10년간 연평균 2.4ppm/년 증가하여 2018년 415.2ppm을 기록하여, 전 지구 평균 이산화탄소 증가율 2.2ppm/년보다 높았다. 우리나라의 이산화탄소 농도가 높은 것을 단순히 우리나라만의 영향이라고

---

14 「3. 뜨거운 대한민국」과 다음에 나오는 「4. 기후악당의 무리에 합류한 한국」은 한국 기후 변화 평가보고서2020(기상청), 한반도 기후변화 전망보고서2020(국립기상과학원), 대한민국 2050 탄소중립 전략(대한민국정부)을 참고하여 작성하였다. 우리나라의 기후변화 실태와 전망에 관한 최신 자료는 정부보고서다. 또 여기서는 표와 그래프를 많이 사용하였다. 되도록 많은 정보를 제공하고 싶었기 때문이다. 표와 그래프는 가능한 경우 정부 자료를 사용하였다. 환경단체에서는 정부정책을 감시하는 역할을 하기 위해서 가능한 경우 정부자료를 사용하고 비교자료도 국제기구의 자료를 사용한다. 자료의 진위를 다투는 과정 따위는 생략하고 본론으로 들어가기 위해서는 자료는 공식적인 자료를 사용하는 편이 도움이 되기 때문이다.

15 오염원의 영향에 직접적으로 노출된 지역에서 오염물질의 대기농도를 관측하는 것과 반대의 의미로 사용한다. 일반적으로 먼 바다 지역 또는 도시 산간 지역 등에서 관측한 대기의 오염물질의 농도를 의미한다.

치부할 수는 없다. 대기는 움직이기 때문이다. 그렇다고는 해도 우리나라의 이산화탄소 농도가 지구 평균보다 높은 것은 우리나라가 온실가스 배출량을 급격하게 늘려 온 것과 깊은 상관관계가 있다. 지난 100년간 우리나라의 연평균 온도는 지구 평균(0.8~1.2℃)보다 높은 1.8℃ 상승하였으며, 특히 100년 중 최근 30년 사이에 평균온도가 1.4℃ 상승하여 기후변화가 근래에 더 심각해지고 있다. 한반도는 지구 어느 지역보다 빠르게 더워지고 있다.

한반도 기온은 거의 모든 지역에서 상승하는 것으로 나타났지만 특히 도시화 효과로 대도시에서 온난화 경향이 좀 더 크게 나타났다. 서울 등 대도시에서 체감하는 기온 상승은 기후변화보다는 도시의 열섬현상[16] 때문이지만 이 현상은 다시 기후변화를 악화시키는 원인이 되기도 한다. 과거 30년(1912~1941년)과 최근 30년(1988~2017년)을 비교하면 여름이 길어지고(98일→117일) 겨울은 짧아졌다.(109일→91일)(그림 I-3) 여름이 길어지면서 2010년대 중반 이후 우리나라 5월에 이상고온이 더 자주 그리고 강하게 나타나고 있다. 5월 평균기온이 2012년에 최고치를 기록한 데에 이어 2014년부터 2017년까지 매해 역대 기록을 경신하였고 5월 평균기온이 가장 높았던 해의 1~5위가 모두 2014년 이후에 집중적으로 나

---

16   열섬현상:도심의 기후가 주변의 온도보다 3~5℃ 정도 높게 나타나는 현상.
      도심은 아스팔트, 시멘트로 만들어진 건축물이 많고, 건물의 냉·난방이나 자동차 운행,
      공장 가동 등 우리가 생활하는 일상 속 에너지 소비가 많으며, 무질서하게 세워진 빌딩과
      아파트에 바람길이 막혀 바람이 순환하기 어려운 환경에서 나타난다.(도심의 열섬현상,
      원인을 알아보자!, 한국 에너지공단 블로그, 2023. 3. 3. 검색)

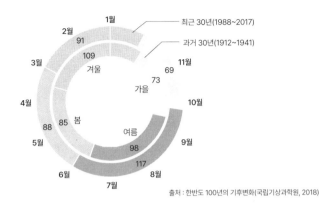

그림 I-3 우리나라 계절길이 변화(과거 30년 vs 최근 30년)

최근 30년(1988~2017)
과거 30년(1912~1941)

출처 : 한반도 100년의 기후변화(국립기상과학원, 2018)

타나고 있다.

연평균 강수량은 지난 100년 동안 약 160mm 증가하였는데 특히 여름철에 증가하는 경향이 뚜렷하다. 또한 폭우와 같은 강한 강수는 증가했지만 약한 강수는 감소했다. 약한 강수는 토양에 물을 저장하지만 강한 강수는 토양을 쓸어버린다. 우리나라는 1년 동안 고른 강수량을 보이지 않고 여름에 집중되는 특징이 있다. 그런데 기후변화로 증가한 강수량이 주로 여름철에 집중되었다. 기후변화로 해마다 반복되는 봄 가뭄과 여름 홍수 피해가 더 잦아지고 더 강해지고 있다.

우리나라 주변 해양의 해표면 수온과 해수면 높이[17]는 전 지구 평

17 해수면과 해표면은 뚜렷이 구분되는 용어는 아니다. 영어로는 모두 SST(sea surface temperature)로 표현. 단지 해수면은 주로 높이, 해표면은 주로 온도를 말할 때 쓰인다.

균보다 높은 변화율로 상승하고 있으며 해양산성화가 지속되었다. 수온의 상승은 해당 지역의 어종분포, 어획량, 어종의 생태학적 변동에 직접적인 영향을 미친다. 우리나라 주변 해역의 경우 수온 상승으로 인해 명태, 도루묵 등의 냉수성 어종의 어획량은 감소 추세이고, 오징어, 고등어, 멸치와 같은 온수성 어종의 어획량은 증가 추세이다. 어획 어종의 대부분이 북상하는 추세를 보이며, 과거 한반도 주변 해역에서는 보이지 않았던 노랑가오리, 보라문어와 같은 (아)열대성 해양생물 또한 보고되고 있다. 수온의 상승은 이외에도 해적생물[18]의 발생, 바다 사막화[19]와 같은 현상의 원인이 된다.[20]

이처럼 기후변화로 인한 기상이변이나 생태계의 변화는 바로 인간사회와 경제활동에 영향을 준다. 2020년 한 해만 해도 기후변화가 우리나라에 끼친 사회 경제적 피해는 적지 않다. 2020년은 특히 1973년 이후 가장 긴 장마철(중부기준 54일)과 4개의 태풍이 연달아 우리나라에 상륙하여 태풍·호우로 인한 피해가 컸는데 인명피해는 46명, 재산피해는 1조 2,585억 원으로 최근 10년 연평균 피해액의 약 3배에 달했다.

---

18 해적생물 : 수산 생물의 성장이나 번식에 피해를 주는 생물로 따개비, 히드라충, 불가사리, 파래 등.
19 바다의 사막화 : 갯녹음 현상(coralline flat), '백화현상'이라고도 한다. 연안의 암반 지역에 해조류가 사라지고 주성분이 탄산칼슘인 무절석회조류가 달라붙어 암반이 하얗게 변하는 현상. 무절석회조류는 주성분이 탄산칼슘으로 바다 생물들에게는 먹이가치가 거의 없어 그 지역에 바다 생물들이 사라지게 된다. 원인은 연안의 수온 상승, 환경오염, 해조류를 먹는 동물들의 증가 등이다. 바다 사막화, 바다 숲으로 막는다!, 대한민국 정책브리핑, 2023. 3. 3. 검색.
20 수산 분야 기후변화 영향 및 연구보고서, 국립수산과학원, 2023.

2020년에는 잦고 강한 태풍·호우로 산사태도 6,175건(1,343ha)이 발생하여 1976년 이후 역대 3번째로 많았으며, 농작물 수확기에 침수, 낙과 등으로 인해 2019년(74,165ha)보다 많은 피해(123,930ha)가 발생하였다. 또 겨울철 이상고온으로 해충의 월동란이 폐사하지 않아 여름철에 혐오 곤충(대벌레, 매미나방 등)이 많이 발생하였으며, 특히 매미나방으로 인해 대규모 산림이 붉게 변색되는 등 6,183ha(전국 10개 시도)의 식엽 피해가 발생하였다.[21]

중장년뿐 아니라 젊은 세대도 어린 시절과 요즘 날씨는 많이 다르다는 걸 체감한다. 기후변화가 빨라진 탓이다. 기후변화 피해가 일상이 되다보니 오히려 조금만 기후가 이상하거나 농작물과 어획량의 변화가 생겨도 다른 이유를 찾아볼 생각조차 못할 만큼 우리는 기후변화 한가운데 놓여 있다.

지금 당장 시작하는 것 말고 다른 선택지는 없다[22]

기후변화 피해는 이미 시작되었다. 개발의 수혜를 누린 산업계는 정부가 내놓는 시늉뿐인 기후변화대책에도 엄살이지만 그동안 세계가 감탄한 고도성장의 수혜에서는 벗어나 있던 농어촌은 이미 기

---

21 기상청, 사회·경제적 피해로 본 2020년 기후위기, 2021.1.29.
22 「한반도 기후변화 전망보고서 2020(국립기상과학원,2020년)」, 「대한민국 2050 탄소중립전략(대한민국 정부, 2020년)」를 주로 참고하여 작성.

후변화 피해로 몸살을 앓고 있다. 시간이 갈수록, 상대적 약자의 순서대로 기후변화의 파고에 휩쓸릴 것은 이제 자명하다. 2100년까지 지구의 표면온도 상승을 1.5℃ 이내에서 억제시키는 데 실패한다면 기후변화로 인한 파국을 막기 어렵다는 것이 1.5보고서의 결론이다. 6차 보고서(2021년)는 1.5보고서(2018년)를 낙관적으로 보이게 할 만큼 암울한 전망을 내놓았다. 겨우 3년 만의 일이다. 지구온난화는 더 진행됐고, 더 빨리 진행하고 있다는 과학적 사실이 속속 밝혀지고 있다.

IPCC보고서는 미래의 기후변화가 언제, 어디서, 어떻게 일어날지를 예측하기 위해 기후변화예측모델(지구시스템 모델)을 이용하여 미래기후(기온, 강수, 습도, 바람 등)를 예측하는데 이를 기후변화 시나리오라고 부른다. 5차 보고서에서는 RCP시나리오, 6차 보고서에서는 RCP에 사회경제적 시나리오를 포함한 SSP시나리오[23]를 사용하고 있다.(표 I-2)

표 I-3, 그림 I-4는 지금부터 즉시 온실가스 감축을 수행하기 위해 재생에너지를 최대한 늘리고 화석연료 사용을 최소한으로만 사용하며 친환경적이고 지속가능한 경제성장을 하는 것을 가정한 저탄소 시나리오(SSP1-2.6)와, 산업기술의 빠른 발전에 중심을 두어 화석연료 사용이 높고 도시 위주의 무분별한 개발이 확대되는, 현재 추세대로 온실가스를 배출하는 고탄소 시나리오(SSP5-8.5)가 예상

---

23   2장 각주 참조.

표 I-2 RCP시나리오와 SSP시나리오 비교

SSP 시나리오	RCP 시나리오	2100년 CO_2농도	사회경제적 시나리오(SSP시나리오에서 추가된 내용)
SSP1-2.6	RCP2.6	420ppm	지금부터 즉시 온실가스 감축 수행 재생에너지 기술발달로 화석연료 사용이 최소화되고 친환경적으로 지속가능한 경제성장을 가정
SSP2-4.5	RCP4.5	540ppm	온실가스 저감정책 상당히 실현 기후변화 완화 및 사회경제 발전 정도가 중간단계를 설정
SSP3-7.0 ──── SSP4	RCP6.0	670ppm	온실가스 저감정책 어느 정도 실현 기후변화 완화정책에 소극적이며 기술개발이 늦어 기후변화에 취약한 사회구조를 가정
SSP5-8.5	RCP8.5	940ppm	현재 추세대로 온실가스 배출 산업기술의 빠른 발전에 중심을 두어 화석연료 사용 이 높고 도시 위주의 무분별한 개발 확대를 가정

* 국립기상과학원, 한반도 기후변화전망보고서를 참조하여 재작성

표 I-3 현재 및 미래 기간별 한반도 연평균 기온 변화(°C)

	현재 (1995~2014)	시나리오	미래 전반기 (2021~2040)	미래 중반기 (2041~2060)	미래 후반기 (2081~2100)
연평균기온 (°C)	11.2	저탄소 시나리오	12.8(+1.6)	13.0(+1.8)	13.8(+2.6)
		고탄소 시나리오	13.0(+1.7)	14.5(+3.3)	18.2(+7.0)

하는 미래의 기후를 비교한 것이다.

　정부가 선언한 2050 탄소중립 시점인 미래 중반기(2041~2060년)의 한반도 연평균 기온은 현재(1995~2014년) 대비 고탄소 시나리오

그림 I-4 현재 대비 미래 전반기, 중반기, 후반기의 연평균 기온

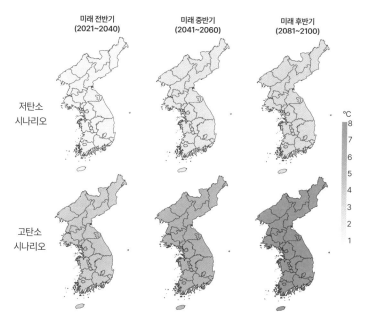

미래 전반기
(2021~2040)

미래 중반기
(2041~2060)

미래 후반기
(2081~2100)

저탄소
시나리오

고탄소
시나리오

℃
8
7
6
5
4
3
2
1

* 출처 : 국립기상과학원, 한반도 기후변화전망보고서 2020
* 그림 오른쪽 인덱스는 지도의 색이 나타내는 상승된 온도(℃)

에서 3.3℃ 상승하는 반면, 온실가스 저감대책을 지금 당장 적극적
으로 시작한 저탄소 시나리오에서는 1.8℃ 상승한다. 이 격차는 현
재 대비 미래 후반기(2081~2100년)에서 더 크게 벌어지는데 저탄소
시나리오에서는 2100년까지 완만하게 상승하면서 2.6℃ 상승하는
데 반해 고탄소 시나리오에서는 한반도 연평균기온이 7.0℃까지 급
격히 상승한다.(표 I-3, 그림 I-4) 저탄소 시나리오대로 평균기온이
2.6℃ 상승하는 것도 간단한 문제는 아니다. 36.5℃인 체온이 1.5℃

만 더 올라 체온이 38℃만 되어도 고열로 분류돼 의사의 진료를 권고한다. 그런데 현재 평균 기온이 11.2℃인 지구의 생태계가 2100년 말 저탄소 시나리오에서 13.8℃에 도달하게 되면 생태계가 받는 충격은 우리 신체가 40℃ 이상의 고열을 견뎌내야 하는 것만큼이나 충격적일 수밖에 없다. 저탄소 시나리오조차 안전한 것은 아니다. 저탄소 시나리오라야만 망가진 이 생태계에 적응할 시간을 벌어볼 수 있는 것뿐이다.

미래 전반기에 현재 대비 평균 강수량은 다소 감소하고 미래 후반기에는 증가할 것으로 전망된다. 미래의 강수량은 모든 시나리오에서 증가하는데 고탄소 시나리오의 경우 동아시아의 강수량은 20%나 증가하고 우리나라의 경우도 14%나 증가하는 것으로 예측된다. 또 미래 중반기 이후 강수량은 느는데 강수일수는 줄어드는 것으로 나타나 가뭄과 폭우, 태풍 피해가 잦아지고 강도도 세질 것이다. 2100년 말이 가까워질수록 태풍의 진로는 점차 북상하면서 한반도에는 더욱 자주 더 강한 태풍이 더 내륙 깊숙이까지 들이닥치게 될 것이다.

미래 한반도에서 극한 고온현상은 현재 대비 증가하고 극한 저온현상은 감소할 것으로 전망되는데 고탄소 시나리오에서 이러한 경향은 더 뚜렷하게 나타난다. 고탄소 시나리오의 경우 일년 중 일 최고기온은 미래 후반기에 현재 대비 8.7℃나 증가할 것으로 예상돼 저탄소 시나리오의 일최고기온이 2.9℃ 증가하는데 비해 3배나 더 크게 증가할 것으로 예측된다. 저탄소 시나리오의 경우 2100년, 최

그림 I-5 트레와다 기준[25]을 적용한 아열대 기후지역의 분포 변화 경향 및 전망

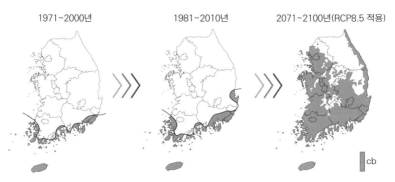

1971~2000년 　　　　　 1981~2010년 　　　　 2071~2100년(RCP8.5 적용)

cb

* 출처 : 전 지구기후서비스체제(GFCS) 이행을 위한 국내 기후정보 개발 및 서비스 연구(기상청, 2015)

고기온이 35℃도 안팎의 한여름을 겪게 되겠지만 고탄소 시나리오의 경우에는 2100년, 체온보다 높은 40℃ 안팎의 여름을 견뎌야 한다는 의미이다. 열대야도 고탄소 시나리오의 경우에는 2100년경에는 2~3달 이상 계속될 것으로 예측된다. 또 현재 36.5일인 온난일[24]도 고탄소 시나리오에서는 129.9일로 늘어 남한 대부분 지역이 아열대로 바뀌면서 심각한 생태계 교란이 일어날 것으로 예측된다.(그림 I-5)

　불행하게도 저탄소 시나리오조차 미래는 장밋빛이 아니다. 그저 간신히라도 견딜 수 있는 마지노선일 뿐이다. 과학적 데이터가 모일

24　일최고기온이 기준기간 90퍼센타일 초과한 날의 연중 일수.
25　아열대기후에 대한 트레와다 기준 : 최한월 평균기온이 18℃ 이하이며, 월평균기온이 10℃ 이상인 월이 8개월 이상인 지역.

수록 방법이 개선될수록 기후변화 시나리오가 말하는 것은 분명하다. 아직은 남았을지도 모를 마지막 기회라도 잡으려면 지금 당장 더 적극적으로 행동해야 한다.

기후악당의 무리에 합류한 한국

기후변화, '공동의 그러나 차별적' 책임의 원칙을 수립하다

1992년 6월 브라질 리우데자네이루에서는 선진국과 개도국이 '공동의 그러나 차별화된 책임'에 따라 각자의 능력에 맞게 온실가스를 감축할 것을 약속한 유엔기후변화협약[26]이 체결되었다. 기후변화를 일으킨 인류가 공동의 책임을 질 것을 약속하고 책임의 몫은 기후변화에 기여한 만큼, 기후변화를 해결할 자원과 기술을 가진 만큼 나누겠다고 약속한 것이다.

---

26 유엔기후변화협약(UNFCCC: United Nations Framework Convention on Climate Change): 지구의 온난화를 규제·방지하기 위한 국제협약.

1997년 일본 교토에서는 기후변화협약 원칙인 '공동의 차별적 책임의 원칙'을 실현하기 위한 교토의정서(Kyoto Protocol)가 채택되었다. 기후변화에 책임이 큰 선진국 대부분이 포함되는 부속서 I에 포함된 42개 국가들에게 제1차 공약기간(2008-2012년) 동안 온실가스 배출량을 1990년 수준 대비 평균 5.2% 감축하는 의무가 부과되었다. 우리나라와 같은 개발도상국을 포함하는 비부속서 I 국가들은 유엔기후변화협약에서와 마찬가지로 온실가스 감축과 기후변화 적응에 관한 보고, 계획 수립, 이행 등 일반적인 조치만 요구되고 의무가 부과된 것은 없었다. 또한 협약부속서 II에 포함된 24개 선진국에 대해서는 개도국의 기후변화 적응과 온실가스 감축을 위해 재정과 기술을 지원하는 의무를 규정하였다.

우여곡절 끝에 열린 2015년 제21차 당사국총회에서는 기존 논의 체계(교토의정서)의 한계를 극복하고, 선진국과 개도국이 모두 참여하는 새로운 기후변화 대응 체제로서 파리협정이 채택되었다. 파리협정은 지구 평균기온 상승을 산업화 이전 대비 1.5℃로 제한한다는 목표를 위해 2℃보다는 상당히 낮은 수준에서 상승을 억제하기 위해 노력하고, 모든 국가가 2020년부터 기후행동에 참여하며, 5년 주기 이행점검을 통해 점차 기후변화 억제 노력을 강화하도록 규정하였다.

2018년 인천에서 제48차 IPCC총회가 열렸는데 여기서는 파리협정 당시보다 억제목표를 강화해 2100년 지구 평균기온 상승을 1.5℃ 이내로 억제해야 한다는 것을 분명히 하였다. 또 2100년 1.5℃

상승을 달성하기 위해서 2050년에는 전 지구적으로 탄소중립에 도달한다는 목표를 세우고 이를 위한 경로를 제시한 「IPCC 1.5℃ 특별보고서」를 만장일치로 채택하였다. IPCC1.5 보고서는 2050년까지 탄소 순배출량이 0이 되는 탄소 중립에 도달하려면 2030년까지 2010년 대비 이산화탄소 배출을 45% 줄여야 한다고 권고하였다. 2019년부터 전 세계적으로 탄소중립 선언이 확산되고 있는데 2021년 10월까지 2050 탄소중립을 선언한 국가는 전 세계 136개국, 이들 국가가 배출하는 이산화탄소는 전 세계 배출량의 88%를 차지한다.[27]

우리나라 온실가스 총배출량 7위, 누적된 역사적 책임 20위

우리나라는 2019년 기준 온실가스 총배출량이 전 세계 7위이며 가장 온실가스 배출량이 높은 중국 배출량의 6.3%, 미국 배출량의 12.3%를 배출한다. OECD 국가 중 미국, 일본, 독일에 이어 4위 배출국이기도 하며, 1998년 IMF 구제금융사태와, 코로나19로 2019, 2020년 일시적으로 배출이 줄어들기는 했지만, 꾸준히 온실가스 배출량을 늘려 OECD의 다른 선진국과 차별화에 성공(?)한 국가이기

---

27   외교부 홈페이지, 기후변화 협상, https://www.mofa.go.kr/www/wpge/m_20150/
     contents.do, 2022년 6월 24일 검색.

도 하다.

그동안 우리나라 온실가스 배출량 증가에 대한 국제적 비판에 우리나라는 개발도상국 지위를 이용하여 현실적 어려움을 핑계 삼아 왔다. 하지만 그렇게 안이하게 대응하는 동안 우리나라의 누적 온실가스 배출량은 빠르게 늘었고 이제는 명실상부하게도(?) 우리나라는 지구온난화에 대한 역사적 책임을 져야 하는 '선진국' 대열로 이동했다.(그림 I-6)

산업혁명이 시작된 1850년 이후 누적된 이산화탄소(CO_2) 배출량은 약 2조 5천 억 톤으로 추산된다. 누적 CO_2 배출량이 가장 많은 국가는 역시 미국으로 누적 CO_2 배출량의 20.3%를 배출했다. 전 세계 기후변화의 1/5은 미국 책임이고 이를 온도로 나타내면 약 0.2℃ 상승분은 미국 몫이다. 2위는 중국으로 현재까지 누적 CO_2 배출량의 11.4%와 약 0.1℃의 온난화에 책임이 있다. 그러나 중국은 2000년 이후 CO_2 배출량이 급속하게 늘고 있어 현재는 연간 세계 배출량의 1/4을 배출하는 세계최대 배출국가이다. 우리나라는 우리나라 영토 안에서 발생하는 탄소누적배출량인 영토기반 탄소누적배출량[28](그림 I-7)에서는 20위권 안에 들지 않았지만, 수입과 수출로 발생하는 탄소배출량까지 포함한 소비기반 배출량[29]에서는 누적배출량이 20

---

28 한 국가의 역사적 책임을 묻는 것은 영토 소유권의 이동과 국가의 통합 및 해산과 같은 문제로 복잡해질 수밖에 없다. 따라서 여기서는 현재 국가의 영토 경계 안에서 일어난 과거의 배출량을 그 국가의 역사적 책임으로 보았다.

29 특정 국가가 국내에서 영토 배출량을 줄였지만 해외에서 수입되는 고탄소제품에 계속 의존하는 기후정의의 문제를 해결하기 위해서 소비 기반 배출량 계정은 화석에너지로 제공되는

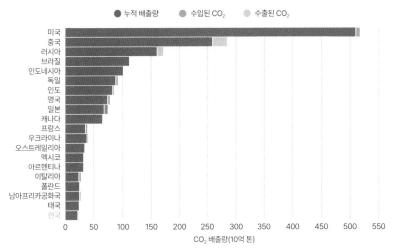

그림 I-6 1850-2021년 누적 소비 기반 CO_2 배출량에 대한 20개의 가장 큰 기여국가

* 회색 막대는 수출된 CO_2가 밝은 회색으로 표시되고 수입이 녹색으로 표시되는 영토 기반의 배출량
* 출처: Global Carbon Project, CDIAC, Our World in Data, Carbon Monitor,
Houghton and Nassikas (2017) 및 Hansis et al (2015)의 수치에 대한 Carbon Brief 분석.

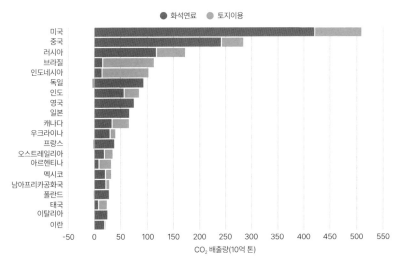

그림 I-7 1850-2021년 누적 영토 기반 CO_2 배출량에 대한 20개의 가장 큰 기여국가

* 화석연료와 시멘트(회색), 토지이용 및 임업(녹색)
* 출처: Global Carbon Project, CDIAC, Our World in Data, Carbon Monitor,
Houghton and Nassikas (2017) 및 Hansis et al (2015)의 수치에 대한 Carbon Brief 분석.

위(그림 I-6)에 기록돼 1850년 이후 우리나라의 기후변화 기여도는
약 1%인 것으로 나타났다.[30]

'기후대통령' 이명박?

우리나라는 1993년 기후변화협약에 가입했지만 그간 개발도상
국의 지위를 톡톡히 누리며 지구온난화에 책임을 지려는 노력을 기
울이지 않았다. 최초로 기후변화에 대한 적극적인 역할을 공약하고
나선 대통령은 의외로 '개발전도사' 이명박 대통령이다. 2008년, 임
기 첫해인 이명박 정부는 한미쇠고기협상으로 지지율이 10%대까
지 곤두박질치자 국민들의 반대가 컸던 한반도대운하사업을 포기
한다고 발표하였다. 그러나 2010년 지지율을 회복한 이명박 정부는
'저탄소녹색성장'이라는 깃발을 내걸고 한반도대운하사업을 '4대강
살리기 사업'으로 포장만 바꿔 다시 시행에 나섰다. 시행의 목적은
기후변화대책이라는 것이다. 국민들의 거부로 무른 한반도대운하
공약과 판박이인 4대강 살리기 사업은 국내에서는 환경단체와 환경
전문가, 종교인 등이 강력하게 반대한 환경파괴사업이었지만 국제

제품 및 서비스를 사용하는 사람들에게 전적으로 책임을 부여하는 방식이다. 따라서 여기
서는 수출과 수입으로 발생하는 탄소배출량도 전체 배출량을 산정하는 데 포함시켰다.
30 사이먼 에반스, 역사적으로 기후변화에 책임있는 국가는 어디입니까?, 2021. 5. 10., 카
본 브리프.

적인 평가는 엇갈렸다. 우리나라 정부의 홍보용 자료에 의지한 국제적인 평가가 다시 국내에서 홍보용 자료가 되는 일이 반복되면서 이명박 정부는 4대강 사업 밀어붙이기에 자신감을 얻었다. 이명박 정부에서 저탄소녹색성장은 일종의 만능열쇠로 저탄소녹색성장만 붙이면 어떤 개발사업이든지 밀어붙일 수 있는 명분이 주어지던 시기였다. 이명박 정부의 꼼수로 등장한 저탄소녹생성장이란 구호는 결국 이명박 대통령을 유엔 기후변화성상회의를 주재하는 자리에 앉혔다.

　이명박 정부는 내친김에 2009년 대통령 직속 녹색성장위원회를 출범하고 '2020년 온실가스 배출전망(BAU)[31] 대비 30% 감축'이라는 구체적 온실가스 감축목표를 최초로 국내외에 약속했다.(표 4-I) 또 2010년 유엔기후변화협약 당사국총회에서 개발도상국의 온실가스 감축과 기후변화 적응 사업에 필요한 재원을 지원하기 위해 설립된 녹색기후기금을 인천 송도에 유치하기도 하며 스스로를 우리나라 최초의 '기후대통령'이라 불렀다. 국민에게는 국가의 자산을 팔아 사리사욕을 채운 대통령으로 기억되는 개발전도사 이명박 대통령이지만 한국의 정세와 정책을 한국정부 홍보자료에만 의지했던 국제적 평가는 달랐던 셈이다.

31　BAU(Business As Usual) : 감축을 위한 인위적인 감축노력을 하지 않았을 때 현재의 추세대로 예상되는 온실가스 배출전망치.

별 다를 것 없는 기후정부의 기후대책

이명박 정부가 국제사회에 한 약속(2020년 BAU(776백만 톤 CO_2eq[32]) 대비 30% 감축(543백만 톤CO_2eq))은 약속 당시에 너무 안이하다는 국내외 환경단체의 평가를 받았다. 그러나 안이한 그 목표조차 일찌감치 폐기되었다. 이명박·박근혜 정부 시절, 한국의 연간 온실가스 배출량은 줄어들기는커녕 오히려 꾸준히 증가하였고, 결국 2016년 5월 박근혜 정부는 목표달성이 어려워 보이자 법에 명시되어 있던 2020년 온실가스 감축목표(배출전망치 대비 30% 감축)를 슬그머니 삭제하고 목표년도를 2030년으로 대체했다.(표 I-4)[33] 2015년 박근혜 정부는 2030년까지 BAU(851백만 톤CO_2eq) 대비 37% 감축(536백만 톤CO_2eq)을 '국가감축목표(NDC)'로 유엔에 등록하였다. 국내감축 25.7%, 국외감축 11.3%를 감축하겠다고 발표했는데 처음으로 감축 주체와 방식이 불확실한 국외 목표량이라는 개념이 등장해 국내외로부터 많은 비판에 직면하게 되었다.(표 I-4)

문재인 정부는 국민들의 많은 기대 속에 탄생한 정부였고 문재인 정부에 대한 희망은 기후환경 분야라고 다르지 않았다. 문재인 정부

---

[32] CO_2eq :각 온실가스 별로 배출량을 산정한 후 지구온난화 지수를 곱하여 CO_2를 기준으로 환산한 값.

[33] 장다울, 한국이 왜 기후악당? 국가 온실가스 감축 목표, NDC란?, 그린피스 홈페이지 (https://www.greenpeace.org/korea/update/15430/blog-ce-what-ndc-mean-for-korea) 2022년 6월 24일 검색.

표 I-4 우리나라 온실가스 감축 국가목표의 변화

	이명박 정부	박근혜 정부	문재인 정부	윤석열 정부
제안년도	2009	2016	2021	2023
목표년도	2020	2030	2030	2030
기준	BAU	BAU	2018	2018
감축목표	30%	37%	40%	40%
기준탄소배출량 (백만 톤CO_2eq)	776	851	727.6	727.6
국내 감축량 (백만 톤CO_2eq)	233	219	220.5	215.6
국외 감축량외 (백만 톤CO_2eq)		96	70.5	75.4
최종 배출량 (백만 톤CO_2eq)	543	536	436.6	436.6

* 정부 발표 보도자료를 참고하여 작성

는 2020년 10월 28일, 2050 탄소중립을 선언하고 2021년 2050 탄소중립위원회(이하 탄중위)를 출범시키면서 2050 탄소중립을 달성하기 위한 2030 NDC 수정안을 발표하였다. 2021년 열린 기후정상회의에 맞춰 발표된 2030 NDC 수정안은 기존 2018년 대비 24.4% 감축이 목표였던 것을 40%까지 감축목표를 늘리는 것으로 수정되었다.(표 I-4) 사실상 우리 정부가 내놓은 NDC 중 최초로 배출량이 감소하는 목표였다. 정부로서는 '매우 도전적인 목표'였던 셈이지만 국제사회와 국내 환경단체의 평가는 이명박·박근혜 정부에 비해서도 박했다. 한국의 기후변화에 대한 책임과 역량에 비해서 턱없이 불충분한 목표였기 때문이었기도 하고 문재인 정부의 기후정책을 수립하는 데 그간 탈핵운동과 기후운동에 앞장서왔던 전문가와 활동가가 다수 책임있게 관여한 만큼 기대가 컸기 때문이기도 했다.

국내의 환경단체들은 2018년 대비 40%의 감축목표는 1.5보고서에서 기후위기를 막기 위해 권고한 2010년 대비 45% 이상이라는 감축 목표[34]에는 미치지 못하는 무책임한 계획이라고 비판했다. 더구나 2019년 온실가스 총배출량 세계 7위, 누적 온실가스 배출총량 세계 20위로 온실가스 배출에 책임이 큰 우리나라가 2050 탄소중립 도달이 매우 어려운 국가목표를 설정한 것에 큰 실망감을 드러냈다.

문재인 정부, 2050 탄소중립을 선언하다

문재인 정부의 온실가스감축 계획의 세부내용도 문제지만 온실가스 감축계획을 수립하는 과정도 문제다. 문재인 정부는 2021년 5월 29일 2050탄소중립위원회(이하 탄중위)를 출범시켰다. 그리고 8월 5일 두 달여 만에 탄소중립 초안을 발표하였다. 다시 같은 해 10월 18일 국민의견수렴을 거쳐 최종안을 확정하였다. 2020년 10월, 2050탄소중립을 선언한 지 1년만이었고 탄중위가 출범한 지 5개월만이었다. 탄중위 안에 쏟아진 비판은 너무나 당연한 일이었다. 이

---

34   특별보고서는 2010년 대비 45%의 감축을 권고했으며, 이는 우리나라 기준년도인 2018년에 대비해 환산할 경우 50% 이상의 감축을 요구한다.

해당사자의 의견을 반영하고 조율할 시간도 의지도 없는 철저히 국민을 배제한 대외용 선언이었기 때문이다.

탄중위는 애초 석탄발전까지 포함한 시나리오를 공개했다가 기후환경단체들이 탄중위 해체를 요구하며 시위에 돌입하자 최종안에서는 석탄발전을 제외하였다. 그러나 기후환경단체들은 석탄발전이 제외된 최종안에 대해서도 탈석탄 시점을 명시하지 않았다고 꼬집었다. 환경운동연합은 "1.5℃ 목표를 위해 경제협력개발기구(OECD) 국가들은 2030년 이전 탈석탄을 이뤄야 하지만 한국은 2030년에도 석탄 비중을 21.8%나 남긴다. 이번 NDC에는 국내 신규 석탄발전소의 건설 중단 계획이 제시되었어야 한다"고 지적했다. 기후위기비상행동도 "정부의 목표대로면 지구 온도는 2℃ 이상 오르게 된다"며 "탄중위는 기후위기 대응을 위한 온실가스 감축이라는 본령을 저버렸다"고 비판했다.

기후환경단체에게 박한 점수를 받은 탄중위안이 그렇다고 산업계의 호응을 끌어낸 것도 아니었다. 주요 경제단체는 2030년 NDC 상향안과 2050 탄소중립 시나리오 논의 과정에서 산업계의 입장이 제대로 반영되지 않았다고 불만을 터뜨리며 공공연하게 비협조를 암시했다.[35]

탄중위 안은 내용도 문제지만 만들어지는 과정의 문제는 더욱 심

---

35 김민제, '2050 탄소중립 시나리오' 최종안…산업계·기후단체 모두 반발, 한겨레, 2021. 10. 18.

각하다. 탄중위는 탄소중립을 위해서는 무엇보다 시민의 참여가 중요하다는 점을 누차 강조해왔는데 실상 탄중위 안을 만드는 과정에서 보여준 탄중위의 일처리 방식은 시민의 참여를 중시하는 것과는 동떨어져 있었다. 탄중위가 '탄소중립 시민회의'를 구성하고 숙의형 여론조사 또는 공론조사 방식을 통해 로드맵 권고안을 수립한다고 밝혔지만, 공론방식을 채택하겠다고 해놓고 초안을 발표할 당시까지 공식 홈페이지도 만들지 않은 게 문제가 됐다. 또 탄중위안을 공론를 통해 만들겠다면서도 진행상황 등을 투명하게 공개하지 않고 일반 국민의 정보 접근조차 불가능할 정도로 폐쇄적으로 운영하면서 '밀실위원회'라는 지적까지 받았다.

홈페이지를 만든 이후에도 국민들의 참여는 매우 저조해 국민참여마당에 실린 국민의견은 총 58건(2022년 6월 13일 현재)에 불과했다. 탄중위는 시민의 참여를 이끌어내는 것은 물론 관심을 끄는데도 실패했다. 그런데도 시민의 참여를 역설하던 탄중위는 시민의 참여를 이끌어 내기 위한 어떠한 정책이나 제도도 마련하지 않았다. 결국 탄중위가 역설한 시민참여의 중요성이 국가의 정책을 함께 만들고 함께 수행해나가는 주체인 시민으로서 참여하는 것이 아닌, 군사정권하에서의 국민참여와 같이 국가가 결정한 정책을 성실히 따르는 양민의 중요성을 역설한 것이 아니냐는 비판은 면하기 어렵게 되고 말았다.

문재인 정부의 가장 아쉬운 점은 문재인 정부가 스스로를 촛불정부라고 부르면서도 시민을 신뢰하지 않았다는 데 있다. 탄중위에 대

기후재난시대를 살아내는 법

한 실망도 마찬가지다. 국민의 절반이 기후변화대책으로 인한 경제적 손실을 감수할 수 있다[36]고 하는데 촛불정부라는 문재인 정부가 기후대책을 수립하면서 시민이라는 지원군을 믿고 제대로 된 탄소중립 계획을 수립하지 않은 것은 유감스럽다.

자전거를 타고 에너지를 아끼는 다양한 개인의 실천은 기후변화를 막아내는 중요한 한 부분이다. 그러나 유감스럽게도 실천 그 자체로 기후변화에 영향을 끼친다는 것은 거의 동화에 가까운 이야기이다. 우리나라에서 배출되는 온실가스에서 가정이 차지하는 비중은 4.5%에 불과한 수준이기 때문이다. 개인의 실천이 중요한 것은 실천을 통해 기후변화에 대한 의식 수준을 높이고 국가의 정책을 바꾸게 하는 시민의 역량이 커진다는 데 있는 것이지 실천 그 자체로 기후변화에 영향을 미치기 위해서는 아니다. 그걸 모를 리 없는 민관합동위원회인 탄중위가 정책 수립과정에서 폭넓은 시민참여를 보장하는 방안을 마련하지 않고 서둘러 이해당사자와의 협상에 나서면서 실패는 예견된 것이었다. 결국 시민과의 소통을 배제한 채 달려간 탄소중립정책은 산업계는 물론, 기후환경단체와 시민 모두에게 외면받게 되었다.

---

36   이오성 외, 2022 대한민국 기후위기 보고서를 공개합니다, 시사IN, 2022. 1. 10.

정부안에는 없는, 탄소중립 시나리오에 반드시 필요한 정책

문재인 정부는 2050 탄소중립을 선언하면서 "2050 탄소중립 미래상을 구체화하고 전 사회적인 구조전환에 필요한 정책 방향 또한 구체화하기 위해 시나리오를 마련"하겠다고 밝혔다. 그러나 발표된 2050 탄중위안 어디에도 문재인 정부가 약속했던 "전 사회적인 구조전환" 시나리오는 물론 "전 사회적인 구조전환"에 필요한 사회적 합의기구를 마련할 계획조차 포함되지 않으면서 비판을 자초했다. 탄중위안이 비판을 받을 것은 이미 예견된 일이기는 했다. 안을 만들 시간은 턱없이 부족했고 탄중위안이 담아야 할 것은 너무 거대했기 때문이다. 그럼에도 불구하고 탄중위안은 실망스럽다. "전사회적인 구조전환" 없이 중앙집중적이고 에너지다소비적인 한국사회가 탄소중립에 이르기는 애초에 불가능한 일이라는 것은 탄중위도 인정한 일이기 때문이다.

또 탄중위는 "기후영향, 에너지·산업구조 전환에 따른 취약산업·계층·노동·지역을 보호하고 불평등을 줄이는 공정하고 정의로운 전환 추진"을 약속했지만 탄중위안에는 정의로운 전환을 위한 어떤 구체적 안은 물론, 구체적 안을 만들기 위한 사회적 합의기구 구성안도 포함되지 않았다. 탄중위안에서는 "국가차원의 정의로운 전환 추진체계 및 지원 방안"으로 "영향받는 기업의 사업전환, 노동자의 고용안정, 지역의 활성화"와 같은 기후변화 감축정책으로 인한 직접적이고 국지적인 피해에 대한 보상만을 명시하고 있을 뿐이다.

그러나 코로나19로 더 분명해졌듯이 기후변화로 인한 피해 혹은 기후변화 감축정책으로 인한 영향은 예측되는 산업과 분야는 물론 사회 전체에 걸쳐 영향을 미친다. 기후변화와는 비교할 수도 없는 코로나19와 같은 재난에도 우리나라의 사회적 안전망은 제대로 작동하지 않았다. 그리고 코로나19와는 무관할 것 같은 전 사회 영역에 걸쳐 그 피해가 나타났다. 더구나 이러한 영향과 피해는 사회적 약자일수록 집중되었다. 코로나19 피해가 사회적 약자와 국가가 제공하는 공공서비스가 부족한 지역에 집중된 것과 마찬가지로 기후변화도 여타 다른 재난과 마찬가지로 사회적 약자와 개발의 수혜에서 벗어나 있던 지역이 가장 큰 피해자가 될 것은 분명하다.

코로나19의 피해가 누구에게나 같지 않으며 오히려 누군가에게는 기회가 되기도 하였다. 코로나19로 자영업자와 비정규직 노동자는 생계를 위협받았지만 플랫폼 업체들은 호황을 누렸다. 정부의 지원금으로 월세 내기 급급했던 자영업자의 아픔 뒤에는 풀린 세금에 폭등한 자산 가치로 웃음을 감추지 못하는 자산가들이 있었다. 우리 사회의 양극화는 코로나19라는 재난으로 더욱 심각해졌다. 기후재앙도 코로나19와 마찬가지로 사회적 약자를 가장 먼저 공격하게 될 것이다. 따라서 탄중위가 약속한 "기후영향, 에너지 · 산업구조 전환에 따른 취약산업 · 계층 · 노동 · 지역을 보호하고 불평등을 줄이는 공정하고 정의로운 전환"이 추진되기 위해서는 계층 · 지역 양극화 해소와 같은 전사회적인 대책이 동시에 시행되어야 하는 것은 물론

이다.

　수도권집중은 기후변화를 심화시키기도, 기후변화 해결을 어렵게 만드는 요인이기도 하다. 코로나19로 드러난 지방의 공공서비스의 부족은 작은 위기를 재앙으로 만들 위험을 내포하고 있다. 급속한 경제성장 동안 국가가 국민 모두에게 공평하게 제공해야 하는 공공서비스도 수도권에만 몰렸고 코로나19와 같은 재난이 발생하자 공공의료와 같은 공공서비스가 부족한 지역은 공황에 빠졌다. 지역의 부족한 의료체계로는 코로나19는 물론 일반적인 질환마저 감당할 수 없었다. 코로나19 기간 동안 의료자원이 넘쳐나는 수도권에서라면 별 문제가 되지 않을 질환으로 의료공백이 발생한 지역에서는 목숨을 잃었다. 개발에서 소외된 지역일수록 개발로 인한 기후변화 피해는 더 크게 입을 수밖에 없는 현재의 구조적 문제를 고쳐나가지 않고는 기후정의를 말할 수도 기후대책을 제대로 시행할 수도 없다.

　기후변화를 막아내려면 개개인의 실천이 물론 중요하다. 그러나 2019년 온실가스 배출량 세계 7위, 1990~2018 온실가스 증가율 150%, 1951~2017 온실가스 누적배출량 세계11위 등 우리나라의 부끄러운 온실가스 배출 책임이 에너지효율이 낮고 국민이 에너지를 낭비해서 생긴 일은 아니다. 우리나라를 급속하게 성장시킨 산업구조 개혁 없이 국민이 에너지 허리띠를 졸라맨다고 탄소중립에 도달할 수는 없다. 또 개발의 수혜에서는 벗어나 있던 경제적 약자와 지역이 가장 먼저, 가장 많이 기후변화 피해와 기후변화대책으로 인한 피해를 감당해야 하는 것도 '공정하고 정의로운 구조개혁'은 아니다.

양극화와 수도권 집중 해결 없는 기후변화대책은 공염불이다.

그나마 자칭 '기후정부'도 막을 내렸다. 기후정책에서는 실망스럽고 어설펐던 문재인 정부가 물러난 자리를 윤석열 정부가 이어받았다. 윤석열 정부가 들어서는데 문재인 정부의 '탈원전정책' 때리기도 톡톡히 한몫해냈다. 윤석열 당시 국민의 힘 대통령 후보는 배우자 논란과 선대위 내홍 등 악재가 터질 때마다 문재인 정부에 '어퍼컷'을 날리며 돌파구를 찾았다. 윤석열 후보가 '어퍼컷'을 날린 "반이성적이고 비과학적인 무지몽매한 운동권 정부의 탈원전정책"은 윤석열 후보가 대통령이 되면서 끝나게 되었다. "신한울 3·4호기 건설 재개를 신호탄으로 기저발전 중 원자력 비중 30%"를 공약한 윤석열 대통령 시대를 맞아 우리나라의 원자력업계는 다시금 르네상스를 맞았다. 취임 후 윤석열 대통령은 더 나아가 "안전을 중시하는 관료적인 사고는 버려야 한다"고 발언하면서 원전업계 지원을 약속했는데 원전 관련 전문가와 관료까지도 윤석열 대통령의 안전무시 발언에 심각한 우려를 표하기도 하였다.

윤석열 정부의 기후대책이라야 원전확대를 빼면 남는 것이 없다. 안전이야 무시하고 노후 원전 수명 연장과 신규 원전 건설을 밀어붙이겠다는 윤석열 정부의 원전 확대정책은 사실 기후대책이라고 부를 수조차 없다. 후쿠시마 원전사고에서 보았듯이 기후 재난에 취약한 원전으로 기후대책을 삼는다는 것 자체가 넌센스이기 때문이다. 기후운동가들에게는 퍽 실망스러웠던 문재인 정부의 에너지·기후정책도 윤석열 정부에게는 다른 정책과 마찬가지로 지나치게 '진보적'이었던 모양이다. 윤석열 후보 시절 'RE100[37]'을 몰랐던 거야 이제라도 알면 된다지만 윤석열 대통령이 좋아하는 '글로벌 표준'이 무엇인지 알지도 알려고도 않는 것은 기후 운동가는 물론 수출로 먹고 사는 우리 기업에게도 걱정거리가 아닐 수 없다.

우리는 이상한 나라에 떨어진 앨리스입니까?

정부의 목표대로면 지구 온도는 2℃ 이상 오르게 된다며 기후단체로부터 '탄중위 해체'까지 요구받았던 문재인 정부의 탄중위 안은 윤석열 정부에서 수정되었다. 윤석열 정부는 2023년, '제1차 국가 탄소중립 · 녹색성장 기본계획안(2023~2042년)'을 발표하였다. 윤석열 정부의 온실가스 감축 국가목표 수정안은 '산업부문'에서 2030년까지 감축해야 하는 온실가스 목표치를 기존 14.5%에서 11.4%로 완화하는 대신 감축성과도 불분명한 탄소 포집기술 등으로 11.2%(기존 10.3%) 줄이고 국제적으로 인정받기 어려운 국제감축도 37.5%(기존 33.5%)로 늘려잡았다. 게다가 누적 온실가스 감축목표는 현 정부 임기인 2027년까지 4년 동안 4890만 톤만 줄여 전체 목표량의 25%만 줄이겠다는 것이다. 나머지 75%인 1억 4840만

---

37 RE100은 재생에너지 전기(Renewable Electricity) 100%의 약자로 기업활동에 필요한 전력의 100%를 태양광과 풍력 등 재생에너지를 이용해 생산된 전기로 사용하겠다는 자발적인 글로벌 캠페인.

톤은 2028~2030년 3년 동안 감축하게 된다. 한마디로 산업계의 부담을 줄이고 임기 내 책임을 미루기 위해 실행가능성이나 국제적인 비난도 아랑곳하지 않겠다는 것이다.

온실가스 감축목표를 발표하면서 윤석열 대통령은 문재인 정부의 탄소감축 로드맵을 좌파의 실패한 "비합리적이고 비과학적인 비현실적 정책"이라 수정이 불가피했다고 주장했다. 국내외적으로도 한국의 위상에 걸맞는 책임을 회피했다는 박한 평가를 받는 문재인 정부의 온실가스 감축목표조차 "좌파의 급진적 몽상"쯤으로 여겨질 만큼 윤석열 정부의 기후정책을 포함한 국정 전반 그리고 국제관계에 대한 이해도는 형편없다는 데는 환경단체뿐 아니라 윤석열 대통령이 그토록 좋아하는 '과학'자들도 의견을 같이한다.

윤석열 정부의 '제1차 국가 탄소중립 · 녹색성장 기본계획안'에 대한 과학자들의 평가는 "우리는 이상한 나라에 떨어진 앨리스입니까?"[38] 라는 성명서에 잘 나타나 있다. '변화를 꿈꾸는 과학기술인 네트워크(ESC)'는 성명서에서 산업계의 감축 목표는 축소가 아니라 상향되어야 하고, 산업계 감축량을 줄이는 것은 탄소 국경세 등 감축 필요성이 증대하는 국제정세에 비추어볼 때 오히려 우리 기업의 경쟁력을 잃게 하는 근시안적인 정책이라고 주장한다.

---

38 변화를 꿈꾸는 과학기술인 네트워크(ESC), 윤석열 정부의 국가 탄소중립 녹색성장 기본계획에 대한 성명서(2023. 4. 11.) 이 성명서는 2023년 3월 29일에서 4월 4일까지 온라인 투표를 진행한 결과, 전체 회원 536명 중 303명(56.53%)이 투표, 투표회원 중 292명(96.37%) 동의로 발표하였다.

또 온실가스 배출량을 윤석열 정부 임기가 끝나는 2027년까지 매년 1.99% 줄이고, 2028~2030년 동안 연평균 9.29% 감축하겠다는 계획은 무책임할 뿐 아니라 과학적이지도 않다고 비판한다. 감축 초반에는 과소비되고 있는 화석연료의 감축과 현재의 기술로도 충분히 온실가스를 줄일 수 있는 부분이 많지만, 시간이 지날수록 어쩔 수 없이 사용해야 하는 부분의 배출에서 감축해야 하기 때문에 뒤로 갈수록 감축이 어려워진다는 것이 IPCC 등 관련 기구 전문가들의 정설이다.

재생에너지는 확대되어야 하고 확대될 수밖에 없고 전 세계 과학기술은 이미 그 길 위에서 달려가고 있는데 윤석열 정부는 재생에너지 발전 비중을 30.25%에서 21.6%로 대거 축소했다. 게다가 불확실한 국제 감축분을 상향 조정하고 지금 상용화되지도 않은 기술을 산업계의 배출 목표에 포함시키면서, 윤석열 정부는 국제사회를 향해 한국은 성실하게 온실가스 감축의 의무를 다하지 않겠다고 선언한 셈이다.

불평등의 해소가 기후위기 저감에서 가장 중요한 방법이라는 것은 잘 알려진 사실이다. 기후변화 협약이 '공동의 차별적' 책임의 원칙을 채택한 이유가 바로 그것이다. 문재인 정부의 온실가스 감축목표는 수정이 불가피하다. 문재인 정부의 탄중위는 기후변화 피해지역과 농어민, 노동자, 청년, 여성 등 피해 당사자에 대한 대책을 구체적으로 세우고 국민 모두의 일자리와 안전한 생계를 보장하는 방법을 빠뜨렸기 때문이다. 문재인 정부의 기후정책이 빠뜨리고 놓친 불평등 해소를 위해 양극화를 해소하기 위한 정책과 보건, 교육, 돌봄 등 공공 부문 강화 정책을 당장 시행해야 하는데, 윤석열 정부가 내민 온실가스 감축목표 수정안은 오히려 폐기되어 곰팡이가 잔뜩 낀 시장만능주의로 회귀되었다. 정부의 역할이 어느 때보다 중요한 지금, 시장에게 모든 것을 맡겨두고 정부는 역할을 축소하겠다면, 어쩌겠는가? 정의로운 전환을 당장 시작할 정부로 바꾸는 수밖에.

기후변화대책의 목표와 가치는 '공정과 정의'

이제 누구도 기후변화를 부정하지 않는다. 기후변화로 인한 재앙이 이미 시작되었다는 보도도 심심치 않다. 기후변화로 인한 피해는 지난 2년간 겪었던 코로나19의 피해와는 비교조차 되지 않는다는 것쯤은 이제 어린아이도 안다. 어쩌면 기후변화를 막아내는 일은 이미 늦었는지도 모른다. 그러나 어찌 됐든 기후변화대책은 필요하다. 하루라도 빨리 대책을 세우는 것만이 피해를 조금이라도 줄일 수 있는 일이기 때문이다.

천문학적 시간으로 언젠가 지구도 소멸하겠지만 이번 기후변화가 그 시간이 아닌 건 확실하다. 진화적 시간 안에서는 인류도 멸종하겠지만 역사적 시간 안에서 그럴 것 같지는 않다. 인류가 이대로 기후변화대책 없이 마구 탄소를 배출한다고 해도 극지방 어디서라도 쥐라기 시대의 쥐 닮은 포유류처럼이라도 인류가 유전자를 남기고 있을 것까지 가능성이 없는 일은 아닌 것 같기 때문이다. 결국 우리가 걱정하는 기후변화로 인한 멸망은 산업사회와 동시에 같이 발달한 민주주의, 인류사 어느 때보다도 폭력이 적었던[39] 지금의 문명이 종말을 맞이하게 되는 것이다.

어떤 재앙이든 재앙이 닥치기 이전에 먼저 전쟁이 찾아온다. 기후변화로 수자원이 고갈되고 난민의 이동을 따라 국경에서는 분쟁이 발발한다. 기후변화로 물가가 폭등하고 생계에 위협을 받는 사람이 늘어나면 정세가 위태로워지고 쿠데타와 내전이 곳곳에서 일어난다. 재난은 그 사회의 약한 고리를 파고들어 증폭시키기 때문이다.

"공동의 차별적 책임"을 원칙으로 하는 기후변화협약이 막고자 하는 것이 기후변화로 인한 자연적 재해만은 아니다. "만인에 대한 만인의 투쟁"도, 제국주의나 독재도, 선발된 일부만 살아남는 행성 이주 계획도 기후변화로 인한 재앙만큼 재앙이다. 기후변화로 인한 종말은 인류의 멸종을 말하는 것이 아니라 소수에 대한 배려를 늘리고 폭력을 줄여온 인류 문명사의 멸종을 뜻한다. 코로나19를 막겠다고 봉쇄정책으로 일관했던 중국에서 일어났던 인권유린이 결국 사회의 안정성과 체제를 어떻게 위협하는지 또 코로나19 봉쇄에조차

---

39 스티븐 핑커는 그의 책 『우리 본성의 선한 천사(사이언스북스)』에서 제2차 세계대전이 끝난 뒤 현재까지의 기간을 긴 평화(Long Peace)라고 역사학자들은 부른다고 밝히고 있다. 강대국들과 대부분의 선진국들이 서로 전쟁을 일으키지 않은 인류의 역사상 유례없는 축복받은 기간이었기 때문이다. 또 냉전이 끝난 1989년 이래 모든 종류의 조직적 충돌이—내전, 집단살해, 독재정부의 억압, 테러—감소했고, 1948년 세계 인권선언 발기 이후로 소수집단, 여성, 아이, 동성애자, 동물에 대한 폭력에 반대하는 목소리가 커져왔다고 주장한다.

어떻게 실패하는지 우리는 확인했다. 기후변화 정책이 온실가스 감축 정책과 함께 기후변화라는 후유증을 잉태하고 있던 사회의 구조적 모순을 해결하는 일을 동시에 진행해야 하는 이유다. "공정과 정의로운 전환"은 기후변화대책의 수용성을 높이기 위한 수단이 아니다. "공정과 정의"는 기후변화를 야기한 구체제와의 결별을 의미하는 기후변화대책의 목표이고 기후변화대책을 통해 지켜내야 하는 가치이다.

코로나19는 우리사회에 피해만 끼친 것은 아니다. 코로나19는 재난을 재앙으로 만드는 우리 사회의 약점이 무엇인지 분명하게 드러냈다. 또 재난을 견디게 만드는 정부의 역할이 무엇인지도 국민 모두가 체험한 계기였다. 값비싼 대가를 치르고 얻은 코로나19의 경험을 우리 사회구조를 보다 공정하고 정의롭게 변화시키는 데 반영할 수 있다면 코로나19는 그 고통으로 기후변화의 백신이 될 수도 있다.

II장

위기는 사회적 약자를
먹이로 자란다

코로나19 비상사태는 끝났다. 모든 재난이 그렇듯 코로나19도 보건상의 위기만 일으킨 것이 아니다. 코로나19 종식이 선언되었어도 여전히 코로나19로 인한 인플레이션과 불황 같은 경제위기로 전 세계가 고통받고 있다. 코로나19의 경제적 영향은 1997년 IMF 외환위기와 2008년 글로벌 금융위기보다 심각하다. 코로나19는 우리에게 건강 영향과 경제적 타격만을 입힌 것도 아니다. 전쟁을 포함한 모든 재난이 그렇듯이 코로나19도 세계를 지탱해온 경제구조, 정치구조를 포함한 전 영역에 영향을 미치고 세계는 코로나19로 구조적 변화를 겪고 있다. 재선이 유력해 보였던 트럼프 미국 대통령이 코로나19에 대한 미숙하고 어리석은 대처로 재선이 좌절되고, 스리랑카를 비롯해 세계 각국에서 코로나19로 인한 의료붕괴와 물가폭등에 항의하는 시위로 정권이 바뀔 위기에 봉착했다.

재난은 사회의 약한 고리에 더 깊숙이 침투한다. 코로나19로 위기가 드러난 곳이 우리 사회의 약점이다. 코로나19와는 비교가 안 될 재난이 예고돼 있다. 아니 이미 그 재난 속에 우리는 살고 있다. 기후변화가 바로 그것이다. 기후변화는 기상이변은 물론 코로나19와 같은 감염병을 더 자주 더 심각하게 일으킬 것이다. 또 기후변화에 대처하는 과정에서 불가피한 구조조정도 많은 사람에겐 코로나19와 같은 재난이 될 수밖에 없다. 따라서 코로나19 위기가 우리 사회에 어떤 영향을 미쳤는지 알아보고 우리 사회의 약한 고리를 재점검하는 것이 기후변화시대를 견뎌내기 위한 혹은 기후변화를 대비하기 위한 최소한의 준비다.

나누지 않은 코로나19의 고통

2021년 12월 27일, 오후 5시가 되자 서울 종로구 먹자골목의 상인들은 간판불을 일제히 껐다. 정부 방역 대책에 항의하기 위해 27, 28 양일간 간판 불을 끄는 '소등 시위'에 참여하기 위해서다. 2년간 잘 참아내고 협조하던 자영업자들의 인내가 바닥을 드러냈다.

코로나19로 적극적 사회적 거리두기를 실시했던 2020~2021년 동안 소상공인[1]의 피해는 심각했다. 2020년에는 사업체당 매출액이 2억 2400만 원으로 1년 전인 2019년보다 1100만 원이 감소했고 2020년 영업이익은 전년 대비 43%나 감소한 1900만 원에 불과했다. 명색이 사장님이 한달에 150만 원 정도를 겨우 손에 쥔 셈이다. 소상공인

---

1 「중소기업기본법」에 따라 매출액 기준으로 소기업에 해당하면서 「소상공인 보호 및 지원에 관한 법률」에 따라 소기업 중 상시근로자가 10인 미만(제조업, 건설업, 운수업) 또는 5인 미만(그밖의 업종)인 사업체.

의 부채는 294조로 각 사업체당 부채가 1억 7000만 원에 달했다.[2]

정부는 코로나19 방역정책에 적극 협조하느라 손해를 본 소상공인을 지원하기 위해 2020년 43조, 2021년 51조를 지원하기로 하였다. 그러나 부족하고 더딘 정부의 지원은 이익이 반토막이 나고 빚은 늘어만 가는 소상공인을 달래기에는 턱없이 모자랐다.

2020년부터 정부는 코로나19 피해를 구제하고 경기를 부양할 목적으로 다른 나라와 마찬가지로 재정투입에 나섰다. IMF(국제통화기금)는 코로나19로 인한 경제충격을 '전쟁'에 비유하면서 코로나19 종식 이후의 성공적인 복구와 회복은 위기상황에서 취한 정부의 정책에 달려 있음을 강조하기도 하였다. 강력한 재정정책은 노동자가 실직하거나 기업이 파산하지 않고 비즈니스와 무역 네트워크를 유지하기 위한 필수조건으로 팬데믹 이후의 복구를 더욱 원활하고 빠르게 한다고 권고하고 있다. 코로나19 재정정책은 비용이 아닌 투자라는 것이다.

기업을 도울 때는 아깝지 않은 투자, 국민을 도울 때는 아까운 매몰 비용

코로나19 대응을 위한 재정지출은 국가마다 차이가 있지만 우리

2　중소벤처기업부, 통계청, '2020년 소상공인실태조사 결과', 2021. 12. 28.

나라를 포함하는 선진 10개국(미국, 영국, 스페인, 한국, 일본, 이탈리아, 독일, 프랑스, 캐나다, 호주)의 재정지출비율은 주요 신흥 10개국(아르헨티나, 브라질, 중국, 인도, 인도네시아, 멕시코, 러시아, 사우디아라비아, 남아공, 튀르키예)보다 높은 것으로 나타났다.

GDP 대비 추경비율은 미국이 25.5%로 가장 높은 수준을 보이고 정부대출 및 보증규모 비율은 이탈리아가 35.3%로 가장 높은 비율을 보인다. 선진 10개국의 GDP 대비 추경은 14.6%, 정부 대출 및 보증은 15.6%인데 반해 주요 신흥 10개국의 추경은 5.0%, 3.5%에 불과하다. 선진 10개국에 포함되는 우리나라는 추경이 GDP 대비 4.5%로 경쟁상대인 다른 선진국은 물론 신흥국가에 비해서도 적었다. IMF의 주장대로 코로나19 재정투입이 코로나19 이후를 위한 투자라면 우리는 쌈짓돈을 아끼느라 미래를 갉아먹었던 셈이다.[3]

경기를 부양하고 소상공인을 돕기 위한 재난지원금 지원에 야당은 물론 여당과도 번번이 각을 세우며 직을 걸고 재정지출을 막아왔던 홍남기 경제부총리가 내세운 명분은 재정건전성인데, 각국의 GDP대비 정부부채비율을 살펴보면 이는 근거 없는 주장에 불과하다. 코로나가 시작된 2019년 우리나라 부채비율(42.2%)은 전 세계 평균(83.6%), 주요 선진 10개국 평균(103.8%), 신흥 10개국 평균(54.7%)에 비해서도 적다. 또 코로나19로 각국이 재정을 투입한 2020년 부채 증가도 우리나라(5.8%)는 전 세계 평균(15.0%), 선진

---

3 진익 외, 2021년 주요국 경제 현황 분석, 국회예산정책처, 2021. 12. 30.

10개국 평균(18.9%), 신흥 10개국 평균(9.3%)에도 미치지 못해 재정 투입을 막은 것을 재정건전성 때문이라고 우기기는 무안한 면이 없지 않다. 물론 재정건전성을 해치면서까지 재정지출을 늘리는 것이 반드시 바람직하다고 할 수는 없다. 그러나 IMF와 같은 국제기구들의 권고에도 막무가내로 재정건전성만 외치는 우리 정부가 살얼음판을 걷는 소상공인 입장에서는 매우 야속할 수밖에 없었다.

코로나19 재난지원금 확대에 재정건전성 악화를 핑계로 번번이 반대 입장을 고집했던 홍남기의 기재부는 역대 어느 정부에서도 보지 못한 세수 전망 실패를 거듭하면서 재정건전성을 해쳤다는 평가를 받았다. 2021년, 홍남기 부총리의 기획재정부는 본예산 대비 58조의 세금을 더 걸으면서 애당초 짠 예산의 20%를 웃도는 세금을 걷어 역대 최고의 초과세수를 발생시켰다. 세입전망을 제대로 짰다면 58조는 코로나19 대응에 쓰일 수 있었던 예산이었다. 초과세수는 재정에 여력이 있어도 필요한 곳에 제대로 쓸 수 없으므로 코로나19 국면에서 한 푼이 아쉬운 정부는 남는 세수를 두고 추경을 편성하는 등 우회 절차를 거쳐야 했다. 기획재정부가 제대로 일을 하지 못한 까닭이다. 그런 기획재정부가 번번이 코로나19 지원을 위한 추경편성에 발목을 잡고 나서니 소상공인들이 거리로 나설 수밖에 없는 일이다.

코로나19 사태 이후 소상공인은 임대료와 대출 이자를 가장 큰 부담으로 느끼고 있는 것으로 드러났다. 다른 나라도 마찬가지여서 각 국은 코로나19 대유행에 따라 재정난을 겪고 있는 임차인을 위해

한시적으로 임대료 지급을 유예시켜주고 임대료를 연체하더라도 임대인이 강제퇴거 시킬 수 없도록 입법례와 지원정책을 마련하여 임차인을 보호해주고 있다. 우리나라도 2020년 9월 「상가건물 임대차보호법」을 개정해 코로나19 대유행으로 인해 임대료를 연체하더라도 한시적으로 임대인이 계약을 해지하거나 계약갱신의 거절 또는 권리금 회수의 기회를 박탈하지 못하도록 하는 임시특례를 마련하였다. 하지만 다른 나라에서는 임대료 조정과 관련하여 분쟁이 발생하면 정부가 당사자 사이의 합의에 나서 소송으로 인한 경제적·시간적 비용을 줄이려고 노력하고 있는 데 반해 우리나라는 분쟁이 발생하면 법원의 판단에 의지해야 하기 때문에 시간과 자원이 부족한 경제적 약자인 임차인에게 정부의 정책은 실효적 대책이 되지 못했다.

또 캐나다에서는 정부가 임대인에게 세제감면과 대출상환을 유예해주는 대신 임대인은 일정 기간 동안 임대료의 75%를 감면해주도록 하여 임대인이 받은 혜택이 대부분 임차인에게 전달되도록 하는 정책을 시행했다. 호주도 상업용 건물주가 임차인에게 영업 피해에 비례하여 임대료를 감면해주어야 하고 임차인의 합의 없이는 임대차계약을 해지할 수 없게 하여 임차인을 보호하고 있다.[4] 그런데 우리나라는 임차인을 보호하기 위한 제도적 장치를 마련하지 않은

---

4   김명수, 코로나 대유행과 상가임대차 보호에 관한 미국, 캐나다, 호주 입법례, 국회도서관 최신외국입법정보 141호, 2020. 10. 13.

까닭에 임차인이 받은 얼마 되지도 않는 정부지원금은 결국 우선 밀린 월세나 이자를 갚는 데 쓰게 되어, 정부의 지원금이 임차인의 손을 거쳐 임대인의 배만 불리고 있다는 비판에 직면하게 되었다.

은행도 마찬가지다. 코로나로 온 나라가 힘겨운데 이자 장사로 배를 불린 은행은 2021년 성과급 잔치를 벌였다. 주요 시중은행은 300% 안팎의 성과급을 현금으로 지급하였는데 직급에 따라 2000만 원이 넘는 금액을 성과급으로 챙긴 경우도 있다. IMF 당시 국민이 세금을 부어 살려놓은 은행들이 코로나19로 인한 각종 영업 규제로 노동자는 직장을 잃고 자영업자는 빚에 허덕이는데 코로나19로 인한 부담을 나누기는커녕 국민을 상대로 한 이자놀이로 성과급 잔치를 벌인 것이다.

돌봄 노동자를 돌보지 않는 사회

코로나19로 인한 영업정지로 자영업자들이 힘들어할 때 코로나19로 늘어난 노동시간과 강도로 필수노동자들은 지쳐갔다. 필수노동자는 국민의 생명과 신체를 보호하고, 취약계층을 지원하는 보건의료·돌봄서비스 종사자, 사회기능 유지를 위한 택배·배달, 환경미화 종사자 등을 말한다. 코로나19로 필수노동의 수요는 급격히 증가했어도 우리나라의 필수노동자들은 코로나19 이후 오히려 고용불안과 소득감소에 시달리며 코로나19로 인한 과로와 감염위험과 그에 따른 우울감도 감수해야 했던 것으로 조사됐다.

코로나19 장기화로 인한 필수노동자의 어려움은 다른 나라도 마찬가지다. 그러나 다른 나라에서는 필수노동자의 중요성과 이들의 위험을 파악해 지원과 보호를 강화하고 있다는 것이 다른 점이다. 미국은 의료 · 에너지 · 교육 등 18개 필수노동 종사자에게 1인당 최대 2만 5,000달러의 안전수당을 지급했고 캐나다는 의료 · 돌봄 · 청소 · 물류 등 필수 직군 종사자들의 임금 인상에 40억 달러를 지원했다.[5] 우리나라도 2020년 12월 '코로나19 대응을 위한 필수노동자 보호지원 대책'을 내놓고 의료인력 충원, 방역지원 지원금 지급 등의 계획을 발표했지만 필수노동자가 겪는 고용불안과 저임금, 과로 등을 해결할 수 없는 미봉책에 불과해 필수노동자의 불만을 사고 있다.

비정규직에게 더 가혹한 코로나

방과후교사인 현진 씨는 방과후 학교에서 종이접기를 가르친다. 초등학교 1학년에 처음 만난 봄이는 초등학교 6년 내내 현진 씨의 수업을 들었고 중학교와 고등학교에 진학해서도 종종 그의 수업에 찾아와 보조교사 역할을 맡았다. 대학 진학을 앞두고 봄이 어머니는 현진 씨에게 진로상담을 하였다. 봄이에게는 방과후교사 현

---

5   한겨레 사설, 코로나 시대 '필수노동자', 정당한 대우 시급하다, 2020. 11. 6.

진 씨가 '선생님'이었다.

학교는 코로나19 이후 방과후수업을 없앴다. 온라인 수업을 하던 학교가 2020년 5월 문을 열어도 학교의 돌봄교실이 열려도 방과후강의는 열리지 않았다. 방과후강사 노동조합이 전국 17개 시도 1,247명의 방과후강사를 대상으로 진행한 실태조사에 따르면 2019년 216만 원이었던 월수입 평균이 2020년 1학기 13.1만 원, 2학기 12.9만 원으로 감소했다. 사실 월급이 감소했다기보다 2020년에는 방과후강사 대부분이 수입이 전혀 없었다고 봐야 한다. 코로나19로 방과후강사와 같은 비정규직 노동자가 직격탄을 맞은 것이다. 2020년 5월 학교가 조심스럽게 문을 열기 시작하면서 부족해진 돌봄인력이나 방역인력으로 방과후교사를 채용하는 학교도 늘었다. 그러나 방과후수업은 열리지 않았다. 현진 씨도 한 달에 60만 원 벌이라도 해야 했기 때문에 결국 방역요원으로 학교에 들어갈 수밖에 없었다.

여성이 주를 이루는 방과후강사는 '부업' 정도로 인식되지만 방과후강사의 97.5%는 실제 생계를 책임지는 '주업'으로 하고 있다. 현진 씨도 돈을 벌어야 생활을 할 수 있어서 방역일도 나갔다. 그러나 방역일도 꾸준치 않아 쿠팡에도 화장품공장에도 다녀야 했다. 코로나19 이후 월수입은 평균 100만 원, 보험설계를 하던 남편도 경비원으로 근무하기 시작하면서 빚으로 빚을 돌려막는 생활이 시작되었다.

우리나라 사회가 재난 상황에서 그나마 보호하는 대상은 상대적으로 안정적 고용과 임금을 보장받는 이들에 국한되었고, 불안정한 고용상태에 있는 이들은 보호받지 못한 채 안전망 밖으로 밀려났다. 직장갑질119[6]가 총 7차에 걸쳐 실시한 직장생활 변화에 대한 설문조사[7]에 따르면 코로나19로 인해 정규직은 13.7~17.8%만이 노동감소를 경험했지만 비정규직은 36.5~44.8%가 노동감소를 경험하였다. 또 정규직은 17~19.3%가, 비정규직은 7차 조사에서 모두 50%를 넘는 52.8~66.8%가 소득감소를 경험하였다. 코로나19 기간 동안 실직경험은 전체적으로 상승했지만 정규직의 실직 경험은 전체 기간 동안 10% 미만이었던데 비해 비정규직은 2020년 4월 조사에서 8.5%가 실직을 경험한 것으로 시작해 6월(26.3%), 9월(31.3%), 2021년 1월(36.8%)로 가면서 급격하게 늘어 비정규직 3명 중 1명 이상이 실직을 겪은 것으로 나타났다.

『숨을 참다』는 코로나19로 어쩔 수 없이 노동의 기회를 잃어버렸거나 코로나19로 필요성이 더 부각되어 과도한 노동에 시달리게 된 이들의 코로나살이에 관한 르포다. 이들의 고통을 통해 구멍숭숭한 노동제도와 법의 안전망을 확인할 수 있다. 우리나라에 이 책에 실린 현진 씨와 같은 불안정노동자는 총 1689만 명에 이른다. 노동법과 제도의 도움을 온전히 받을 수 없는 노동자가 우리나라 노동자 2831만 명(2021년)의 60%, 절반을 훌쩍 넘는 것이다. 코로나19로 드

6 직장갑질119 : 일하는 사람들이 직장에서 겪는 갑질과 부당한 대우를 상담하고 공론화해 법과 제도를 개선하고, 직장인들이 함께 모여 스스로 문제를 해결하도록 지원하는 민간 공익단체.
7 2020년 3월 1차 조사를 시작으로 2021년 9월, 7회까지 매회 성인 직장인 1,000명을 대상으로 실시.

러난 우리 노동제도와 법의 안전망을 수선하는 일을 하루라도 미뤄
서는 안 되는 이유다.

이 책에는 방과후교사 현진 씨 외에도 우리 사회가 주목하지도 보
호하지도 않는 콜센터상담사, 요양보호사, 버스기사, 원어민강사,
식당노동자, 장애인노동자, 호텔노동자, 연극인 등 우리 사회의 안
전망 밖에 있는 노동자들의 이야기가 실려 있다. 그저 통계 속 수치
에 불과했던 사람들이 얼굴을 내밀고 얘기하는 동안 코로나19가, 재
난이 부숴버린 그들의 삶이 눈 앞으로 다가온다. 2020년 국정감사
를 앞두고 벌어졌던 학교 비정규직 노동자시위, 뉴스 속 낯선 그들
을, 코로나19 재난 앞에 우리 사회가 제일 먼저 공동체 울타리 밖으
로 내동댕이친 그들을, 봄이 선생님 현진 씨로 마주해야 하는 일은
힘들다. 사건이 아니라 사람이기 때문이다. 개개의 삶을 들여다봐야
우리가 겪은 재난의 정체가 보인다.

재난은 차별을 키운다

코로나19라는 재난이 시작되자마자 여성은 제일 먼저 일자리를
잃었다. 2020년 3월 조사에 따르면 핵심노동연령인 25~54세 여성
취업자수는 2019년 3월에 비해 54만 명이 감소해서 같은 기간 33만
명이 감소한 남성 노동자보다 큰 폭으로 일자리를 잃은 것으로 드
러났다.[8] 여성이 남성에 비해 일자리를 더 많이 잃은 것은 여성이 코

로나19로 큰 타격을 받은 교육, 숙박, 음식점, 보건업·사회복지, 예술·스포츠·여가 관련 서비스업 등 대면서비스업에 더 많이 근무한 것이 1차적 원인이다.

그러나 고용충격이 남성이나 미혼여성보다 유독 기혼여성에 집중된 것은 학교의 휴업 등으로 가정에서 더 많이 발생한 돌봄노동 수요를 대부분 기혼여성이 떠안았기 때문이다. 코로나19 확산으로 유치원 및 초·중·고등학교의 2020년 1학기 개학이 여러 차례 연기되고 이후에도 비대면 원격수업이 대면수업과 병행 실시되는 등, 가정 내 돌봄과 학습의 수요가 증가하면서 기혼여성의 취업률이 큰 폭으로 감소하였다.

가정은 물론 사회적 돌봄노동도 역시 여성이 주로 담당하고 있다. 현장에서 일하는 간호사, 약사 그리고 지역사회 보건노동자, 아동 및 노인, 장애인 보호시설 종사자 등 돌봄노동자의 대다수가 여성이다. 코로나19로 가정과 사회 양측에서 증가한 노동량으로 여성은 과로, 스트레스, 그리고 감염위험에 더 많이 노출되었다.[9] 그러나 돌봄노동이 가정과 사회를 막론하고 '누구나 할 수 있는 여성의 일'이라는 편견 때문에 재난시 가장 중요하고 많은 역할을 떠맡으면서도 그에 대한 사회·경제적 평가와 보상은 제대로 이뤄지지 않고 있다. 코로나19를 계기로 돌봄노동자가 떠안게 된 높아진 업무위험과

---

8   김지연, 코로나19 고용충격의 성별격차와 시사점, KDI 한국개발원, 2021. 5. 13.
9   유엔사무총장실, COVID-19와 인권 유엔사무총장 정책 보고서, 2020. 4. 23.

늘어난 노동량을 보상하는 방안에 대해 사회가 고민해야 한다. 저임금, 불안정 고용상태인 돌봄노동 조건을 손보지 않고 다음 감염병, 다음 재난에도 코로나19 때와 같은 돌봄노동자의 헌신을 기대할 수는 없기 때문이다.

코로나19로 전 세계에서 실시한 감염병 예방을 위한 사회적 거리두기는 여성과 아동에게 의도치 않은 피해를 발생시켰다. 오랜 기간 광범위하게 실시되고 있는 사회적 거리두기로 공적 공간에서의 활동이 최소화되고 가정 내 생활시간이 늘어나면서 가정폭력 피해가 증가했다. 2020년 잉글랜드 및 웨일즈 지역에서 코로나19 봉쇄 이후 가정폭력으로 인한 살인이 증가했다거나 호주에서 코로나19 봉쇄 이후 한 달간 가정폭력이 25%까지 증가[10]했다는 보고 등, 코로나19로 인한 사회적 거리두기로 가정폭력이 증가했다는 증거는 차고 넘친다. 유엔인구기금은 "코로나19 기간 동안 세계적으로 가정폭력이 20% 증가할 것"이라고 예측했다. 우리나라도 예외는 아니어서 한국여성의전화에 따르면 지난해 가정폭력 상담 건수는 예년보다 40% 증가했다.

그러나 사회적 거리두기로 가정폭력의 피해자가 가해자와 함께 격리된 상태여서 피해자가 적절한 도움을 받기는 더욱 어려워졌다. 가해자와 함께 격리된 가정폭력 피해자의 경우 적절한 지원을 요청하기가 어려워지면서, 코로나19로 인한 사회적 격리기간 중 오히려

10　이미정, 코로나19와 젠더폭력, 한국여성정책연구원, 2020. 7. 31.

가정폭력 신고 건수가 급감하다가 봉쇄가 풀리면 신고 건수가 폭증하는 일이 각국에서 관찰되었다. 유엔인권위원회는 코로나19로 인해 증가한 가정폭력에 대처하기 위해 사회적 거리두기 기간에도 보호구조 및 가해자로부터 안전한 보호소를 운영할 것을 각국 정부에 권고하고 있다.

코로나19가 가정폭력을 직접 유발하는 질병이 아닌 것은 분명하다. 그러나 코로나19와 같은 재난은 사회의 약한 고리를 뚫고 들어가 파괴하는 문제라는 것을 코로나19 시대의 가정폭력이 잘 보여준다. 가정폭력에 관대한 사회적 환경이 재난과 같은 사회적 스트레스가 높은 상황과 만나면 가정폭력은 폭발적으로 늘어나고 피해자에게는 감염병보다 더 목숨을 위협하는 공포가 된다.

코로나19와 같은 재난에 증가한 사회문제가 우리 공동체의 고질적인 사회문제다. 일상으로 돌아오기 위해서는 코로나19로 드러난 우리 공동체의 고질적인 사회문제를 해결하기 위해 법과 제도를 다듬는 일을 반드시 포함해야 한다.

2

혐오와 괴담을 키우면 책임과 원인이 사라진다

원래 재난은 갈등을 부추기는 거라지만 코로나19를 겪으면서 한국의 갈등은 위기수준을 훨씬 넘어섰다. 한국의 성장을 저해하는 가장 중요한 요소로 '사회적 갈등'이 꼽힌 것은 이미 오래된 일이다. 한국에서 갈등은 사회적 불안요소일 뿐 아니라 사회문제를 제대로 진단하고 해결하는 데 방해물이 될 지경에 이르렀다.

코로나19를 겪으면서 불평등이 늘고 그에 따른 갈등이 늘어난 것은 전 세계적인 현상으로 우리나라만의 특수한 상황은 아니다. 우리나라에서도 사회적 위기를 겪거나 큰 선거를 치를 때마다 갈등이 증폭하곤 했는데 코로나19 와중에 치러진 20대 대통령 선거에서는 '이대남(이십대 남성)'이 겪는 역차별이 부정의와 불평등의 상징이 되었고 결국 '이대남'의 지지를 등에 업은 윤석열 국민의힘 대통령 후보가 당선되었다.

남녀갈등, 세대갈등을 키우면 계층갈등이 숨을 곳이 생긴다

그러나 이대남의 불만을 잠재우려 정치권이 역차별을 주장하는 지금도 우리나라의 여성차별은 세계적이다. 여성가족부의 '2020년 성별 임금 격차' 조사 결과에 따르면, 남성 1인당 평균임금은 7980만 원, 여성은 5110만 원으로 남녀의 임금 격차가 35.9%에 이른다. 남성이 100만 원을 받을 때 여성은 64만 1,000원을 받는다는 뜻으로 한국의 남녀 임금 격차는 OECD 회원국 중 가장 크고 OECD 평균 12.8%의 2.5배에 달한다.[11] 더구나 코로나19를 겪으면서 지난 3년간 여성의 취업감소가 남성의 취업감소에 비해 더 큰 폭으로 증가해 취업기회에서 남녀불평등은 더욱 확대되었다. '이대남'의 고통은 십분 이해하지만 분노를 여성에게 겨눈다고 해서 그 고통이 사라지지는 않는다. 이대남에게 무거운 짐을 지운 자가 여성이 아니기 때문이다.

남녀갈등 못지않게 코로나19로 심각해진 갈등은 세대갈등이다. 태극기부대의 마스크 거부로 충돌이 잦아지면서 공공연하게 노인세대가 방역의 방해물로 여겨지게 되었다. 게다가 방역수칙을 어기고 강행된 8·15 광복절 집회에서 코로나19 2차 대유행이 시작되면서 눌러왔던 세대갈등이 폭발하는 계기가 되었다. 청년세대는 노인세대에 대한 적대감을 공공연히 표출하기 시작했고 노인세대도 청

---

11   OECD 최악의 남녀 임금 격차, 경력단절 대책 시급하다, 한겨레, 2021. 9. 1.

년세대와 기성세대[12]에 대한 불신을 집회와 시위를 통해 드러냈다.

특히 기성세대에 대한 불신이 큰 노인세대에서 신문과 방송 같은 기존의 언론 대신 유튜브에 의존해 정보를 얻고, 보건당국의 발표보다는 소문이나 음모론을 신뢰하는 현상이 코로나19를 계기로 크게 늘었다. 정부당국, 전문가들이 코로나19로 우왕좌왕하는 모습을 보이면서 국민들은 코로나19에 대한 자구책을 유튜브나 소문 같은 비성통적인 미디어에서 찾게 된 것이다. 코로나19로 정치적 성향이나 지역 혹은 세대별로 출처가 다른 정보와 사실에 기반해 불신을 키우고 갈등하는 일이 점점 더 많아지면서 갈등은 통합되기 어려워지고 있다.

2020년 코로나19 사망자 950명 가운데 60세 이상 고령층은 95.3%(905명)를 차지했다. 이 가운데 초등학교도 나오지 못한 이들의 비율이 16.5%(149명)였는데, 이는 60세 이상 전체 인구 집단에서 초등학교도 나오지 못한 이들의 비율(7.4%)보다 2.2배 높은 수치였다. 초등학교 졸업자를 포함한 '저학력' 사망 노인은 45.3%(410명)로, 전체 인구 집단의 저학력 노인 비율(30.9%)에 견줘 1.5배 높았다. 사망자의 소득수준까지 확인할 수는 없으나, 학력과 소득 수준이 강한 상관관계를 갖는 한국에서 이런 분석 결과는 저학력·저소득 고령층이 코로나19로 더 많은 피해를 입었다고 추측할 수 있다. 김윤

---

12   현재 사회를 이끌어가는 나이가 든 세대, 나이가 들고 이미 사회에서 안정적 지위를 확보해놓은 세대, 주로 40~60대.

서울대 교수(의료관리학)는 "감염병 피해는 결국 불평등하게 나타났고, 한국 사회는 취약계층인 저학력·저소득 노인을 코로나로부터 보호하는 데 실패했다"고 지적했다. 교육수준·소득·연령·지역에 따른 불평등이 코로나19에서도 예외는 아니었다.[13]

2020년 코로나 위기 국면에서 채택한 초저금리로 부동산 가격과 주식가격이 폭등하면서 청년 세대 안에서도 자산격차가 벌어진 것으로 나타났다. 20·30세대가 가구주인 가구의 평균 자산은 3억 1849만 원으로 2019년보다 2200만 원(7.4%) 증가했다. 20·30세대 자산 하위 20%와 상위 20%의 격차는 2019년 33.2배에서 2020년 35.2배로 악화했다. 자산 하위 20%의 2020년 평균 자산은 2473만 원으로 2019년보다 64만 원(2.6%) 늘어나는 동안 상위 20% 자산은 더 큰 폭으로 늘어 7031만 원(8.8%)이 증가한 8억 7044만 원이다. 특히 20대 가구의 상하위 20% 자산격차는 38.9배로 30대 자산격차 23.8배보다 컸다.[14] 청년세대의 자산격차가 '부모 찬스'라는 부의 대물림 때문이라는 것을 보여주는 사례다.

통계청 2020년 3·4분기 가계동향조사 결과에 따르면 하위 20%, 1분위 가구의 월평균 소득은 163만 7,000원으로 1년 전보다 1.1% 줄었고 2분위 역시 1.3% 축소된 337만 6,000원으로 나타났다. 임시·일용직 근로자와 소상공인이 코로나19의 직격탄을 맞았기 때

---

13 이재호 권지담, '무학' 노인들, 코로나 사망에 더 취약했다, 한겨레, 2021. 11. 3.
14 임성빈, 충격적인 MZ 양극화…상위 20% 자산 8억, 하위 20%의 35배, 중앙일보, 2021. 10. 11.

문이다. 반면 소득 상위 20%인 5분위의 소득은 1,039만 7,000원으로 2.9% 증가했다. 상위 20%와 하위 20%의 소득격차는 4.66배에서 4.88배로 늘었다. 코로나19도 기후변화 피해처럼 개발의 수혜에서 비켜난 이들에게 피해가 집중되었다.

코로나19로 권위적인 한국사회에서 눌려왔던 세대갈등이 본격화하고 이 중심에는 586세대 혹은 베이비부머라 불리는 기성세대가 있다. 노인세대도 청년세대도 고도성장시대 성장기를 보내며 우리나라 개발의 수혜를 그대로 누린 지금의 기성세대가 노인세대의 빈곤과 청년세대의 기회부족에 대한 책임을 져야 한다고 주장한다. 개발의 수혜가 세대별로 나누어진 것이라면 물론 타당한 주장이지만 데이터로 본 사실은 다르다. 개발의 수혜를 독점한 건 특정세대가 아니라 특정계층이다.

코로나19의 첫 희생양, 노인

대부분의 질병이 노인을 가장 먼저 목표물로 삼는다. 고혈압과 당뇨병과 같은 기저질환에 더 많이 노출돼 있는 노인은 면역력이 약해 코로나19와 같은 전염성 질환에 더 감염되기도 쉽고 또 질병으로 인한 피해도 커 중증화율이나 사망률도 높다. 60세 이상의 확진자는 전체 확진자의 19%에 불과하지만 사망자는 전체 사망자의 92%로 사망자의 대부분이 60세 이상이다. 치명률은 이렇게 나이에 따라 기하급수적으로 늘어 80세 이상의 인구 중 확진자는 2.6%에 불과하지만 사망자는 무려 51%로 사망자의 절반 이상을 80대 인구가 차지한다. 코로나19로 가장 먼저 질병에 노출된 것도 가장 많이 사망한 것도 신체적 약자인 노인이다.

코로나19로 노인들이 겪은 고통이 비단 건강문제만은 아니다. UN이 2020년 5월 발간한 「코로나19와 노인인권 정책 보고서」[15]에 따르면 코로나19와 무관한 치료거부, 보호 및 요양시설에서의 방치와 학대, 빈곤과 실업의 증가, 행복과 정신 건강 악영향, 낙인과 차별이 코로나19로 늘었다.[16]

OECD 노인빈곤률 1위인 우리나라 노인들도 코로나19로 가장 걱정하는 것은 건강이 아니라 코로나19로 인한 경제활동 중단과 소득감소와 같은 경제적 변화다. 고령층이 많이 근무하는 도소매, 음식숙박업, 건설업이 코로나19의 직격탄을 맞고, 65세 이상의 노인을 대상으로 보건복지부에서 시행하는 노인일자리사업도 코로나19로 중단되거나 줄어들었기 때문이다. 2020년 한 해 동안 코로나19로 인해 노인일자리사업의 중단을 경험한 노인은 70%가 넘고 중단된 기간도 평균 3개월에 달해 절반 이상의 노인일자리 참여자가 경제적 어려움을 겪은 것으로 나타났다.[17]

---

15 UN Policy Brief COVID-19 and Human Rights of Older Persons)
16 정재환, 노인들의 코로나19 감염현황과 생활변화에 따른 시사점, 이슈와 논점 제1761호, 2020. 10. 7.
17 한국인력개발원 2021. 1.25. 보도자료, 코로나19 상황에도 노인일자리사업 참여자 만족도 높아.

코로나19로 우리나라를 포함한 전 세계가 어려움을 겪는 가운데, 2021년 7월 유엔무역개발회의(UNCTAD)는 한국이 개발도상국에서 선진국으로 지위를 변경한 첫 사례가 되었다는 기쁜 소식을 알렸다. 그러나 세계에서 가장 가난한 나라를 피땀 흘려 선진국으로 일군 노인들은 2021년에도 여전히 OECD에서 가장 가난하다. 선진국 한국의 가난한 노인은 코로나19로 무료급식 혜택마저 줄어 2022년에도 여전히 한 끼를 걱정해야 한다.

코로나19로 집에 머무르는 시간이 늘면서 노인학대가 전년 대비 20%가량 증가한 것으로 보고되고 있다.[18] 직접적 학대만이 문제가 되는 것은 아니다. 우리 사회에 만연해 있던 노인 혐오도 코로나로 크게 늘고 표면화되고 있다. 국가인권위원회가 2021년 5월 전국의 만 15세 이상 1,200명을 대상으로 '온라인 혐오 표현 인식조사'를 실시한 결과 국민 10명 중 7명은 온오프라인에서 노인 혐오표현을 접해봤던 것으로 나타났다. 게다가 실생활에서 가장 흔한 혐오표현도 노인을 대상으로 한 것으로 드러났다.

이러한 노인에 대한 혐오와 조롱은 다른 나라라고 다르지 않은데 미국의 10대들은 코로나19를 '부머 리무버(Boomer Remover)'라고 불러 크게 논란이 되었다. 베이비붐 세대를 뜻하는 '부머'와 없앤다는 뜻을 지닌 '리무버'를 합쳐 만든 단어로, 노년층에게 치명적일 수

---

18 보건복지부 '2020 노인학대 현황 보고서'에 따르면 보건복지부, 2020 노인학대 현황 보고서, 2021년.

있는 코로나19를 '꼰대를 없애는 질병'이라 정의한 것이다. 또 일본에서는 코로나19로 노인 사망률이 높아져서 젊은 세대가 노인 부양으로부터 자유로워졌다는 노인 혐오 일러스트가 사회문제가 되기도 하였다. 사회가 고령화되면서 늘어나는 부양부담으로 인해 증가하고 있던 노인 혐오가 코로나19로 표면화되고 확대된 것이다. 건강 피해나 경제적 피해도 노인에게 큰 문제이지만 코로나19로 증가한 노인 혐오는 장기적으로도 노인들의 존엄성과 삶의 질에 큰 영향을 끼칠 수밖에 없다.

코로나19는 사람을 가리지 않는다

2021년 경기도를 시작으로 전국의 지방자치단체가 국내에서 일하는 외국인들에게 의무적으로 코로나19 진단검사를 받도록 행정명령을 연달아 발표했다. 각 지자체의 행정명령에는 "1인 이상 외국인 노동자를 고용한 사업주"를 대상으로, "미등록된 노동자와 사업주를 포함한 모든 외국인 노동자가 일정 기간 안에 코로나19 진단검사를 받아야 하며, 이를 따르지 않을 시 200만 원 이하의 벌금에 처해질 수 있고, 만약 감염이 발생할 시 방역비용을 포함한 모든 비용에 대하여 구상권이 청구될 수 있다"는 내용이 공통적으로 포함되어 있다.

이주노동자가 코로나19 확산의 주범이라도 된듯, 코로나19 진단

검사 행정명령에는 일사불란했던 지자체가 이주노동자가 원하는 코로나 백신 보급에는 무성의했다. 2021년 8월부터는 미등록노동자에게도 백신접종이 본격화됐지만 이주노동자의 백신접종률은 매우 낮다. 이주노동자는 적극적으로 백신접종을 원하지만 일요일 외에는 휴일이 없는 영세업체의 사정과 고용주의 비협조로 백신접종이 쉽지 않기 때문이다. 더구나 이주노동자가 백신을 접종하려 해도 백신접종의 사전예약시스템은 외국인이 이해하기 힘들어 또 하나의 장벽으로 작용했다. 백신접종뿐 아니라 코로나19 관련 역학 정보도 외국인이 이해하기는 어려워 이주노동자의 코로나19 감염률은 한국인에 비해 높다. 중앙방역대책본부에 따르면 2021년 9월 19~25일 1주간 인구 10만 명당 코로나19 발생률은 내국인은 23명, 같은 기간 외국인은 208명 발생했다.[19]

이주노동자에게 코로나19 시기 겪어야 하는 보건 서비스의 어려움은 비단 코로나19와 관련된 것만이 아니다. 경제적인 이유나 차별을 피하려고 공공병원을 주로 이용하던 장애인, 이주노동자 등 사회적 약자에게는 공공병원이 코로나19 전담병원이 되면서 찾을 병원이 없어진 것도 큰 문제다. 코로나19로 갑작스럽게 사회가 위기대응 체제로 바뀌면서, 위기상황 이전에도 취약했던 장애인, 이주노동자를 포함한 사회적 약자에게 재난의 위기가 더욱 가중되고 있다.

19   서동준, 이주노동자에겐 또다른 차별이 된 '방역용어', 2021. 11. 17. 동아일보.

이주노동자 A씨는 심장에 심한 통증으로 인해 병원을 이용하려 했으나, 코로나19 검사를 해야 진료가 가능하다는 통보를 들었다. 열도, 기침도 없었지만 '당신들은 거짓말해서 입원할 수도 있고, 속일 수도 있다'는 것이 이유였다. 검사 결과가 나오기 전까지 입원이 불가하다는 전달을 받고, A씨는 약만 처방받아 기숙사로 돌아왔다. 이후 통증으로 인해 의식이 혼미해진 상황에서 주변의 다른 친구가 119를 불러 병원으로 이송하던 도중 A씨는 사망했다.[20] 코로나19로 이주노동자가 우리사회에서 겪어야 했던 의료공백과 차별, 혐오의 결과다.

이주노동자 유입이 줄어들자 중소규모의 공장에서는 구인난으로 공장이 가동을 멈추고 농어촌에서는 농작물을 갈아엎는 일까지 생기고 있다. 이주노동자가 한국인의 일자리를 빼앗는 것이 아니라 한국사회를 돌아가게 하는 중요한 톱니바퀴 중의 하나라는 것이 증명된 셈이다.

코로나19는 사람을 가리지 않는다. 우리 사회의 구성원인 이주노동자의 코로나19 발병률이 높은 것은 이주노동자가 처한 환경이 보건상 열악하기 때문이다. 코로나19와 같은 감염병에서 우리 사회가 안전해지려면 우리 사회의 일부인 이주노동자들의 환경도 안전

---

20 코로나19 의료공백 인권실태조사단, 코로나19와 의료공백 존엄과 평등으로 채우다, 2020. 12.

해져야 한다. 차별과 혐오는 감염병을 보호하고 쑥쑥 자라나게 하는 온상이다.

이주노동자의 눈물로 우리의 밥상이 차려진다

2016년 4월 한국에 도착한 속헹 씨는 경기도 포천의 채소농장에서 4년 넘게 일하고 2021년 1월 10일 캄보디아 프놈펜으로 돌아가는 비행기표를 끊었다. 출국을 3주 남겨둔 2020년 12월 20일, 속헹씨는 '기숙사'라고 부르는 비닐하우스 안의 가설건물에서 숨졌다. 날은 영하 18℃인데 '기숙사'는 며칠 전기가 끊겨 난방조차 되지 않았다. 이주노동자들이 사는 '기숙사'라는 게 열 평 남짓 화장실도 없는 밭 한가운데 콘테이너에 다섯 명이 살면서 한 사람당 기숙사비로 20만 원씩 내야 하는 곳이다.

『깻잎투쟁기』는 연구활동가인 저자가 직접 깻잎밭에서 이주노동자와 함께 일하며 이주노동자의 열악한 노동조건과 생활환경에 대해 조사한 결과물이다. "연구를 시작하기 전 나는 그들과 나의 삶이 무관하다고 생각한 것 같다. 커피를 좋아해서 공정무역 커피와 아프리카 생산자들의 삶에는 관심이 있었지만 깻잎밭에서 일하는 노동자들의 표정이 어떤지는 몰랐다. 동물복지 제품을 고르며 스스로를 '가치'소비자로 여긴 적도 있지만 그 동물을 다루는 손에 대해서는 생각해본 적이 없다. 유기농, 무농약, 친환경, 로컬푸드, 동물복지, 무항생제 같은 표시에만 안심하며 타인의 삶을 들여다보기를 주저한 시간들이었다." 저자는 그들의 눈물로 우리의 밥상이 차려지고 있다고 말한다.

한 사람이 온다는 건 한 사람의 인생이 오는 것이라는 시구를 좋아한다는 저자가 펴놓은 이야기 속에는 이주노동자나, 그 고용주의 삶만 있는 것은 아니다. 법, 제도적 차별에도 당당한 우리 나라도 있고, 우리가 피해자인 차별에만 분개하는 부끄러운 우리 사회도 있고, 이제 다문화사회로 진입해가는데도 백인 이주민에게만 친절한 비겁한 우리도 있다.

차별과 혐오를 달고 다니는 감염병

코로나19는 미국과 유럽을 비롯한 많은 선진국의 허상이 무너져내리는 계기가 됐다. 미국, 영국, 프랑스, 일본과 같이 첨단 과학기술로 무장한 선진국들이 코로나19 앞에서 속수무책으로 무너지는 것을 가장 충격적으로 받아들인 건 자국민들이었다. 세계에서 가장 많은 확진자와 사망자를 내면서 세계제일을 자랑하던 미국민들의 자긍심은 크게 상처를 입게 되었다. 미국민들의 분노가 미국의 보건정책에 쏠리기 전에 대선을 앞둔 트럼프는 재빠르게 미국민의 분노를 미국 정부 대신 받아내야 할 희생양을 찾아냈다. 바로 중국이었다.

국내외를 막론한 비판에도 불구하고 트럼프 미국 대통령이 '코로나 19'를 고집스럽게 '중국 바이러스', '우한 바이러스'라고 부른 이유다.

2020년 2월 11일, 세계보건기구(WHO)는 신종 코로나바이러스 이름을 'COVID-19'로 발표했다. 'COVID-19'는 코로나 바이러스 질병('CO'rona 'VI'rus 'D'isease)의 약자와 발생년도인 2019년을 결합한 이름이다. WHO는 '우한폐렴', '중국 바이러스'와 같이 감염병에 지역 이름을 붙여 차별·혐오를 조장해서는 안 된다고 밝혔다. 감염병은 늘 차별과 혐오를 달고 다니기 때문이다.

2021년 3월 16일 '아시아·태평양계 증오를 멈춰라(Stop AAPI hate)'는 코로나19 사태로 아시아계 주민에 대한 폭력과 같은 혐오 범죄가 급증했다는 보고서를 발표했다. 이 보고서는 코로나19 확산 이후 지난 1년간 미국에서 아시아계 주민을 겨냥한 증오 관련 사건은 4,000여 건에 달한다고 주장하였다.[21] 한국인도 예외는 아니어서 뉴욕주에서 83세 한국계 여성이 이유 없이 폭행당하고 애틀랜타에서는 연쇄 총격 사건으로 한인 4명 등 8명이 숨지는 사건이 발생하기도 하였다.

우리나라에서도 코로나19 기간 동안 혐오가 늘어났다. 다른 나라에서와 마찬가지로 중국, 외국인에 대한 혐오는 물론 신천지 대구교회에서 코로나19 집단감염이 발생하자 일부에서 '대구 코로나', '신천지 코로나'라고 부르는 등 지역 차별과 종교 차별이 나타났다. 특

---

21 정의길, 코로나19 이후 '아시안 혐오범죄' 급증…1년간 약 4,000건, 2021. 3. 17. 한겨레.

히 신천지 교인을 향한 차별이 극심하였고, 이후 방역정책에 비협조적인 기독교에 대한 혐오도 코로나19 이전에 비해 크게 증가하였다.

2020년 4월 황금 연휴 기간에 서울특별시 용산구 이태원동에 소재한 다수의 클럽에서 코로나19 집단 감염이 발생했다. 확진자가 1명 수준까지 떨어져 방역 전쟁이 끝나가는 듯 보였던 대한민국의 코로나 상황이 다시 심각해졌다. 이태원 집단감염은 유흥업소에서 발생했고, 일부 성소수자가 신분 노출을 두려워해 방역에 비협조하거나 거짓말로 방역에 혼선을 일으키면서 국민적 공분의 대상이 되었다. 마침 등교중지를 해제하려는 시기에 이태원 집단감염이 일어나면서 성소수자에 대한 혐오가 급증하였다.

이태원 집단감염은 성소수자에 대한 사회적 편견이 심해질수록 자신의 성정체성이 밝혀지는 것을 두려워하게 되고 방역에도 비협조적일 수밖에 없다는 것을 잘 보여준 사례였다. 로저 얏 노크 정 홍콩대 의대 교수는 "공포감과 혐오감 등 특정 집단에 대한 편견이 의심 증상자가 자신의 상태를 공식 기관에 보고하고, 적시에 적절한 검사를 받아 감염병의 추가 확산을 막는 것을 방해한다"고 밝혔다.

우리 안의 파시즘

감염병과 같은 재난은 늘 희생양을 찾는다. 사회가 그동안 키워왔던 편견과 차별을 재난을 핑계로 드러내는 일에 우리는 가해자가 되기도 희생자가 되기도 해왔다. 1921년 관동대지진의 피해로 인한 책임을 모면하기 위해 일본 정부가 퍼트린 거짓 소문 때문에 수천 명의 조선인이 학살된 사건이 대표적이다. 코로나19로 드러난 혐오와 차별은 이미 코로나19 이전부터 우리 사회가 속으로 키워왔던 혐오와 차별이다.

코로나19 2차 대유행이 '광복절 집회'로 시작되었다. 비교적 안정된 상황을 유지하던 우리나라에서 8·15 광복절 광화문 집회를 계기로, 집회 참가자와 서울 성북구 사랑제일교회 교인 중에서 확진자가 속출하자 청년세대와 진보층 사이에서 '태극기집회'에 대한 불만이 쏟아졌다. 정부가 방역 때문에 말리는데도 기어이 시위를 고집해 이 사달을 일으키고야 말았다는 비난은 결국 '태극기집회에 참가하는 사람'에게 쏠렸다. '촛불집회'와는 달리 술 먹고 행패 부리는 사람들이 많다든지 돈 받고 시위에 참여하는 시위꾼들이라든지 하는 비난이 적지 않았다. 더 나아가 이참에 '태극기집회' 같은 시위꾼들의 집회는 원천 봉쇄해야 한다는 말까지 등장했다.

우리나라에서도 파시즘은 이제 남의 일이 아니다. 우리는 매일 뉴스에서 파시즘을 보고 있다. 광화문 광장을 메운 태극기의 물결과 이견이 조금도 용납되지 않는 갈등은 이미 우리 안에서 자라고 있는 파시즘이다. 한국의 미래를 가로막는 가장 큰 걸림돌이 '사회갈등'이라는 것은 굳이 전문가의 입을 빌지 않아도 누구나 공감하는 일이다.

우리 모두 자부심을 느끼고 조금씩 희생하며 지켜낸 코로나 방역을 한순간에 무너뜨린 8·15태극기집회는 우리 사회의 골칫거리, 미운털이 된 지 오래다. 전광훈으로 대표되는 극우 파시스트 세력에 이리저리 끌려다니면서 어떤 합리적 대안에도 음모론으로만 대응하는 불만에 가득 찬 태극기부대는 이미 우리 사회의 혐오집단이다. 그러나 다양한 욕구와 불만을 가진 태극기부대를 하나의 혐오집단으로만 여기는 태도 또한 또 다른 파시즘이다. 다른 의견을 가진 상대를 무조건 적으로 여기는 태도는 꼴 사나운 상대의 모습과 닮는 가장 빠른 길이다.

우리 사회의 가장 어려운 시기에 가장 많은 헌신으로 오늘의 한국을 만들어낸 노인세대는 우리 사회의 가장 가난한 세대이며 노년을 모욕과 혐오로 견뎌내야 하는 첫 세대다. 노인 세대가 그들의 부모세대에게 보였던 존경은 고사하고 우리 사회는 노인의 육체적 정신적 쇠락과 자식들에게 다 퍼주고 남은 가난을 조롱하기에 바쁘다. 사회와 가정, 미디어 곳곳에서 조롱과 멸시의 대상이 된 노인 세대의 분노를 받아낸 곳이 유일하게 태극기부대였다는 것을 우리 사회는 부끄럽게 생각해야 한다. 돈과 권력을 탐하는 파시스트의 먹잇감이 되어 이리저리 휘둘리는 노인 세대의 분노를 사회가 온전히 이해하고 수용하지 않으면 태극기부대의 막무가내는 사라지지 않는다.

태극기부대로 대표되는 우리 사회의 파시즘은 여러 가지 얼굴과 이해를 가진 다양한 집단이다. 파시즘을 다루는 방법은 또 다른 파시즘이 아니라 그 집단 안의 다양한 이해와 요구를 이해하고 구별해내서 다르게 대처하는 일이다. 광화문에는 우리 사회가 노인 세대와 빈자, 탈북민을 다루는 불평등에 분노한 태극기가 있고 이를 이용하

기후재난시대를 살아내는 법

는 권력과 돈에 미친 태극기들이 있다. 그냥 싸잡아 비난하고 그들과 마찬가지로 민주적 절차는 건너뛰고 싶은 마음이야 굴뚝같더라도 파시스트를 잡겠다고 파시스트가 될 수는 없는 노릇이다. 정부도 시민사회도 소외되고 분노한 이들의 목소리를 가려듣는 노력을 당장 시작해야 한다.[22]

코로나19는 사람을 가리지 않는다. 감염병이 확산되고 사망자가 생기는 것은 코로나19를 제대로 다루지 못한 방역정책과 보건정책의 실패 때문이지 우리 사회가 은밀하게 차별하고 혐오하던 집단에서 감염자가 발생한 탓은 아니다. 혐오할 대상을 찾아 분노하는 것은 쉽고 통쾌한 일이지만 정작 감염병을 해결하는 데는 걸림돌이 되고 책임자에게는 숨을 공간만 마련해주는 셈이다.

---

22 이수경, 생태주의 뿌리에 파시즘이 있다?, 환경과공해(https://blog.naver.com/sooeprg), 2021. 4.

3

공공서비스의 불평등이 생사를 가른다

코로나19로 심각한 우리나라의 공공의료 실태가 드러났다. 「공공보건의료에관한법률」 제2조 1항에 따르면 '공공보건의료'란 국가, 지방자치단체 및 보건의료기관이 지역 · 계층 · 분야에 관계없이 국민의 보편적인 의료 이용을 보장하고 건강을 보호 · 증진하는 모든 활동을 말한다. 그러나 코로나19 기간, 우리나라는 다른 선진국의 10분의 1도 안 되는 공공의료 자원으로 인해 지역과 계층에 따라 공공보건의료서비스의 질이 매우 심각하게 갈렸다. 공공병원을 주로 이용하던 계층의 의료접근권이 크게 훼손됐으며 지역에 따라 코로나19 전담병원이 없어 병원을 찾아 이동하거나 대기하는 동안 환자가 사망하는 일이 적지 않았다. 부족한 공공의료서비스는 코로나19라는 재난을 맞자 소외된 지역과 계층에 의료공백 사태를 불러왔다.

지역에 따라 공공서비스의 질과 양이 달라지는 것은 비단 공공의료뿐만은 아니다. 공공서비스는 공공의 성격을 가지는 또는 공동으로 생산·소비되는 재화 혹은 서비스를 말하는데, 잘 알려진 도로, 상수도는 물론 국방서비스와 교육서비스 등이 이에 해당하며 공공재로 불리기도 한다. 지역균형 발전이 어느 지역에 살건 최소한 국가가 제공하는 공공서비스에서는 차별을 받지 않아야 한다는 헌법적 권리에서 출발한다는 점을 고려한다면 코로나19와 같은 재난상황에서 드러난 우리나라 공공의료의 문제 특히 수도권을 제외한 지방의 문제는 심각하다.

코로나19 위기상황에서 정부는 공공병원[23]을 코로나19 전담병원으로 지정하였다. 2020년 우리나라의 공공병상 수는 63,417개로 우리나라 전체 병상 수(656,068개)의 9.7%에 불과하다. 이는 OECD 최하위이며 OECD 평균(71.5%)의 7분의 1에도 못 미친다.(그림 Ⅱ-1) 이렇게 공공병원 수가 부족한 상태에서 공공병원만으로 코로나19 업무를 전담하려 하자 지역의 보건의료체계가 마비되는 현상이 곳곳에서 나타났다. 2021년 12월 현재, 한국에선 전체 병상의 10%를 차지하는 공공병원이 코로나19 환자의 80%를 진료하고, 병상의 90%를 차지하는 민간병원은 고작 코로나19 환자 20%(민간병상의 3%)만 보고 있다.[24]

---

23 공공병원이란 정부가 주체가 되어 설립한 병원으로 국립대학병원, 특수 병원(국립중앙의료원, 국립암센터 등), 공단 소속 병원, 지방의료원, 지자체 병원, 중앙정부 소속 병원을 말한다.
24 이재호, 민간병원 놔두고 공공병원 쥐어짜기…취약층 '우린 어떡하라고', 한겨레 2021. 12. 22.

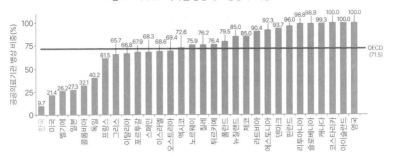

그림 II-1 OECD 국가별 공공의료 병상 수 비중

OECD (71.5)

* 자료 : 2021 공공보건의료 통계집(2019 기준)

2020년 3월, 대구에서 4,000여 명이 코로나19로 확진되었을 때 확진환자 중 절반 이상인 약 2,300명의 환자가 입원실이 없어 자가 대기해야 했다. 이러다 보니 대구의 초기 사망자 75명 중 무려 23%가 입원 치료를 받지 못한 채 사망하게 되었다. 대구에 공공병상이 부족해 확진을 받고도 입원하지 못하는 환자가 속출해 발생한 일이었다.[25] 결국 광주시에서 대구·경북의 코로나19 확진자에게 입원실을 제공하겠다고 나섰고 언론은 대구·광주 두 지역의 "달빛 동맹"에 찬사를 보내는 것으로 대구의 공공병실 부족 사태를 훈훈하게 마무리 지었다.

그러나 공공병상 부족으로 코로나19 환자 절반 이상이 입원실을

25 코로나19 의료공백 인권실태조사단, 코로나19와 의료공백 존엄과 평등으로 채우다, 2010. 11. 25.

찾아 헤맬 때에도, 입원 치료를 받지 못해 사망자가 쏟아져 나올 때에도, 광주로 대구·경북의 환자를 실어나를 때에도 대구·경북의 병상이 부족했던 것은 아니다. 코로나19로 인한 대구의 의료공백은 민간병상까지 포함하는 병상의 부족 때문이 아니라, 코로나19 전담병원으로 지정된 공공병상의 부족 때문이었다. 우리나라 공공병상 비중은 OECD 최하위지만 민간병상까지 합한 인구 1,000명당 병상 수는 13.2개로 OECD 평균 4.4개에 비해 3배나 많다.

공공병상만 문제인 것도 아니다. 코로나19와 같은 위기에 동원할 의료인의 수도 우리나라는 부족하다. 지방의 의료인 부족은 물론 훨씬 더 심각하다. 우리나라는 인구 1,000명당 활동의사 수가 2.4명(2019년 기준)으로 OECD 평균 3.6명(2018년)의 71%에 불과하다. 한의사(0.4명/천 명)까지 합해도 우리나라는 인구당 OECD에서 가장 적게 의사를 확보하고 있는데 그나마도 의사들은 수도권과 대도시에 몰려 있다. 인구 1,000명당 의사 수는 서울이 3명으로 가장 많고 경북이 1.4명으로 가장 적다.

코로나19로 공공병상수와 같은 공공의료자원의 부족은 물론 공공의료인력의 부족을 절감한 정부는 그간 꾸준히 제기돼온 공공의료의 확대계획을 내놓았다. 정부는 2020년 7월, 2022년부터 10년간 의과대학 정원을 늘려 총 4,000명의 의사를 추가로 양성한다는 '의대 정원 확대 및 공공의대 설립 추진방안' 계획을 발표했다. 코로나19로 미래에는 더욱 수요가 늘어날 역학조사관과 지역 내 중증 및 필수 의료 공백 해소를 위해서 의사 수를 늘리고 공공의료를 확대해

야 한다는 것이 정부의 계획이었다.[26]

그러나 정부가 의사 확충 방안을 내놓자 대한의사협회 등 의사단체들은 의사 확충 방안 철회를 요구하면서 파업에 들어갔다. 2000년 의약분업 반대, 2014년 원격진료 반대 이후 세 번째 의사들의 파업이었는데 코로나19로 국민이 힘들어하는 시기에 벌인 의사들의 파업에 여론의 반응은 싸늘했다. 일반 대중의 여론뿐 아니었다. 의사협회를 제외한 보건의료단체들도 정부의 의사 확충에 찬성하면서 오히려 정부안보다 더욱 강력한 '공공의료 강화'를 주문하였다. 그러나 국민 여론은 안중에도 없는 의협은 코로나19가 급격히 확산되는 것을 오히려 기회로 삼아 집단으로 진료를 거부하면서 정부를 궁지에 몰아넣었다. 코로나19로 한 명의 의료인이 아쉬운 정부는 결국 이번에도 의협과 협의 없이는 정책을 추진하지 않겠다고 물러섰다. 결국 코로나19로 공공의료 확대의 절박성이 드러났지만 코로나19라는 위급상황을 볼모로 잡은 의사들의 이기심으로 공공의료 정상화는 이번에도 실패하고 말았다.

사회적 약자를 돌보는 공공의료

공공병원의 역할은 코로나19에 대처하기 위해 공공병원이 일반

---

26   보건복지부, 의대정원 확대 및 공공의대 설립 추진방안, 2020. 7. 23.

진료를 멈추자 더욱 분명하게 드러났다. 우리나라에서 사회적 취약계층에게 공공병원은 유일한 병원의 역할을 하는 경우도 적지 않다. 노숙인, 이주노동자, HIV 감염인 등은 적은 수의 공공병원에 절대적으로 의존한다. 민간병원을 이용할 수 없는 것은 아니지만 의료기관에서의 멸시와 차별, 배제 그리고 의료비 부담 등을 이유로 현실적으로는 민간병원 이용은 애초에 엄두도 내지 않는 경우가 많다. 코로나19로 거의 모든 공공병원이 코로나19 전담병원으로 지정되면서 취약계층은 아프거나 응급상황이 발생해도 갈 수 있는 병원이 없어지고 말았다.[27] 게다가 공공병원이 코로나19 전담병원으로 지정되자 공공병원에 있던 환자들은 대책없이 쫓겨나는 일까지 벌어졌다.

2020~2021년 2년 동안 전 세계에서 발생한 초과사망자는 1491만 명이다.[28] 같은 기간 WHO의 누적 코로나19 사망자 집계치인 약 542만 명의 약 2.7배에 이른다. 코로나19 기간 추가사망자 셋 중 둘은 코로나19가 직접적 원인이 아니라 코로나19로 인한 의료공백으로 사망한 것으로 짐작된다. 이 기간 우리나라에서도 6,288명의 초과사망자가 발생했는데 이 기간 코로나19로 인한 사망자가 5563명이었다는 점을 고려한다면 우리나라에서도 의료공백으로 인한 사망자가 적지 않았다는 것을 알 수 있다. 세계보건기구 사무총장은

---

27 코로나19 의료공백 인권실태조사단, 코로나19와 의료공백 존엄과 평등으로 채우다, 2010. 11. 25.
28 WHO 자료, '초과 사망'은 일정 기간에 통상 발생할 것으로 예상되는 수준을 넘어서는 사망자 발생을 의미한다.

코로나19를 경험삼아 "모든 국가가 필수의료서비스를 유지할 수 있는 탄력적인 의료시스템을 위해 투자해야 한다"고 권고했다.[29]

대구 경북지역은 2020년 1분기 초과사망률이 10%(900여 명)를 넘어 코로나19 사망자(154명)를 빼더라도 750명 정도의 초과사망률을 보여 의료공백이 심각했던 것으로 추정된다. 민간병원을 포함하면 우리나라는 물론 대구 경북지역도 의료자원이나 의료접근성이 열악한 곳이 아니다. 의료자원이 충분하다 하더라고 공공의료자원이 부족하면 코로나19와 같은 재난시 의료공백이 발생한다는 것이 입증된 셈이다. 의사들의 이해에 떠밀려 공공의료자원 확보를 미루는 동안 우리나라는 높은 기술력과 장비에도 불구하고 코로나19와 같은 재난시 의료공백을 면할 수 없는 처지에 놓이게 된 것이다. 코로나19로 드러난 우리나라의 공공의료체계는 심각하다. 공공의료자원은 부족하고 지역의 의료인력은 매우 불균형하다. 공공의료체계를 점검하고 보완하는 일을 더 이상 미룰 수는 없다. 이미 시작된 기후변화는 코로나19와 같은 감염병과 재난을 더 자주 더 크게 일으킬 것이 분명하고 공공서비스의 부족은 단지 불편의 문제가 아닌 생존의 문제라는 것을 코로나19는 잘 보여주고 있기 때문이다.

---

29   박준용, 코로나 사망자보다 많았다…2020~21년 '초과 사망' 6288명, 한겨레, 2022. 5. 6.

재난은 사회적 약자뿐 아니라 지역도 소외시킨다

코로나19로 재난은 공동체의 약한 고리를 파고들어 공동체를 무너뜨린다는 사실이 분명해졌다. 사회적 약자가 가장 먼저 코로나19의 희생양이 되었는데 그 이유는 코로나19라는 질병 때문이기도 하지만 코로나19로 인한 사회경제적 변화에서 가장 큰 희생을 치러내야했기 때문이다. 여성, 노인, 아동, 장애인, 이주노동자를 불문하고 사회적 약자는 코로나19와 같은 재난 상황에서 경제적 어려움은 물론 공공의료를 비롯한 공공 돌봄서비스의 중단으로 생존의 위협까지 느끼는 경우가 종종 발생했다. 재난시 국가가 사회적 약자에게 필요한 공공서비스를 적극적으로 제공해야 하는 이유다. 공공서비스의 부족만 문제인 것도 아니다.

코로나19로 사회적 거리두기가 강력하게 실시되면서 각급학교도 등교를 중단하고 온라인학습을 실시하였다. 코로나19 기간동안 교육부가 등교일수와 등교방식 등을 모두 결정하고 시도교육청은 질병관리본부 등 방역당국과 교육부 지시를 따르는 수직적 구조가 계속되었다. 교육현장이 정부 지침을 적극적으로 따르면서 코로나19가 효율적으로 관리될 수 있었지만 중앙정부 주도로 교육현장이 관리되는데 따른 부작용도 또한 드러났다.

재난과 같은 위기상황에서 소외되는 것은 사회적 약자 뿐 아니라 지역도 마찬가지다. 공공의료에서 잘 드러난 것처럼 공공서비스의

기후재난시대를 살아내는 법

중단은 생활의 불편을 넘어 생존을 위협하기도 한다. 코로나19와 같은 위기상황일수록 지방정부가 지역이 필요로 하는 공공서비스를 적시에 제공하는 것이 필요하다. 그러나 유감스럽게도 코로나19 위기에서 지방정부의 역할과 권한은 제한적이었다. 공공서비스에 대한 접근성이 지역적으로 매우 불균형한 것도 문제이지만, 수도권을 기준으로 공공서비스가 제공되기 때문에 지역의 실정에 맞지 않거나 지역의 필요를 만족시키지 못하는 것도 문제다. 코로나19와 같은 재난에 대비하기 위해서는 공공의료는 물론, 교육, 돌봄과 같은 공공서비스의 양과 질이 지역을 막론하고 확보되어야 하고, 지방정부가 주도권을 갖고 중앙정부 혹은 다른 지방정부와 협력하여 지역의 문제를 해결할 수 있어야 한다.

기후변화로 산불, 홍수, 가뭄, 태풍 등 재난사고는 더욱 잦아지고 더욱 거세지고 있다. 기후변화로 지방자치단체가 수행해야 할 재난안전서비스의 관리영역과 범위는 크게 넓어졌다. 재난관리행정의 주체인 지방자치단체는 그 지역의 자연적·사회적 특성에 부합하는 재난예방계획을 수립하고, 재난에 대응하고 복구할 책임이 있다. 그러나 2023년 오송지하차도 참사[30]에서 보듯 지방자치단체는 책임은 크지만 실제적인 권한과 집행능력, 재원, 경험은 부족하다. 또 2022년 이태원 참사에서도 밝혀진 것처럼 헬로윈 축제로 인구가 몰

---

30 오송지하차도 참사: 2023년 7월 15일, 폭우로 미호강 둑이 터지면서 충북 청주시 오송지하차도가 침수되었다. 시민들이 관계당국에 오송지하차도 침수를 수차례 신고했지만 교통통제와 같은 기초적인 조치조차 전혀 이뤄지지 않았고 결국 14명이 목숨을 잃었다.

려들 것이 예견되어도 지방자치단체나 지방경찰이 광화문 집회 및 시위에 행정력을 우선 동원하겠다는 중앙정부나 상위자치단체의 결정을 바꿀 권한은 없다.

중앙정부는 코로나19 혹은 기후변화와 같은 재난에 대비해 지역에 필요한 공공서비스를 지방자치단체가 집행할 수 있도록 재원, 경험을 적극적으로 지원하고 재난의 책임은 나눠져야 한다. 코로나19를 통해 공공의료와 돌봄서비스의 부족이 사회적 약자나 지역에는 얼마나 파괴적인 영향을 가져오는지를 경험했다. 더욱더 파괴적으로 늘어날 재난에 대비해 중앙정부는 지방정부를 지원하고 지방정부와 중앙정부, 지방정부와 지방정부 간 공공서비스 협력 네트워크를 더욱 공고히 해 재난에서도 국민의 안전을 책임져야 한다. 정부만 바뀌면 슬그머니 꺼내드는 공공서비스 민영화 카드나 한가하게 만지작거릴 때가 아니다. 기후변화와 같은 재난의 시대, 늘려야 하는 것은 공공서비스의 효율이나 경제성이 아니라 공적 책임, 공동체의 책임이다.

4

코로나19, 국가의 존재 이유를 묻다

코로나19는 전례 없는 공중보건의 비상사태다. 비상사태에서 정부는 코로나19의 전파를 방지하고 생명을 보호하기 위해서 이례적인 조처를 할 수밖에 없다. 바이러스의 전파속도를 늦추기 위해서는 광범위한 봉쇄조치와 이동을 제한하게 되는데 이 과정에서 국민의 기본권을 침해하는 일이 벌어진다. 인권법은 비상사태에서는 국가가 국민의 권리가 일부 제한될 수 있다는 것을 인정하고 있지만 동시에 비상상태에서도 국민의 기본권은 최소한으로만 제한되어야 한다는 것을 강조하고 있다.

코로나19로 우리나라에서도 불가피하게 기본권을 제한하는 일이 벌어졌다. 대표적인 것이 집합금지 명령인데 코로나19로 인한 2년여의 기간 동안 집합금지가 반복되다 보니 소상공인과 그곳에서 일하는 노동자가 큰 피해를 보게 되었다. 코로나19로 소상공인은 영업이 반토막이 나면서 빚더미에 올라앉게 되었고 이곳에서 일하던 노동자들은 일자리를 잃게 되었다. 관광객과 학생이 주로 이용하던 상권은 특히 피해가 컸는데 코로나19 이전에 문전성시를 이루던 명동과 신촌, 홍대 앞과 같은 거리에서는 폐업으로 문을 닫은 가게가 넘쳐났다. 여행업계는 직격탄을 맞아 코로나19가 회복되어도 여행업이 예전과 같이 회복되는 데는 수년이 걸릴 정도라는 말까지 나오고 있다.

코로나19, 국가의 의무와 국민의 기본권이 충돌하다

국민의 안녕을 위해 영업을 제한하는 일은 어쩔 수 없었다지만 그로 인한 손실도 일부 국민만 떠맡는 일까지 어쩔 수 없는 것은 아니다. 국민의 안녕을 위해 일부 국민이 그 부담을 지게 되었다면 국가가 책임지고 그 부담을 나누어야 하는데도 불구하고 이러한 부담 나누기가 제대로 이루어지지 않자 관련자들의 집회 및 시위 허가 신청이 잇달았다.

그러나 정부는 감염병 확산이 우려되는 상황에서는 다중이 한 공간에 모이는 집회는 공공의 안녕에 직접적 위협이 된다는 것을 근거로 집회를 제한했다. 경찰이 서울 시내 집회에 대해 금지를 통고한 사례는 코로나 사태 이전인 2019년 1건에 불과했으나 발생 첫해인 2020년 3,867건, 2021년에는 4,985건으로 크게 늘었다.

코로나19 기간 동안 사회적 거리두기로 인해 집회 및 시위가 제한된 것은 우리나라만의 일은 아니다. 2020년 '광복절 집회'와 뒤이은 수도권의 폭발적인 코로나감염으로 코로나2차 대확산이 야기되면서 우리나라에서는 집회 및 시위에 관한 권리가 침해되는데 대해 큰 반발은 없었다. 그러나 2021년 하반기부터 코로나19로 오랫동안 고통과 손실, 부담을 감내해온 자영업자, 간호사, 택배노동자들의 집회는 법원의 허가를 받아냈고 광복절 집회와는 달리 코로나19 상황에서도 국민들은 이들 시위에 공감했다. 비상사태라 하더라도 기본권은 최소한만으로 제한되어야 하고 건강권과 표현의 자유라는 기본권끼리 충돌할 때 무엇이 우선하는 가치인지는 그때그때의 상황과 필요에 따라 다르기 때문이었다.

그런 의미에서 코로나19 시기 '기본권' 논쟁으로 가장 많은 주목을 받았던 사교육의 교육권침해 논쟁은 주목해볼 필요가 있다. 정부는 2021년 11월 22일 전국 초·중·고등학교의 전면등교를 실시했다. 코로나19 발생 이후 부분등교·온라인 등교 등 불완전 등교가 2년 만에 해제된 것이다. 코로나19가 다시 확산의 기미를 보이기는 했지만 불완전한 공교육으로 학력의 양극화가 심해지는 것을 더는 놔둘 수 없다는 걱정 때문이었다.

하지만 사회적 거리두기 완화가 코로나19 감염세가 약화되어서가 아니라 사회적 필요에 따른 것이어서 감염을 막을 사회적 안전장치를 마련하는 것이 필요했다. 방역당국이 사회적 거리두기 완화를 위해 마련한 것이 학원, 독서실, 스터디카페 등지에서 실시하려고 한 '청소년 방역패스'다. 방역패스는 코로나19 백신접종을 마치지 않았거나, 48시간 이내 유전자증폭(PCR)검사 음성확인서 없이 식당·카페 등지의 다중이용시설을 이용할 수 없도록 한 제도다. 그런데 청소년 방역패스를 적용하겠다고 하자, 학생, 학부모, 학원 등의 반발이 거세졌다. 애초에 백신접종 대상자가 아니었던 청소년에게까지 장기적인 안전성이 확보되지도 않은 백신접종을 강요한다는 불만부터 개인의 자유나 학습권 같은 헌법이 보장하는 기본권을 제한한다는 문제까지 제기되었다.

코로나19와 같은 감염병은 개인의 건강뿐만 아니라 공동체의 보건에 위험을 유발한다. 국가가 공동체의 건강 유지를 위한 보건 정책을 실현하는 데 핵심적 방안은 예방접종이다. 물론 예방접종에 대한 개인의 선택권은 보장되어야 하고 그 선택으로 인한 차별이 있어서는 안 된다. 재난 상황이라고 국민의 자유를 제한하는 것이 당연한 것도 물론 아니다. 그래서 코로나19 상황에서처럼 건강권과 학습권이라는 기본권의 충돌이 발생할 때, 국민의 헌법적 권리를 지키기위해 기본권을 가장 적게 제한하는 방법을 찾는 일은 어렵지만 반드시 필요한 일이다. 바로 이렇게 충돌하는 헌법적 권리를 가장 적게 발생시키기 위해 설계된 정책이 청소년 방역패스 정책이다.

국가가 국민의 기본권을 보호하는 정책을 수립하면서 제일 먼저 또 가장 많이 고민해야 할 점은 사회적 약자까지 포함해 국민이라면 누구나 기본권을 누릴 수 있도록 정책을 설계해야 한다는 것이다. 예를 들어 보행권 보장을 위해서는 장애인이나 노인 등, 보행약자가 보행권을 누리는 데 장애가 되는 시설이나 제도를 고쳐 누구나 불편함을 느끼지 않도록 하는 것이 보행권이 지향하는 목표가 된다.

　마찬가지로 학습권은 건강, 재산, 성별, 인종과 관계없이 우리나라 국민이면 누구나 교육받을 권리를 보장하는 것이 목표가 되어야 한다. 코로나19로 벌어지는 학습격차를 줄이기 위해 중지된 대면학습을 하루빨리 복구하려는 교육당국의 조치는 불가피했다. 대면학습이 중지되면서 소득에 따라 혹은 가정에서의 돌봄 지원에 따라 학력 격차가 점점 벌어지고 시간이 지날수록 학력격차를 회복하기 힘들어지기 때문이다. 그러나 전면적인 등교재개를 위해서는 청소년의 백신접종률을 높여야 하는 것이 보건당국과 교육당국의 당면한 과제였다. 그렇다고 백신패스를 공교육에 도입할 수는 없다. 공교육이야말로 청소년 누구에게나 소득 혹은 질병 유무, 백신접종 여부와 관계없이 보장해야 할 기본권이기 때문이다.

　교육당국은 청소년 집단의 집단면역을 높여 면역력이 약한 학생들이나 백신접종이 불가능한 학생들까지 학습권을 보장하면서도 경제적인 격차에 상관없이 교육을 제공하기 위해서 우회적인 백신패스 전략을 사용하려고 했던 것으로 보인다. 사교육 비율이 높은 우리나라에서 사교육에 백신패스를 도입해 백신접종률을 높이면 공교육에서는 우회적으로 백신접종률이 높아지기 때문이다. 그러나 학부모와 사교육업체, 일부 학생은 교육권의 침해를 주장하면서 이를 반대하였고 법원에서 이를 인용하면서 학원 등 청소년 방역패스는 중지되었다. 결국 사교육 받을 권리를 보장하기 위해 공교육

대면수업을 포기해야 하는 상황이 발생하고야 말았다.

위기의 시기라도 기본권은 지켜져야 마땅하다. 청소년 방역패스와 같이 기본권과 기본권이 충돌한다면 기본권이 지켜져야 하는 이유가 무엇인지 국민의 권리와 의무를 어떻게 나누는 것이 공정한 것인지에 대해 우리 사회가 합의해야 한다. 목소리가 큰 사람의 권리가 우선된다면 애당초 기본권이란 것이 존재할 이유가 없다. 재난 시에는 시민의 처지와 입장을 고르게 대변해 제대로 합의된 정책을 신속하게 만들 정치권의 역할이 더욱 중요해진다. 코로나19 기간 내내, 그 이전, 이후 내내 이전투구만 벌이며 정치인 스스로 정치를 혐오하는 현재의 한국 정치 코미디를 보면 기후변화라는 재난의 시대, 선결과제는 결국 정치다.

세계화, 재난을 세계화하다

코로나19로 저개발국가가 위기에 처한 것과는 다른 이유로 세계를 이끌어간다고 자부하던 선진국의 위상도 처참하게 무너져내렸다. 코로나19 초기인 2020년, 각국은 사재기 열풍에 휩싸였다. 미국, 영국, 프랑스, 독일, 일본과 같은 내로라하는 선진국에서도 사재기 열풍으로 마스크, 알콜과 같은 보건용품은 물론 휴지와 식료품 같은 생필품 품귀현상이 벌어졌다. 필요한 물품의 서너 배를 사들이는 '패닉 사재기'로 나라를 막론하고 매장과 약국 앞에는 생필품과 마스크를 구하기 위한 긴 줄이 생겨났다. 100배 이상으로 치솟은 마스크 가격과 휴지를 두고 주먹다짐을 하는 일까지 하루가 멀다고 국제 뉴스를 장식했다.

WHO는 "세계적으로 사람들의 이런 과잉행동은 공황 상태에서 빚어지고 있는 매점매석, 투기 심리에 따른 것"이라고 말했다. 하지만 세계인의 이런 과잉행동은 세계화로 생필품이나 기본적인 보건 용품과 같은 안전용품조차 모조리 수입에만 의존하고 있어 부족한 물품이 제때 공급되지 못할 거라는 불안 때문이었고 상당 부분 사실이 되기도 하였다. 필수적인 상품조차 생산기지를 먼 외국에 두고서도 재난에 대비한 필수적인 수요량조차 미리 확보해 관리하고 있지 않던 세계화된 현대사회가 재난에 얼마나 취약한지 코로나19를 계기로 깨닫게 되었다.

세계화로 코로나19와 같은 감염병도 세계화되었다. 잉카와 같은 아메리카대륙의 오랜 문명과 문명인들이 백인들에게 그토록 쉽게 굴복한 것이 백인이 가져온 천연두와 같은 낯선 질병 때문이었다는 것은 잘 알려진 사실이다. 20세기의 세계적 전염병으로는 1918년의 '스페인 독감,' 1957년의 '아시아 독감,' 1968년의 '홍콩 독감'이 있고 21세기의 세계화된 전염병은 우리나라도 무사히 지나가지 못했던 2003년의 '사스', 2009년의 '신종플루', 2015년의 '메르스' 등이 있다.

세계화는 세계의 모든 지역을 운송과 상업 연락망으로 이어 인류의 생활 조건을 향상하는 긍정적인 측면이 주로 강조됐다. 하지만 세계화가 마냥 긍정적인 측면만 있는 것은 아니다. 세계화로 경제, 군사, 생태 등 여러 면에서 '리스크의 세계화'가 초래되었다.[31] 금융위기, 테러리즘, 환경오염 등은 전 세계적으로 영향을 미치며 이를 차단하기 위해서는 국경봉쇄라는 세계화로부터 고립되는 방법 외에는 다른 수단이 없다는 것이 코로나19로 드러났다. 각국이 코로나19 변이가 발생할 때마다 먼저 국경봉쇄부터 하고 나선 것이 그 이유다.

코로나19 초기였던 2019년 겨울, 사재기 파동으로 생필품과 보건용품 품귀현상에 시달렸던 각국의 시민들은 2021년, 물류대란으로 고통을 겪었다. 코로나19로 물류인력과 화물선, 컨테이너 같은 물류시설과 장비가 부족해지면서 각국에서 물류정체가 시작됐기 때문이다.

연말 특수를 앞두고 미국 유통업체 코스트코는 제품을 실어나를 트럭과 운전사가 부족해 키친타월에 이어 휴지와 생수 판매 수량까지 제한하기로 했다. 영국은 코로나19와 브렉시트(영국의 유럽연합 탈퇴) 영향으로 주유소까지 기름을 운반하는 트럭 운전자들이 부족해져 휘발유 부족 사태가 벌어졌다. 영국에서 주유소 3곳 중 1곳은 휘발유가 동이 나고 일부 지역의 경우 전체 주유소 중 90%가 기름이 고갈되면서 영국 정부는 군 병력을 투입해 연료를 수송하는 방안까지 검토하는 지경에 이르렀다. 한국도 마찬가지다. 국제적으로 차

---

31 신진욱, 21세기 전염병, 최전선의 한국, 한겨레, 2020. 3. 10.

량용 반도체가 품귀현상을 빚으면서 완성차 생산에 크게 어려움을 겪었으며 스마트폰도 현지 생산공장의 물류공급이 지연되면서 생산에 차질을 빚었다.[32]

우리나라의 요소수 대란은 국내 필요량의 70%를 수입하던 중국에서 수출을 전면 제한하면서 시작됐다. 요소수는 석탄에서 추출된 요소를 주성분으로 제조되는데 호주와 중국의 갈등이 격화되면서 호주산 석탄 수입이 감소되자, 중국이 요소 수출을 제한하면서 우리나라에서 요소수 대란이 일어났다. 우리나라의 요소수 품귀현상은 비단 우리나라와 중국만의 문제가 아니라 중국과 호주, 더 멀리는 호주와 미국과의 관계까지 개입된 문제였다. 세계는 다른 나라, 이름도 모르는 지역의 작은 사건이 세계 전체에 영향을 미치는 '나비효과'[33]의 세상을 살고 있다는 것이 코로나19로 더욱 분명해졌다.

기성체제, 코로나19로 허상이 무너지다

2020년 봄, 벨기에, 프랑스, 아일랜드, 캐나다, 노르웨이, 스웨덴 등 국가에서는 전체 코로나19 사망자의 절반 이상이 요양원 내 혹은

---

32 서진우 외, "배도 비행기도 없다"…물류 대란에 전 세계 비상 걸렸다, 매일경제, 2021. 9. 27.
33 나비의 작은 날갯짓처럼 미세한 변화, 작은 차이, 사소한 사건이 추후 예상하지 못한 엄청난 결과나 파장으로 이어지게 되는 현상.

요양원 주민 중에서 발생했다. 특히, 세계 제일의 복지 모범국가로 알려진 스웨덴이 코로나19 해결책으로 내세운 '집단면역'의 희생양이 노인들이었다는 것에 많은 세계인들은 놀라고 실망했다. 과학기술에서 또 사회복지에서 선진국이라 알려진 국가들이라고 해서 코로나19 대응에서 더 기술적인 것도 더 윤리적인 것도 더 민주적이지 않았다는 것도 코로나19만큼 세계인을 당혹하게 했다.

선진의료기술과 보건체계를 자랑하던 선진국의 정부와 보건당국이 코로나19 앞에서 허둥지둥하자, 자구책을 강구하는 시민이 늘었고 이 과정에서 코로나19와 백신을 둘러싼 괴담과 음모론이 기승을 부렸다. 코로나19 해결을 위해서 정확한 정보와 방역당국에 대한 협조가 필수적인데, 시민들은 코로나19 해결에 무능한 보건당국도, 이윤만 추구하는 의료기업도, 이해에 따라 움직여온 전문가도 신뢰하지 않으면서 코로나19 해결을 어렵게 만들고 있다.

선진국이 보건용품, 백신, 치료제를 둘러싸고 자국의 이익과 자국 기업의 이익만 따지는 것도 코로나19 해결에 걸림돌이 되고 있다. 인류는 백신 분배에서 완벽하게 무능을 드러냈다. 국제인권기구인 '옥스팜'은 "모더나, 화이자 등의 코로나19 백신 개발에 투자해 새롭게 억만장자가 된 9명이 번 돈을 합치면 최빈국 인구의 130%에게 두차례 백신을 맞힐 수 있다"고 주장했다. "원래 억만장자였던 8명과 그 가족이 같은 방식으로 번 돈으로는 인도 인구 전체를 다 맞힐 수 있다."고도 한다.[34] 각국의 백신과 치료제 사재기로 저개발국가와 선진국간의 불평등이 발생하고 결국 백신 불평등으로 코로나19 해결은 점점 더 멀어지고 있다. 코로나19라는 재난 앞에서 우리는 '이스터섬의 비극'[35]을 되풀이하고 있다.

코로나19로 세계 각국, 특히 세계를 이끌고 있다고 자부하던 미국, 미국을 대신하겠다는 유럽연합, 사회복지국가의 모범이라던 북유럽의 가치는 무색해졌다. 코로나19는 방역체계만 무너뜨린 게 아니다. 전문적 영역이라는 미명하에 정보를 시민과 공유하려는 노력을 등한시하고 이해에 따라 정책을 좌지우지했던 선진국, 방역 당국, 기업, 전문가, 언론과 같은 기성체제에 대한 시민들의 믿음도 함께 무너졌다. 기성체계에 대한 믿음이 무너진 곳에 혐오와 괴담이 자라나면서 그나마의 합리적 해결마저 가로막고 있다. 코로나19보다 더한 기후변화라는 재난을 마주하고 있는 인류의 앞날은 어둡다. 코로나19 극복과정에 기성체제의 문제점을 파악하고 바로잡는 것이 그래서 반드시 필요하다.

---

34 우석균, "K-방역, 사회적약자 희생 일방적으로 갈아넣는 유일무이한 체계", 한겨레, 2021. 10. 20.

35 온난다습한 기후로 자연자원이 풍부한 덕분에 1200~1500년엔 인구가 1만 명 이상 살면서 `모아이'로 불리는 그 유명한 거석문화를 일군 이스터 섬이 1700년대에는 해변에 거대한 모아이만 즐비한 인구는 2,000~3,000명이 사는 황량한 곳으로 바뀌었다. 이는 인구 증가로 자원이 감소하자 경쟁적으로 자원을 확보하면서 오히려 자연생태계를 더 빨리 훼손하여 자원의 감소를 가속화시키게 되었고 이로 인해 이스터섬이 몰락을 자초했다는 역설.

재난을 극복하려면 정부의 역할을 키워야 한다

코로나19 팬데믹은 단순한 '의학적 비상상황'이 아니라 기후변화를 야기한 것과 같은 현대사회의 구조적 한계 때문에 발생했다는 데에는 많은 이들이 동의한다. 또 코로나19로 각국 정부의 무능함이 드러나면서 그동안 시장에게 내어주었던 정부 권한과 역할을 확대해야 한다는 논의도 분분하다. 물론 정부의 권한 확대로 시민의 기본권이 침해되는 사태를 막기 위해 열린 정부와 시민의 참여도 동시에 보장해야 한다는 것도 강조되고 있다. 슬라예보 지젝은 이러한 모델로서 문재인 정부의 방역정책을 주목한다. 지젝의 평가가 현지 실정은 잘 모르는 이방인의 과한 찬사라는 생각이 들지 않는 것은 아니지만 트럼프 행정부의 미국, 시진핑의 중국과 비교한 상대평가라는 점을 고려한다면 문재인 정부의 코로나19 대처가 국민의 기본권을 가장 적게 침해하면서도 감염병 확산은 효과적으로 막아냈다는 점은 인정하지 않을 수 없다.

슬라예보 지젝의 『포스트 코로나 뉴노멀』은 기후변화로 인해 코로나19와 같은 재난이 일상화된 세계에서는 역할이 더욱 확대된 정부, 전체주의를 견제할 시민사회, 그리고 위기를 극복할 국가간, 지역간 연대가 기후변화시대의 뉴노멀이 되어야 한다고 강조한다. 코로나19 기간 동안 보여준 선진국이라 불리던 개발국가들과 세계 최강대국을 지향하는 중국의 이기적이고 무책임한 행태가 계속된다

기후재난시대를 살아내는 법

면 기후변화로 인한 파국은 식량 위기나 수해보다 먼저 전쟁으로 인류를 궤멸시킬 것이 분명하다. 서로 협력하지 않는다면 세계는 몇몇 강한 나라에 의해 파괴되고 살아남은 국가끼리 계속 경쟁하게 될 것이 분명하다. 또 그 과정에서 몇몇 강한 나라의 약자도 약한 나라와 함께 파괴된다. 그것이 지난 대결의 역사가 보여주는 것이다.

코로나19로 각국은 국가권력의 한계에 대해 고민하기 시작했다. 코로나19 초기, 유럽을 중심으로 통행제한 등 기본권 침해에 대한 우려가 강했다. 반면 코로나19 극복을 위해 각국 정부가 강력한 재정정책을 수행하면서 국가가 재난으로부터 국민의 생명과 일상을 보호하기 위해서는 더 강력하고 큰 정부가 되어야 한다는 주장이 힘을 얻고 있다. 코로나19로 각국이 재난지원금 등 최소한의 생계가 가능하도록 재정정책을 펼치면서 정부가 관리해야 할 '공공의 것'이 무엇인지에 대한 논의도 뜨겁다. '공공의 것'은 공기, 물, 전기와 같은 공공서비스는 물론, 최소한의 생활을 가능하게 하는 기본소득을 위한 재원, 인터넷을 포함한 디지털 네트워크도 포함해야 한다는 주장은 설득력을 얻고 있다.

정부의 역할 확대의 중요성이 강조되는 이러한 재난의 시기에, 한국에서는 야경국가[36]에서도 보장하는 치안마저 부정하며 모든 것을 시장에 맡기겠다는 윤석열 정부가 등장했다. 치안실패로 159명이

---

36 자유지상주의 정치철학에서 야경국가, 또는 최소정부주의는 국가가 오로지 자본주의 질서 유지에 필요한 군사, 치안, 법률 등의 기능만을 수행하는 체제를 일컫는다. 야경국가는 개인의 자유를 최대한 보장한다.

사망한 이태원 참사를 두고도 정부의 책임이 아니며 코로나19를 겪고도 공공서비스를 민영화하겠다고 벼르고 있다. 코로나19가 끝나도 기후변화도 인구감소도 양극화도 세계에서 가장 문제가 되는 국가, 한국에 뉴노멀과는 가장 먼 정부가 들어선 것이다.

코로나19로 혹독한 대가를 치른 미국, 영국은 모든 것을 민간에 미루고 공적영역을 중요시하지 않던 국가들이다. 윤석열 정부가 끝나고 다음 대통령을 잘 뽑는다고 해결될 일도 아니다. 지금도 재난을 견뎌낼 공공서비스는 계층에 따라 지역에 따라 고르게 공급되지 않는다. 세계화로 지역의 중요성이 오히려 커지는데 우리나라의 수도권 집중은 일상에서 발전도, 재난에서 생명도 위협하는 애물단지가 되어가고 있다. 문재인 정부가 잘 해냈던 것은 정부의 힘이라기보다는 시민의 힘이었다. 헌신적이고 유능한 한국 시민이 공공영역의 빈틈을 간신히 메꿔가며 얻은 것이 K방역의 성공이다. 그러나 공공의 역할을 언제까지 시민의 헌신에 맡길 수는 없다. 코로나19를 계기로 기후변화를 대비해서 우리가 맞은 위기를 점검하고 '뉴노멀'을 세우는 일을 당장 시작해야 한다. 정부의 빈틈을 메꾸는 것보다 더 중요한 시민의 역할은 정부가 빈틈을 메꾸도록 움직이게 하는 일이다.

III장

기후변화에 더 큰 책임을
져야 할 사람이 있다

불평등은 이 시대의 화두다. 국가적 의제가 사라진 20대 대통령선거에서 남녀 불평등이 국가적 의제로 떠올랐다. 계층, 세대, 국가, 성별에 따른 불평등은 환경과 기후 문제에서도 핵심적인 의제다.『자본과 이데올로기』의 저자 토마 피케티는 "불평등 증대는 지구온난화와 더불어 현재 인류가 당면한 주요 도전이며 또한 불평등과 기후 문제는 긴밀하게 연결되어 있어 둘을 연계해야만 해결할 수 있다"는 점을 강조하고 있다. 토마 피케티뿐 아니라 기후변화 문제가 불평등을 해결하는 데서 출발해야 한다는 데엔 이미 1992년 기후변화협약이 체결되던 당시부터 전 세계가 합의한 일이다.

가장 먼저 가장 크게 피해를 입은 사람과 지역이 기후변화에 가장 큰 책임이 있기는커녕 가장 책임이 작은 경우가 대부분이다. 기후변화로 혹독한 물부족을 겪고 있는 아프리카는 기후변화에 가장 책임을 묻기 어려운 대륙이다. 기후변화로 농작물의 생육조건이 변화하는 농촌과 바다 생태계 변화로 큰 곤욕을 겪고 있는 어촌은 우리나라 개발의 수혜에서 가장 소외된 지역이다. 어린 나이에 노동에 뛰어들어 80이 넘도록 폐지 리어카를 끌어야 하는 세계에서 가장 일을 많이 하는 우리나라의 노인들도 온실가스를 뿜으며 성장한 한국경제의 과실을 나누어 받지는 못했다.

이렇게 제일 책임이 작은 사람이 가장 큰 피해를 겪는 부정의는 비단 기후변화 문제만이 아니다. 그런데도 다른 문제와는 달리 기후변화의 불평등은 전 세계가 나서 해법을 찾기 위해 연대해야 한다는 데는 모두가 공감하고 있다. 이는 기후변화의 위기가 계층과 세대,

국가와 성별을 뛰어넘어 당장 해결하지 않으면 공멸하고 말 거라는 공감대를 형성했기 때문이다. 따라서 기후변화는 그 자체만으로 당면한 해결과제이기도 하지만 우리 시대가 맞닥뜨리고 있는 불평등으로 인한 갈등을 해소할 해법을 찾을 수 있는 좋은 과제이기도 하다.

공평하지 않은 기후변화 피해[1]

 국가별 탄소배출량으로 기후변화에 대한 국가간 책임을 나누는 것처럼, 한 국가 내에서는 개인의 탄소배출량에 따라 책임을 나누는 것이 필요하다. 탄소배출은 국가나 산업만의 문제가 아니라 개인의 문제이기 때문이다. 기후변화에 영향을 주는 정책은 국제관계에서 보다 오히려 국가단위에서 더욱 강력하게 시행될 수 있다. 문제는 탄소배출량에 따른 국가별 기후책임을 나누는 것에 비해 개인의 기후책임을 짐작하기는 매우 어렵다는 것이다. 하지만 기후변화정책을 수립하고 재원을 마련하기 위해서 계층별, 지역별 탄소배출량 비교조사와 같이 국내의 기후변화 불평등과 책임을 드러내는 것은 반

---

1   상위 10%가 탄소 45% 배출…공평할 수 없는 기후 책임(이수경, 환경과공해 2020. 11. 16)을 참고로 하여 데이터와 내용을 수정(https://blog.naver.com/sooeprg).

드시 필요한 일이다.

1%의 부자가 가난한 50%보다 더 많은 온실가스를 배출한다

피케티는 『자본과 이데올로기』에서 개인들의 이동과 난방과 같은 직접배출 외에 소비하는 재화들을 통한 간접배출까지 계산에 넣어 개인별 탄소배출량을 조사했다. 일상생활에서 직간접적으로 배출되는 탄소 총량의 45%는 탄소배출 상위 10%의 개인이 배출한다. 또 개별 탄소배출 상위 1%는 전 세계 탄소배출량의 14%를 배출하는데 이는 하위 50% 인류가 배출하는 것보다 더 많은 양이다. 국가별로는 전 세계 기후변화에 미국과 중국이 가장 큰 책임이 있지만 사실은 어느 나라에 살든 탄소배출량의 책임은 상위 1%, 10% 개별 배출자의 책임이 막중하다.

2010~2018년의 탄소배출 총합에 북미와 중국은 각각 22%의 책임이 있지만 이것이 북미인과 중국인 모두에게 22%의 책임이 있다는 뜻은 아니다. 이 기간 세계평균(연간 6.2톤의 이산화탄소)보다 많이 배출하는 개인 중 북미 인구는 36%, 중국 인구는 15%를 차지한다. 탄소배출량 개별 배출 상위 10% 인구 중 북미 인구는 46%, 중국 인구는 12%를 점하고, 개별 배출 상위 1% 인구는 북미에서 57%, 중국에서 6%를 점한다.[2] 결국 한 국가의 탄소배출 비중이 크다는 것은 탄소배출 책임이 큰 개인이 그 국가에 많이 산다는 것을 뜻한다. 미

국에 탄소배출 상위 1%가 극단적으로 높게 집중되어 있는 것은 에너지 집약적인 미국의 생활양식 탓이기도 하지만 무엇보다 미국이 선진국 중 소득불평등이 가장 큰 국가이기 때문이다. 기후책임은 어느 국가에 사느냐에 따라 달라지기도 하지만, 결국 기후책임은 개인의 소득과 자산에 비례한다.

국가 간은 물론 개인 간에도 탄소배출 불평등은 매우 심각한데, 논의되고 있는 기후 관련 정책에서 이러한 불평등은 제대로 반영되고 있지 않다. 대표적인 사례가 탄소배출에 비례하는 탄소세다. 배출의 원인이 무엇이든 탄소배출에 대해 부가세 형태로 일률적으로 세제를 부과하는 탄소세는 탄소배출을 줄이는 가장 비용효율이 좋은 수단이다. 유럽국가를 중심으로 27개국(2021년)이 탄소세를 시행중이다. 그러나 탄소배출 예방효과가 분명한 탄소세의 한계 또한 분명하다.

낡고 관리가 되지 않은 주택에 살고 있거나 주거비용이 덜 드는 도심 외곽이나 농어촌에 사는 가구들은 도심에서 살면서 관리가 잘된 주택에서 사는 부유한 가구에 비해 소득의 많은 부분을 교통비와 냉난방비에 사용할 수밖에 없기 때문에 개발의 혜택에서 소외된 사람이 더 많은 탄소세를 부담해야 한다. 또한 상품에 일률적으로 부과하는 부가가치세 형태의 탄소세는 다른 직접세와 달리 소득이 적은 사람이 소득에 비해 상대적으로 많은 세금을 부담하게 되어 경제

2   토마 피케티, 자본과 이데올로기, 문학동네, 2020.

적 불평등을 가중시킨다. 탄소세가 갖고 있는 소득역진적 특성 때문에 기후변화에 영향을 줄 수 있는 고율의 탄소세를 머뭇거리는 동안 화석연료 산업은 막대한 이윤을 거두고 이윤의 대부분을 임원진과 주주가 나눠갖고 있다.

우리나라 탄소배출량의 11%를 포스코라는 단일기업이 배출하고 (2017년 기준) 탄소배출량 상위 10% 기업이 전체 배출량의 약 87%, 상위 1% 기업이 51~53%를 배출하고 있다.[3] 세계적인 흐름에 역행하며 수출까지 나선 석탄발전은 물론 철강, 석유화학, 시멘트와 같이 에너지를 많이 소비하고 온실가스를 많이 배출하는 산업구조를 바꾸지 않고 소비자의 선택에만 내맡겨둘 일이 아니다. 최근 탄소세의 이러한 한계를 극복하기 위한 방안으로 누진세 형태의 탄소센나 탄소배당 등이 함께 논의되고 있다. (IV.4)

또한 인구의 과반수가 수도권에 몰려 살면서 전기차나 수소차로 교통수단만 바꾼다고 기후변화문제가 해결되는 것은 아니다. 지역은 인구와 재정이 부족해서 수도권은 인구와 자원이 넘쳐나서 지역은 지역대로 수도권은 수도권대로 한 해 수십 조의 수도권 과밀비용을 치러내고 있다. 지역균형 발전이나 산업구조 개편 없는 '탄소중립'이나 지속가능한 발전은 불가능하다.

산업구조 개편과 지역균형 발전이 기후변화대책의 가장 큰 골격이라는 것을 정책당국자나 전문가, 시민 모두가 알고 있지만 구조개

---

3 '국내외 기업의 온실가스 배출 현황'(2012~2017), 한국기업지배구조원, 2019.

혁은 지지부진하다. 이러한 구조개혁은 국가 차원에서도 결코 감수하기 쉽지 않은 변화이지만 개인에게는 삶을 통째로 뒤흔들어버리는 절대적인 영향을 끼칠 수 있기 때문이다. 국민들이 산업구조조정 과정에서 일자리를 잃고 지역균형 발전과정에서 모아둔 자산을 잃게 될까 두려워하는 것은 당연한 일이다. 지속가능하지 않은 줄 알면서도 돌아설 민심이 두려워 정치권이 결단을 내리기가 쉽지 않은 것도 이해는 간다. 하지만 단기적인 고통이 두려워 우물쭈물하기에 이제 남은 시간이 그리 많지 않은 것도 사실이다. 구조조정과정의 피해를 없앨 수는 없지만 피해 원인에 대한 책임을 분명히 하고 사회안전망을 갖추면 피해를 최소화하고 같이 나눌 수는 있다. 책임에 따라 나눈 피해는 그래도 감당하기 수월하다.

탄소배출 책임은 소득과 자산에 비례한다

우리나라 상위 10%, 1%의 소득이 점차 총소득에서 차지하는 비중이 늘기 시작하던 1980년, 상위 10%, 1%의 소득은 총소득의 29%, 7%에 불과했으나 2016년에는 43%와 12%로 크게 늘었다.(III.2, 그림 III-2) 낙수효과니 파이효과니 하며 성장의 과실은 시간의 차이가 있을 뿐이지 국민 모두가 나눠 갖게 될 것이라는 사탕발림은 결국 거짓이었다. 자산의 불평등은 더욱 심각하다. 2021년 상위 10%가 우리나라 총자산의 59%를 차지하고 그 다섯 배의 국민,

하위 50%는 5%에도 못 미치는 자산을 나눠 갖고 있다. 상위 10%는 하위 50%에 비해 1인당 59배 이상의 자산을 갖고 있는 셈이고 국민 절반이 거의 아무런 자산도 갖고 있지 않은 데 반해 상위 1%는 우리나라 총 자산의 4분의 1 넘게 차지하고 있다.(Ⅲ.2, 그림 Ⅲ-3)

탄소배출도 마찬가지다. 2019년 우리나라 1인당 탄소배출량은 14.7톤CO_2eq/인으로 1인당 세계 평균값의 두 배를 넘는다. 일본인이나 중국인보다도 한국인은 한 해에 온실가스를 5톤CO_2eq/인 가까이 더 배출한다. 그러나 이러한 데이터가 곧 한국인 모두가 일본인이나 중국인보다 더 많은 온실가스를 배출한다는 의미는 아니다.

국제적으로 기후변화에 책임을 묻기 위해서 각 국가의 탄소배출량 산정이 중요하듯 국내에서 기후변화의 책임을 나누기 위한 개인별 탄소배출량을 산정하는 것도 매우 중요하다. 그러나 개인에 따라 기후변화 책임을 산정하는 일은 매우 어렵기 때문에 지금까지는 물건을 소비할 때마다 탄소세를 부과하는 방법을 사용해왔다. 그러나 소비할 때 세금을 물리는 현재의 방법은 손쉽고 소비자의 선택에 영향을 줄 수 있는 이점에도 불구하고 '온실가스 배출에 따른 책임'이라는 원칙에 반하는 공정성이 크게 훼손된 방법이다. 현재의 시장가격에는 온실가스 배출과 환경오염에 대한 책임이 포함되어 있지 않기 때문에 소비량으로 온실가스 배출을 산정하는 것은 쉽지도 공정하지 않다. 오히려 그간 시장이 온실가스 비용을 누락하였다는 점을 감안한다면 온실가스 배출 책임을 빼먹었던 시장에서 얻은 수입과 자산으로 온실가스 배출 책임을 추정하는 것이 가장 공정한 방법이

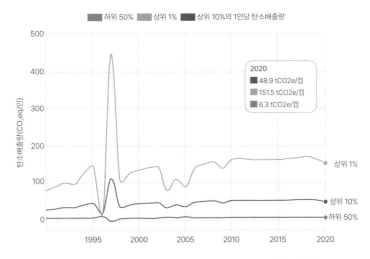

그림 III-1 한국의 탄소불평등(1990~2019)

■ 하위 50%　■ 상위 1%　■ 상위 10%의 1인당 탄소배출량

2020
■ 48.9 tCO2e/캡
■ 151.5 tCO2e/캡
■ 6.3 tCO2e/캡

상위 1%
상위 10%
하위 50%

출처 : World Inequality Database(https://wid.world/country/korea, 2023년 8월 9일 검색)

될 수 있다.

2020년 한국 1인당 탄소배출량 평균은 12.7톤CO_2eq/인이지만 상위 10%는 48.9톤CO_2eq/인, 상위 1%는 151.5톤CO_2eq/인이지만 하위 50%는 6.3톤 CO_2으로 한 국가 안에서도 온실가스 책임은 수백 배 혹은 그 이상의 차이가 나기도 한다.(그림 III-1) 한국을 탄소배출 11위의 나라로 만든 것은 성장의 후폭풍이다. 성장의 과실을 불공평 하게 나눴는데 기후변화와 같은 책임은 같이 나누거나 더 나아가 사 회적 약자가 덮어쓰게 할 수는 없다. 기후변화의 '공동의 차별적 책 임'의 원칙은 국제용만은 아니다.

한국에서 부는 국가가 기업과 자산가, 고소득자에게 특혜를 준 법률과 조세재정 체계, 자연·사회를 막론한 공적자원의 사적전유를 통해 축적되었다. 그 과정에서 자연환경도 파괴되고 기후변화도 심각해졌고 양극화도 지역불균형도 심화되었다. 코로나19를 통해 경험했듯이 기후변화 피해는 우리가 상상하지도 못할 범위까지 그 영향을 미칠 것이다. 그렇지만 분명한 것은 기후변화의 최대 피해자는 기후변화를 야기한 책임이 가장 적은 사람 순이 될 가능성이 높다는 것이다. 기후변화를 불러온 개발의 수혜자일수록 기후변화 피해에서 벗어날 자원과 기회를 더 많이 갖고 있기 때문이다. 개발의 수혜에서 벗어나 있던 경제적 약자와 공적서비스가 부족한 지역일수록 기후변화 피해를 줄일 기회도 자원도 부족하다. 기후변화 피해는 결코 공평하지 않다.

기후변화대책과정에서 발생할 불가피한 피해도 마찬가지다. 기후변화에 대응하기 위해서는 산업구조조정이나 국토이용구조조정 등 대대적 구조변화가 불가피하다. 온실가스를 많이 배출하는 산업은 도태되고 기후변화로 사람이 살 수 없는 지역은 늘어날 것이다. 이 과정에서 사회안전망 밖에 있는 계층과 지역이 구조조정의 가장 큰 피해자가 될 수밖에 없다. 기후변화대책으로 인한 피해도 기후변화 피해만큼 공정하지 않다. 우리가 예상할 수 있는 범위를 벗어나 전 영역에 걸쳐 광범위하게 진행될 수밖에 없는 기후변화 피해나 기후변화대책으로 인한 피해를 구제하기 위해서 사회안전망을 광범위하게 확장하는 것이 시급하다. 탄소세가 탄소배당 등 사회안전망 확대와 함께 논의되고 있는 까닭이다. 세계 각국이 약속한 유엔기후변화협약의 원칙 '공동의 차별적 책임'이란 결국 기후변화 피해나 기후변화대책의 책임은 개발의 수혜국가 혹은 개인이 감당해야 마땅하다는 것이다.

기후변화를 피할 수는 없다. 이미 기후변화 피해는 시작되었고 우리는 기후재난의 시대를 살아나가야 한다. 다행인 것은 당장 기후변화를 감당하겠다고 든다면 그 비용과 기술은 우리가 어떻게든 감당할 수준은 된다는 것이다. 단지 그 비용과 기술을 모든 국가, 모든 개인이 갖고 있는 것은 아니다. 기후변화대책이 늦어지면 질수록 피해와 비용은 기하급수적으로 늘고 산업화 이전 대비 지구평균 기온이 1.5℃를 넘으면 비용과 기술이 있어도 기후변화로 인한 파국은 막을 수 없다. 이제 남은 시간은 없다. 조금 더 나중까지 기후변화 피해를 피할 수 있을지는 몰라도 개발국도 개발국의 부자들도 기후변화로부터 안전하지는 않다.

기후변화는 국제적으로나 국내적으로 정치사회적 긴장을 높일 것이다. 이를 막기 위해 필요한 것이 바로 기후변화협약의 원칙 '공동의 차별적 책임'이다. 기후변화대책을 통해 우리가 지키고 싶은 것이 인류라는 종이 아니라 인류가 만들어낸 문명이라면, 세계 방방곡곡의 잔혹한 사건으로 우리 자신, 인류에게 회의적인 감정이 들다가도 그래도 인류사상 가장 평화롭고 더디지만 폭력을 줄여왔던 인류의 문명을 지키고 싶은 것이라면, '공동의 차별적 책임'이라는 원칙에 따라 기후변화대책과 동시에 '경쟁'으로 대표되는 산업사회 이후의 이데올로기를 대신할 기후변화시대의 '연대'와 '공존'의 이데올로기를 모색해야 한다. 그리고 그 시작은 시장의 실패로 기후책임까지 포함되어 분배된 소득과 자산에서 기후책임분을 덜어내어 기후변화대책을 위해 쓰는 일이다.

2

누가 세대갈등을 부추기나

"기득권 유지와 지대 추구에 매몰된 나라에는 미래가 없다." 누구의 말 같은가? 피케티? 한국의 20대 대통령, 윤석열의 말이다. 청년세대 그중에서도 특히 이대남(20대 남자)의 지지를 등에 업은 윤석열 대통령이 '기득권 타파'에 나서겠다고 한다. 반가운 일이다. 그런데 돌아가는 꼴이 이상하다. 검찰총장 출신, 땅부자 처가를 둔 윤석열 대통령이 생각하는 기득권은 노동과 시민운동이 대표적이란다. 시민운동과 노동운동이 매너리즘에 빠졌거나 혹은 부도덕해진 부분은 마땅히 대가를 치러야 하고 치르고 있다. 대통령을 뽑아서 맘에 안 든다고 바로바로 바꿀 수는 없지만 시민단체나 노동단체는 조합원과 회원이 탈퇴해버리면 그만큼 단체의 영향력도 줄기 때문이다.

덩달아 같은 당 서울시장 오세훈도 2023년 전장연(전국장애인차별철폐연대) 출근시위를 두고 전장연이 아니라 전장연 시위로 출퇴

근 시간에 발을 동동 구르는 시민들이 사회적 약자라고 생각한다고
한다. 생각이야 제 맘대로지만 그 생각을 공인이 입에 올리는 순간
평가는 면할 수가 없다. 한 마디로 무지하다. 법률가 출신이라는 자
들이 개념정리를 제 맘대로 해서야 되겠는가? 기본권을 보장하기
위해 국가가 특별한 노력을 기울여야 하는 대상이 사회적 약자다.
이동권 문제에서 장애인이 약자고 국가와 공동체의 성원인 시민은
약자가 기본권을 누릴 수 있도록 배려해야 한다. 지하철 시위로 시
민이 볼모가 되었다고 주장하려면 적어도 시민을 볼모 삼은 자가 누
군지는 명확히 하자. 기본권을 주장하려고 지하철에서 시위를 벌이
는 시민단체와 사회적 약자가 요구하는 기본권 보장방안을 마련해
야 할 정부, 둘 다 당사자다. 시민은 누구든 탓할 수 있겠지만 정부도
시민을 볼모로 책임을 미루고 버티면서 사회적 약자를 향해 손가락
질하는 짓만은 하지 말아야 한다.

　우리도 다른 사안에서는 약자이다. 각각의 사안에서 사회적 약자
는 소수다. 장애인이 비장애인에 비해 소수인 것처럼. 그러나 각각
다른 사연에서 약자인 이들이 연대하면 약자는 다수다. 사회적 약
자의 기본권을 국가와 공동체가 불편을 감수하고도 보장하는 이유
다. 사회적 약자끼리의 연대와 배려를 어떻게든 막아 기득권 1%를
지키겠다는 것이 한국의 대통령, 대한민국 수도 서울시장의 '기득권
타파'의 본질이다. 노동시장에서 절대 약자일 수밖에 없는 노동자의
권리를 보호하겠다고 만든 노동조합총연맹과 장애인의 기본권 보
장조차 지켜주지 않는 정부를 상대로 수십 년간 제 몸을 던져 싸우

는 시민단체를 향해 기득권 운운하는 게 현재 정의가 전도된 한국의
현실이다.

제 멋대로 정의하고 뒤집어 씌우기는 '세대갈등'에서 최고조에 이
른다. 운동권이 연상되는 86세대라 불리는 기성세대가 좋은 일자리,
비싼 집을 차지하고 갑질하는 탓에 젊은 세대가 일자리가 없거나 비
싼 월세에 시달려야 하는 것은 아니다. 젊은 세대가 절망하는 것은
'금수저'와 다른 처지지 내 부모와 다른 처지거나 '금수저' 부모와 다
른 처지는 아니다. 그런데도 애써 세대갈등을 조장하고 선전하는 자
는 누구인가?

세대 전쟁은 허구다[4]

툰베리의 권고 때문은 아니겠지만 트럼프는 패배했다. 트럼프로
대표되는 기성세대의 기후책임에 대해 강하게 따져 묻는 기후활동
가 툰베리는 우리나라 청년활동가들에게도 영향이 작지 않다. 우리
나라에서도 2019년 9월 '멸종위기 청소년'들이 "우린 살고 싶다"며
툰베리의 출석거부에 동참하였고 2020년 11월에는 '멸종반란(비폭
력 시민불복종 환경운동 네트워크)'이 국회 정문에 자신들의 목을 자전
거 자물쇠로 묶고 "2025년 탄소중립을 선언하고 즉각 행동하라"고

---

4   이수경, '툰베리 현상 유감'(「문학 3」(창작과 비평사), 2020년 12월)을 수정.

시위에 나섰다.

국경을 넘어 트럼프 대선 반대에 나섰던 당찬 스웨덴 청년 툰베리의 영향력은 우리 정부도 움직였다. 문재인 대통령을 향해 "기후위기, 행동으로 보여달라"고 툰베리가 호소하자 그린뉴딜을 하겠다면서도 정작 탄소중립 달성 시기조차 확정 짓지 못하고 미적거리던 우리 정부는 2050 탄소중립[5]을 발표했다. "당신들은 자녀를 가장 사랑한다 말하지만, 기후변화에 적극적으로 대처하지 않는 모습으로 자녀들의 미래를 훔치고 있다"는 발언으로 유명세를 타기 시작한 툰베리는 기성세대에게 기후변화 책임을 따져 묻는 명실상부한 기후 '세대전쟁'의 미래대표다.

기후악당이라 불리는 트럼프와 푸틴 등 기후변화 책임을 회피하던 기성세대들은 툰베리로 대표되는 미래세대의 요구를 수용하거나 반영하지 않았다. 그들이 툰베리에게 돌려준 건 치졸한 인신공격이었다. 툰베리의 개인적 실천의 미흡함을 비판하거나 대표적인 부국 스웨덴의 명망가 집안 출신인 툰베리의 배경을 조롱하였다. 국가는 물론 세계를 운영할 권한을 쥐고 있는 그들이 시민으로서의 응당한 요구와 권리행사를 하는 개인을 향해 인신공격으로 응답한 것만으로도 그들은 부끄러워야 한다. 기성세대가 집중해야 하는 것은 툰베리가 아니라 툰베리로 대표되는 미래세대의 요구이기 때문이다.

---

5   탄소중립은 기후변화를 일으키는 온실가스의 순배출량이 0이라는 의미이다. 인간이 배출하는 온실가스량과 자연적으로나 인위적으로 흡수·제거되는 온실가스량이 같아진 상태.

그러나 툰베리와 툰베리 현상을 분리하고 나면 오히려 툰베리 현상이 의심스럽다. 기후변화 피해자의 한 그룹으로서 미래세대의 요구는 매우 중요한 의미를 갖지만 툰베리 현상을 통해 기후변화의 전선이 '세대전쟁'으로 옮겨진 건 유감스럽기 때문이다.

유엔과 같은 국제기구, 유럽과 같은 개발국가의 언론이 앞장서 띄우는 툰베리 현상 속에서 기후변화의 재앙은 '미래'의 일이고 툰베리는 탄광 속의 카나리아처럼 먼저 재앙을 '예감'하는 자이다. 툰베리는 당장 행동할 것을 요구했지만 전선을 기성세대와 미래세대 사이에 위치 지으면서 오히려 기후변화의 악몽은 미래에 일어날 일인 것 같은 착시현상을 불러왔다.

2015년 튀르키예의 이름다운 휴양지 보드룸에서 파도에 쓸리는 작은 남자아이가 해변 모래에 얼굴을 묻은 채 숨진 상태로 발견됐다. 유럽으로 가려던 시리아 난민 아이 쿠르디[6]였다. 시리아는 수단, 소말리아와 함께 가뭄으로 인해 내전이 발생한 대표적인 기후변화 피해지역이다. 사헬 지역의 가뭄이 극심해지면서 발생한 수단 내전으로 30만 명이 사망하고 220만 명의 이재민이 발생하였다. 2011년 극심한 가뭄으로 400만 명이 기아상태에 처한 소말리아도 내전이 격화되어 20만 명이 사망하고 146만 명의 이재민이 발생하였고 쿠르디의 나라 시리아도 가뭄으로 인한 내전으로 25만 명이 사망하고

6　알란 쿠르디는 시리아의 쿠르드계 세 살배기 어린아이다. 시리아 내전으로 인해 가족들과 함께 유럽으로 이주하던 중 지중해에서 배가 난파되었고 튀르키예 보드룸의 해변에서 사망한 채로 발견되었다.

110만 명의 이재민이 발생하였다.

바다 위를 떠돌다 죽은 쿠르디만이 아니라 시리아, 수단, 소말리아의 난민들도 기후변화에 대해 거의 책임질 것이 없다. 기후변화의 책임은 난민이 몰려드는 유럽을 포함한 개발국가의 몫이라는 것은 유럽도 조인한 1992년 '기후변화협약'에서부터 합의된 일이다. 그런데도 기후변화 문제에서 미국과 중국을 앞장서 비난하는, 기후변화 선진그룹을 자처하는, 유럽은 쿠르디를 포함한 기후변화 난민에게 기후책임을 감당하지 않았다. 오히려 점점 더 국경경비를 강화해 난민을 사지로 몰아넣었다. 개발국가의 기득권이 저질러놓은 기후변화의 재앙은 쿠르디와 난민들에게는 미래가 아니라 이미 현재다. 기후전쟁은 이미 시작되었고 기후난민은 오래전부터 지구 여기저기를 떠돌고 있다. 우리나라를 포함해서 개발국가의 언론과 정부, 국제기구는 현재 진행중인 기후변화 피해자의 목소리는 외면하면서 미래세대의 기후변화 피해에 대해서는 경청하고 대책을 수립하겠다고 한다. 툰베리를 띄우는 서구언론과 국제기구가 의심스러운 이유다.

'미래세대'는 오래된 용어다. 1987년 부르트란트 보고서라 불리는 「우리 공동의 미래」라는 보고서에서 '지속가능발전'의 개념을 정의하면서 처음 등장한 용어다. 1987년의 미래세대는 이미 기성세대다. 미래세대는 문제를 미래로 미루기 위한 조어일 뿐이다.

사회적 합의 과정에서 청년의 요구는 당연히 반영되어야 한다. '미래세대'가 아니라 현재의 청년, 청소년의 의견을 정책과 투표에 더 많이 반영하기 위해 정책결정이나 정치에 직접 청년이 참여할 길을 열어야 한다. 미래세대의 선택이 중요하다면 계속 논의되어오던 선거연령, 피선거연령을 낮추는 것도 더이상 미룰 일은 아니다. 청년세대는 '미래에 기후변화 피해를 입게 될 세대'가 아니라 "이미 기후변화 피해를 겪고 있는 청년세대"다. 청년세대는 기성세대에게 기후변화정책에 앞장설 것을 "촉구하는" 세대가 아니다. 청년세대는 주도적으로 기후정책을 이끌고 나가는 "앞장서는" 세대여야 한다.

청년세대의 사다리를 차버린 건 기성세대가 아니라 기득권이다

현재 진행중인 기후변화 피해자가 남의 나라에만 있는 것도 아니다. 기후변화로 인한 잦은 기상이변과 기온상승은 우리나라 농어민에게도 힘겨운 도전이다. 기온상승으로 어획량이 줄고 어종과 재배적지가 빠르게 변화하고 가축전염병의 횟수와 규모가 늘면서 가뜩이나 어려운 농어촌이 빠르게 몰락해가고 있다. 세계가 놀라는 대한민국 고도성장의 수혜에서 배제되거나 희생양이 되었던 농어촌이 이제 개발의 후유증인 기후변화의 피해는 가장 먼저 크게 겪고 있다. 역대급이라는 가뭄과 홍수는 해마다 반복되고 산사태와 산불로 목숨과 삶의 터전마저 빼앗기는 일이 잦아졌다. 우리나라에서도 개발에서 소외되었던 그래서 가장 책임이 작은 사람들이 먼저, 기후변화로 인해 재앙 같은 미래를 겪어내고 있다.

통계청 2020년 3·4분기 가계동향조사 결과에 따르면 하위 20% 1분위 가구의 월평균 소득은 163만 7,000원으로 1년 전보다 1.1% 줄었고 2분위 역시 1.3% 축소된 337만 6,000원으로 나타났다. 임

시·일용직 근로자와 소상공인이 코로나19의 직격탄을 맞았다. 반면 소득 상위 20%인 5분위의 소득은 1,039만 7,000원으로 2.9% 증가했다. 상위 20%와 하위 20%의 소득 격차는 4.66배에서 4.88배로 늘었다. 코로나19도 기후변화 피해처럼 개발의 수혜에서 비켜난 이들이 그 후유증은 더 혹독하게 앓는다.

우리나라 국민이 개발의 수혜를 실감하기 시작한 1980년 상위 10%, 1%의 소득은 총소득의 29%, 7%였다. 그 후 우리나라는 전 세계를 놀라게 하며 개발을 거듭해 명실상부한 개발국가 반열에 올라섰는데 그동안 상위 10%와 1%의 소득은 43%와 12%로 더욱 크게 늘었다.(그림 Ⅲ-2) 특히 1980년대에 비해 2000년대의 경제성장률은 감소되었는데도 2000년 이후에 소득 상위 1%, 10%의 소득증가는 크게 늘어 2000년 이후 소득분배가 크게 악화되고 있다. 이제 한국은 미국과 더불어 상대적 빈곤율이 큰 대표적 국가 중의 하나가 되었다.

자산의 불평등도 심각하다. 2021년 상위 10%가 우리나라 총자산의 59%를 차지하고 그 다섯 배의 국민, 하위 50%는 5%에도 못 미치는 자산을 나눠 갖고 있다. 상위 10%는 하위 50%에 비해 1인당 59배 이상의 자산을 갖고 있는 셈이고 국민 절반이 거의 아무런 자산도 갖고 있지 않은 데 반해 상위 1%는 우리나라 총자산의 4분의 1 넘게 차지하고 있다.(그림 Ⅲ-3)

고위공직자 인사청문회마다 등장하는 병역, 입시, 불법증여는 지긋지긋하다. 법적인 문제는 차치하고 보수는 물론, 진보 인사까지

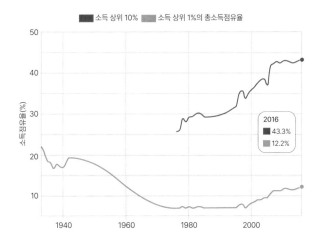

그림 III-2 한국의 소득 불평등(1933~2016)

출처 : World Inequality Database(https://wid.world/country/korea/2023년 3월 24일 검색)

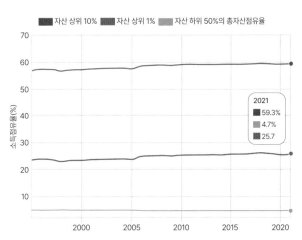

그림 III-3 한국의 자산 불평등(2000~2013)

출처 : World Inequality Database(https://wid.world/country/korea, 2022년 7월 6일 검색)

나서 부모의 권력과 부를 이용해 자녀 밀어주기에 아낌이 없다. 20년 전 이재용 삼성 부회장은 60억을 아버지 이건희 회장에게서 증여받아 불법과 탈법을 넘나들면서 2015년 현재 8조 2,500억 원의 재산과 실질적인 삼성그룹의 대표 자리를 거머쥐었다. 개발의 최상위 수혜자인 이들에게 세대 갈등은 없다.

주택가격이 치솟으면서 기성세대에 대한 청년세대의 불만이 높아졌지만 우리나라에서 생애 첫 집을 마련한 가구주 평균 연령은 43.3세이다. 더구나 소득 하위 가구(소득 10분위 중 1~4분위)에서는 생애 최초 주택을 마련한 가구주의 연령이 평균 56.7세로 조사됐다.[7] 국민 절반 가까이가 구입을 하건 상속을 받건 환갑이 돼서야 처음으로 제 집 마련을 하게 된다. 주식이건 부동산이건 투자하려고 끌어모을 자산은 물론 영혼도 없는 것은 청년세대나 기성세대나 마찬가지인 셈이다.

청년세대의 박탈감을 모르는 바는 아니지만 기성세대라고 박탈감이 없는 것은 아니다. 일찍이 집을 마련해 부동산 임대소득을 누리는 기성세대도 억대 연봉의 기성세대도 평균의 기성세대의 모습은 아니다. 우리나라가 선진국이 되는 동안 기후변화와 환경오염 같은 개발로 인한 후유증만 남은 것은 아니다. 시장이 기후변화와 환경오염을 고려하지 못하고 개발로 인한 수혜를 나누었다면 개발로 벌어들인 소득과 쌓아둔 자산에는 기후변화와 환경오염으로 인한

---

7 국토연구원, 2018년도 주거실태조사 최종 연구보고서, 2019.

책임도 그만큼 들어 있다. 계층에 따라 달랐던 개발의 수혜는 제쳐
두고 세대간 갈등을 부추기는 논의는 무책임하고 음험하다.

3

우리는 성장의 과실을 공정하게 나누지 않았다[8]

미국과 함께 상대적 빈곤율이 가장 높은 우리나라

해방 이전이었던 1933년 우리나라의 소득불평등은 매우 심각해

---

8   토마 피케티의 저서 『21세기 자본』, 『자본과 이데올로기』와 세계불평등 데이터베이스 (Inequality Database, https://wid.world)는 이 책에서 자주 인용한 자료다. 불평등을 이 해하는 데 좋은 자료이기도 하거니와 책의 장중함(하드 커버에 1,000쪽 안팎)에도 불구하 고 쉽게 읽히는 책이기 때문이다. 역사적 자료를 광범위하게 축적해 만들어진 이 책들은 자 료를 압축해 보여주기 위해 그래프에 많은 공을 들인 책으로 그래프만 보아도 책 내용을 이 해하는 데 무리가 없다. 피케티의 저서는, 특히 『21세기 자본』은 그래프가 참 많다. 하지만 이해하는 데 어려운 그래프는 없다. 피케티는 현실과 동떨어져버린 경제학에 대한 반성에 서 수학이 필요치 않은 사칙연산만 알면 되는 경제학서로 『21세기 자본』을 썼기 때문이다. 이 책의 그래프는 쉬운 그래프의 좋은 예이다. 『21세기 자본』을 통해 독자들이 그래프에 좀 더 익숙해지는 계기가 됐으면 좋겠다. 그러기 위해 준비할 것은 꼼꼼함뿐이다. 처음 한두 개 의 그래프 읽기에만 참을성을 발휘한다면 다음부터 두꺼운 『21세기 자본』 읽기는 훨씬 쉬 워질 게 분명하다. 먼저 그래프 읽기 후 책을 보면 속독으로도 책 내용을 이해하는 데 아무 런 무리가 없다. 그래프와 분량에 대한 부담감만 넘어서면 불평등의 역사와 현재의 세계를 이해하는 데 이보다 더 유용한 책은 찾기 힘들다.

그림 III-4 한국과 프랑스의 성인 1인당 국민소득 성장곡선

상위 1%의 소득이 우리나라 전체 소득의 25.9%를 차지했다. 해방 이후 1976년까지 농지개혁, 한국전쟁과 전쟁 이후의 베이비 붐과 급격한 산업화로 소득불평등은 크게 개선되었다. 우리나라의 소득불평등도가 가장 낮았던 1976년에는 상위 1%의 소득 비중이 8.5%로 1933년 25.9%에 비해 3분의 1로 축소되면서 소득불평등이 크게 개선되었다.

그림 III-4을 보면 프랑스는 1940년부터 1980년까지 국민소득이 급격하게 성장하였고 한국은 프랑스보다 30년 늦은 1970년부터 2020년까지 국민소득이 급격하게 성장하였다. 1980년, 한국 성인 1인당 국민소득은 9,742달러, 프랑스는 38,617달러로 프랑스 국민은 한국 국민에 비해 한 해 4배의 소득을 벌어들였다. 1980년 이후, 한국이 급격하게 경제성장을 하는 동안, 프랑스의 경제성장은 둔화되면서 2020년, 한국 성인 1인당 국민소득이 45,291달러, 프랑스

기후재난시대를 살아내는 법

48,544달러로 1인당 국민소득이 엇비슷해졌다. 2020년, 드디어 전통적인(?) 선진국 프랑스와 어깨를 겨눌 만큼 한국경제가 성장한 것이다.

2020년 이후 프랑스경제만큼 성장한 한국경제는 프랑스 국민과 같은 삶의 질을 한국 국민에게도 보장해주었을까? 경제성장이 본궤도에 오르기 시작했던 1976년 이후 다른 선진국과는 달리 우리나라의 소득불평등은 오히려 조금씩 늘어 2019년 우리나라의 상대적 빈곤율은 0.163이다. 상대적 빈곤율은 소득이 중위소득의 50% 미만인 가구(혹은 개인)의 비율을 말하는데, 우리나라의 상대적 빈곤율이 0.163이라는 것은 우리나라 국민 16.3%가 우리나라 중위 소득의 절반 이하로 번다는 것을 의미한다. 즉 우리나라 국민 6명 중의 1명은 우리나라에서 상대적으로 가난하다는 의미다. 반면에 프랑스는 불평등에 대한 개선정책을 시행하고 최저임금을 매년 인상해 경제성장과 함께 꾸준히 소득불평등을 개선하면서 현재 상대적 빈곤율은 0.084로 프랑스에서는 국민 12명 중의 1명이 가난하다. 게다가 프랑스와 한국의 가난의 기준은 다르다. 중위소득이 다르기 때문이다. 경제적 불평등이 심한 우리나라는 중위소득이 프랑스에 비해 낮다. 2020년 프랑스의 중위소득은 37,230달러인데 반해 한국은 28,339달러로 한국의 중위소득은 프랑스의 76%에 불과하다. 고도성장으로 우리나라는 1인당 국민소득은 프랑스와 비슷해졌지만 경제성과를 고루 나누지 않으면서 일부 부자를 제외한 한국 국민은 여전히 프랑스에 비해 소득이 4분의 1가량 적고 가난한 사람도 2배나 많다.

뉴스는 빈부격차에 분노해 폭동을 일으키는 프랑스 사회를 보여주지만 실상 빈부격차에 사회가 병들어가는 건 한국이다.

없다시피 한 복지정책에도 불구하고 급격한 경제성장 덕분에 소득불평등이 가장 낮았던 1980~2000년을 지나 1998년 IMF 이후 신자유주의 정책이 본격 도입되면서 우리나라의 소득불평등은 급격히 악화된다. IMF 직전인 1997년에는 상위 1%의 소득점유율이 9.7%, 상위 10%의 소득점유율이 38.1%, 하위 50%의 소득점유율이 18.4%였던 것이 신자유주의가 본격 도입된 20년 동안 우리나라는 급속하게 소득이 불평등해졌다. 2021년, 소득비중은 상위 1% 14.7%, 상위 10% 46.5%, 하위 50% 16.0%로 소득불평등이 IMF 이후 크게 악화되었다.(그림 Ⅲ-5(가)) 1997년에 하위 50%에 속하는 개인소득에 비해 상위 1%에 속하는 개인소득은 27배, 상위 10%는 10.4배였던 것이 2021년에는 상위 1%는 146배, 상위 10%는 14.5배로 크게 늘었다. 2021년 우리나라는 상위 1%의 소득점유율이 산업화 이전이었던 1960년과 같아질 정도로 소득불평등이 악화되면서 지금은 OECD 중 미국과 함께 상대적 빈곤율이 가장 높은 국가 중 하나가 되었다.

그림 Ⅲ-6는 각국의 소득불평등을 나타낸 것이다. 1940년 이후 경제가 급격히 성장하기 시작하면서 프랑스(그림 Ⅲ-5(나)), 미국은 상위 1%의 소득비중과 하위 50%의 소득비중이 역전된다.(그림 Ⅲ-6(가)) 경제가 성장하면 소득불평등이 저절로 개선될 것이라는 시장주의자들의 주장을 뒷받침하는 사례인 셈이다. 그러나 경제가 급격

그림 III-5 한국과 프랑스의 소득불평등 (~2021)

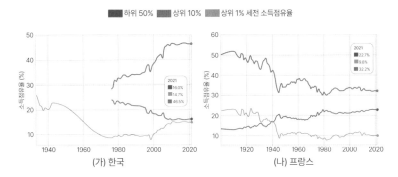

■ 하위 50% ■ 상위 10% ■ 상위 1% 세전 소득점유율

(가) 한국

(나) 프랑스

* 자료 : World Inequality Database(https://wid.world/country/2023년 3월 27일 검색)

그림 III-6 세계 각국의 소득불평등 (~2021)

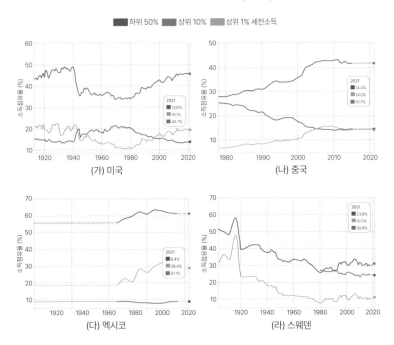

■ 하위 50% ■ 상위 10% ■ 상위 1% 세전소득

(가) 미국

(나) 중국

(다) 멕시코

(라) 스웨덴

* 자료 : World Inequality Database(https://wid.world/country/2023년 3월 27일 검색)

히 성장해도 하위 50%의 몫이 커지지 않은 예가 존재한다. 바로 한국과 중국, 멕시코 등이다. 한국은 1980년대 이후 급격한 경제성장을 하지만 상위 1%와 상위 10%가 경제성장의 수혜를 집중적으로 몰아받아 제 몫을 키우는 동안 하위 50%는 계속 소득비중이 줄어든다. 이 시기 미국도 하위 50%의 몫이 줄고 상위 1%의 몫이 늘면서 소득비중이 재역전되었다.(그림 III-6(가)) 세계를 휩쓴 신자유주의 영향으로 하위 50%의 몫을 상위 1%가 더 가져갔기 때문이다. 공산주의 중국은 더욱 한심하다. 1978년 덩샤오핑의 개방정책 이후, 중국경제는 연평균 9.9%의 높은 경제성장률을 유지하는 동안 하위 50%의 소득비중은 해마다 줄어 2021년 14.4%로 대부분의 자본주의 국가의 하위 50%의 소득비중보다도 낮다. 경제가 성장을 해도 분배정책을 강력하게 실시하지 않으면 낙수효과[9]는 없다.(그림 III-6(나))

각국의 계층별 소득점유율 분포(그림 III-6)는 각국의 경제적 불평등 상황을 잘 보여주는데 초고소득자가 많은 미국은 상위 1%의 소득점유율(19.1%)이 하위 50%의 소득점유율(13.6%)보다 많고 상대적 빈곤율이 높은 멕시코도 상위 1%의 소득점유율(28.4%)이 하위 50%의 소득점유율(8.4%)보다 높게 나타난다.(그림 III-6(다))

---

[9] 낙수효과 : 시사경제용어사전(www.moef.go.kr/sisa/dictionary) 2022. 3. 27. 검색.
대기업이나 고소득층 등 선도 부문이 성장하면 이들의 성과가 연관 부문으로 확산됨으로써 경제 전체가 성장한다는 이론. 컵을 피라미드같이 층층이 쌓아놓고 맨 꼭대기의 컵에 물을 부으면, 제일 위의 컵에 흘러들어간 물이 다 찬 뒤에 넘쳐서 아래 컵으로 자연스럽게 내려가는 현상에 빗대어 경제성장원리를 제시한 이론이다.

우리나라나 중국은 아직(2021년)까지는 상위 1%(14.7%)가 하위 50%(16.0%)보다 소득점유율이 작긴 하지만 지금의 추세대로 양극화가 지속된다면 미국이나 멕시코처럼 소득 1%에 속하는 국민이 하위 50%에 속하는 국민보다 50배나 더 많은 소득을 올리게 될 것으로 보인다. 소득불평등도가 높지 않은 프랑스나 스웨덴(그림 Ⅲ-6(라))은 상위 1%의 소득이 하위 50% 소득의 절반을 넘지 않고 특히 상위 10%의 소득이 전체 국민소득의 1/3을 넘지 않는다. 우리나라와 경쟁관계에 있는 일본이나 타이완 등도 우리나라에 비해 소득불평등도가 낮아 코로나19나 기후변화와 같은 외부 재난에 보다 더 건실한 경제구조를 갖고 있다.

사회적 약자에도 재난에도 인색한 한국의 공공복지지출

우리나라가 외부 충격에 더 취약한 이유는 또 있다. 경제규모와 생산수준에 걸맞지 않은 복지정책 때문이다. 코로나19로 양극화와 실업이 더욱 심각해진 것은 우리나라가 코로나19로 인한 지원비용에 그만큼 인색했기 때문이다. 우리나라(3.1%)는 코로나 지원 비용(GDP 대비)으로 우리나라가 속한 선진국 평균(8.9%), G20 평균(5.8%)은 물론 미국(12.3%), 일본(11.3%), 중국(4.1%)보다도 더 적게 지원했다.

우리나라보다 정부의 코로나19 지출대응 규모가 적은 나라 중 우

그림 III-7 OECD 각국의 공공사회복지지출

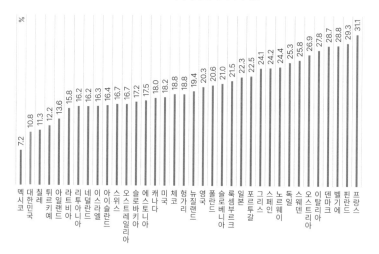

%

멕시코	7.2
대한민국	10.8
칠레	11.3
튀르키예	12.2
아일랜드	13.6
라트비아	15.8
리투아니아	16.2
네덜란드	16.2
이스라엘	16.3
아이슬란드	16.4
스위스	16.7
오스트레일리아	16.7
슬로바키아	17.2
에스토니아	17.5
캐나다	18.0
미국	18.2
체코	18.8
헝가리	18.8
뉴질랜드	19.4
영국	20.3
폴란드	20.6
슬로베니아	21.0
룩셈부르크	21.5
일본	22.3
포르투갈	22.5
그리스	24.1
스페인	24.2
노르웨이	24.4
독일	25.3
스웨덴	25.8
오스트리아	26.9
이탈리아	27.8
덴마크	28.7
벨기에	28.8
핀란드	29.3
프랑스	31.1

* 자료: OECD「https://stats.oecd.org」, 2021. 7.

그림 III-8 OECD 각국의 노인빈곤률(%)

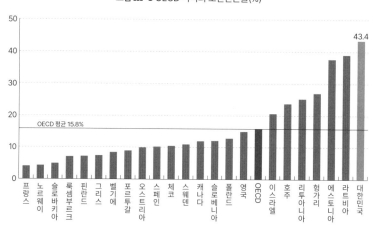

OECD 평균 15.8%

프랑스	
노르웨이	
슬로바키아	
룩셈부르크	
핀란드	
그리스	
벨기에	
포르투갈	
오스트리아	
스페인	
체코	
스웨덴	
캐나다	
슬로베니아	
폴란드	
영국	
OECD	
이스라엘	
호주	
리투아니아	
헝가리	
에스토니아	
라트비아	
대한민국	43.4

* 자료 :보건복지부, 통계로 보는 사회보장 2020.

리나라보다 잘 사는 국가는 프랑스와 핀란드뿐인데 프랑스와 핀란드는 OECD 각국의 공공사회복지지출 1위와 2위 국가(그림 III-7)로 비상시에 특별히 이 지출을 더 늘려야 할 필요가 없었다는 점을 감안한다면 우리나라가 경제력 대비 가장 적게 코로나 지원비용을 사용한 국가가 되는 셈이다.

우리나라는 코로나19와 같은 위기시에만 정부가 국민지원에 인색한 것도 아니다. 우리나라의 공공사회복지지출은 OECD 국가중 멕시코를 제외하고는 가장 낮은 수준이며 가장 많이 공공사회복지지출을 한 프랑스에 비하면 1/3, 복지가 잘 안 되어 있다는 평가를 받는 미국에 비해서도 1/2에 불과하다.(그림 III-7)

만년 OECD 1위의 노인빈곤률이라는 불명예에서 벗어나지 못하는 우리나라의 노인은 절반 가까이 빈곤에 시달리고 있다.(그림 III-8) OECD 국가 중 공공사회복지지출을 우리나라에 비해 3배나 지출한 프랑스에서 가난한 노인의 비율이 5%, 20명 중 하나인 것과 비교하면 새롭게 선진국의 대열에 들어선 우리나라가 다른 선진국을 따라잡아 선진국으로서의 면모를 갖추기 위해서는 무엇에 힘써야 하는지 분명해진다.

1인당 국민소득이 프랑스와 비슷해졌다고 우리나라가 프랑스만큼 잘 사는 것은 아니다. 세계적인 부자가 많다고 우리나라가 잘 사는 것도 아니다. 우리가 선진국 국민답게 잘 산다고 말하기 위해서 필요한 것은 하루에 몇 천 원 벌자고 목숨을 내놓고 8차선 도로에서 '폐지 구루마'를 끄는 노인들을 위한 복지고, 편의점 삼각김밥과 라면으로 끼니를 때우는 청년, 청소년을 위한 복지다.

그런데도 새롭게 들어선 윤석열 정부는 코로나19 이후 다른 나라에서 정부의 역할을 증가시키고 있는 세계적 흐름을 거슬러가면서까지 이미 다른 선진국에서 폐기된 신자유주의를 다시 부활시키겠다고 나섰다. 우리나라의 소득불평등(그림 Ⅲ-5)은 매우 심각한 수준이며 소득분배를 위한 사회복지지출(그림 Ⅲ-7)은 매우 부족한 형편이다. 이렇게 우리나라처럼 불평등이 배우 심한 경우 분배를 개선하는 것은 그 자체로 효과적인 성장정책이라는 것은 잘 알려진 사실이다. 우리나라의 성장을 가로막는 것이 규제가 아니라 양극화와 같은 불평등 또 그로 인한 갈등이라는 오랜 국내외의 충고를 윤석열 정부의 사람들만 모르니, 참 큰일이다.

적극적인 사회보장제도가 없다면 재난은 사회안전망을 뒤흔들어 양극화를 더욱 심화시킨다는 것은 코로나19로 분명해졌다. 코로나19와는 비견될 수 없는 재난인 기후변화가 양극화로 생존과 안전이 위태로운 경제적 약자의 삶을 더욱 위태롭게 만들 것을 짐작하는 일은 어렵지 않다. 이러한 불평등이 재난에 처한 사회의 위기를 부추겨 재난을 재앙으로 만들곤 하는 일을 우리는 종종 봐왔다. 체르노빌 핵사고가 소련의 몰락을 자초한 것이나 코로나19로 인해 스리랑카 정부가 무너진 것 등이 그러한 예이다.

기후변화로 인한 재난뿐 아니라 기후변화에 대처하기 위해서 반드시 필요한 산업구조조정과 같은 구조적 변화에도 경제적 약자의 생존은 크게 위협받을 수밖에 없다. 따라서 기후변화대책의 첫 번째는 사회구성원 모두가 사회적 안전망 안에서 보호받을 수 있는 조처를 마련하는 일이다. 아무런 안전대책 없이 국민을 사지로 내몰아서는 기후변화대책도 구조조정도 사회혼란만 부추길 뿐 성공할 수 없기 때문이다.

기후변화를 줄이기 위한 노력은 쉽지 않다. 사회 구조를 바꾸고 삶의 양식을 바꾸는 일이기 때문이다. 아무리 사회안전망을 갖춘다 해도 그 과정에서 견디기 어려운 고통을 국민 모두가 감내해내야 하는 일이다. 그래서 고통을 나누기 위한 사회적 합의가 무엇보다 필요하다. 기후변화는 모두가 서로의 안전을 위해 고통을 감내하겠다는 공동체 의식 없이는 넘을 수 없는 재난이다. 기후변화 앞에서 안전이든 소유든 경쟁에 내몰리는 순간 이스터섬의 우매한 비극을 피할 길이 없다. 우리의 기후변화대책에서 가장 시급한 것은, 그래서 양극화 해소정책이다.

4

'무조건적 기본소득'이 기후변화 해결 돕는다

코로나19가 미친 영향은 코로나19 팬데믹이 종식돼도 계속된다. 코로나19로 정치 · 경제 · 사회 전 영역에 걸쳐 영향을 미치지 않은 곳을 찾기 힘들다. 사회 전 영역에 걸쳐 영향을 미친 코로나19는 개인의 삶의 전 영역에도 커다란 변화를 가져왔다. 코로나19로 개인이 겪어야 했던 어려움은 다 달랐지만 공통으로 호소하는 어려움은 경제적인 문제다. 코로나19로 인한 고용충격과 소득충격은 코로나19 팬데믹이 종식되고 몇 년 혹은 몇십 년이 지나도 개인의 삶을 코로나19 이전으로 회복시키지 못할 것이다.

이제 우리는 '기후변화'시대를 사는 것이 아니라 '기후재난'시대를 산다는 주장은 뉴스에서도 반복된다. 기후변화의 심각성은 이미 대중화되었다. 특히 한반도의 기후변화는 전 세계 어느 곳에서보다 빠르다. 기후변화 피해는 코로나19 피해와 비교될 수 없다.(I장) 그러나 코로나19, 기후변화, 전쟁, 무엇이 됐든 결국 개개인이 맞닥뜨려야 하는 가장 큰 고통은 먹고 사는 문제다. 코로나19로 전 세계에서 전일제 일자리 2억 5500만 개가 사라졌다. 전 세계 노동시간이 10% 가까이 감소했기 때문이다. 특히 저소득층, 유자녀, 여성가구의 고용·소득충격이 심해 소득불평등이 코로나19로 확대되었다.[10]

기후변화로 인해 예상되는 경제적 영향은 더욱 심각하다. 세계가 지금처럼 기후변화에 손을 놓고 있게 되면 향후 50년간 178조 달러에 이르는 세계 경제손실을 가져올 수 있다. 또 약 8억 개 이상의 일자리가 사라지게 돼 전 세계 노동인구의 4분의 1이 극단적인 기후현상과 경제적 전환으로 일자리를 잃을 가능성이 커졌다. 특히 우리나라가 포함된 아시아태평양지역의 일자리 취약계층의 비율은 전체 인구의 43%에 달한다. 기후변화는 물론 그 대책을 위한 구조조정과정에서도 인구의 절반은 고용 충격에 내몰릴 수밖에 없다.

우리는 사면초가다. 그나마 다행인 것은 하루라도 빨리 기후변화에 대응한다면 피해를 줄일 수 있다는 점이다. 체계적으로 기후변화에 대응한다면 세계 경제규모는 향후 43조 달러정도 증가할 수 있다. 탄소중립을 위한 구조전환에 성공한다면 2050년까지 3억 개 이상의 일자리가 새로 생길 수 있다.[11] 기후변화로 경제도 위축되고 일자리도 사라지겠지만 그래도 피해를 최소화할 길마저 없는 것은 아

10 송상윤, 코로나19와 노동시장, 한국은행, 2021. 10. 15.
11 한국 딜로이트그룹, 탄소중립시대의 일자리, 2022년 12월.

니다. 신자유주의 이후 기업에게 내어준 국가기능을 이제 되찾고 정부는 탈탄소시대를 위한 구조전환에 하루라도 빨리 나서야 피해 규모를 줄일 수 있다. 이러한 구조전환에서 가장 중요한 것은 윤석열 정부가 좋아하는 시장이 아니라 정부이고 공공의 역할이다.

안전한 일자리가 사라진다

2022년 7월, 세계 최대 산유국 사우디아라비아의 인권 탄압을 줄곧 비판했던 조 바이든 미국 대통령이 고유가로 인한 인플레이션 위기를 타개하기 위해 집권 후 처음으로 사우디를 찾았다. 반체제 언론인 자말 카슈끄지의 암살 배후로 꼽히는 사우디 실권자 무함마드 빈 살만 왕세자를 만나 '주먹 악수'를 나누는 등 여러모로 낮은 자세를 취했지만 끝내 원하던 원유 증산 약속을 얻어내지 못하고 빈손으로 귀국해야 했다.[12]

러시아와 우크라이나의 전쟁이 장기화되면서 탄소중립과 탈원전, 탈석탄의 기수였던 독일이 2022년 10월부터는 비교적 값이 싸지만 오염물질을 가장 많이 배출하는 갈탄을 사용하는 발전을 확대하겠다 밝혔다. 갈탄은 가장 '더러운' 석탄으로 불리는데, 러시아가 우크라이나를 지원하는 유럽연합(EU)에 대한 보복으로 독일 등에 천연

---

12 김현수, 바이든 "사우디, 원유 증산"… 사우디 "논의 안했다" 일축, 동아일보, 2022. 7. 18.

가스 공급을 제한하자, 유럽 주요국들이 일시적으로 갈탄발전소까지 확대하는 등 '고육책'을 택하고 있다.

미국과 중동의 갑을 관계를 순식간에 역전시켜버린 석유의 위력은 여전히 대단하다. 또 탄소중립과 탈석탄발전을 앞장서 견인하던 독일을 비롯한 유럽연합이 러시아의 가스공급 제한에 석탄발전으로 달려가는 걸 보면 전 세계적인 기후변화연대는 기대할 것 없어 보이기도 한다. 그러나 그럼에도 분명한 것은 '탄소시대'는 저물고 있다는 것이다.

18세기 중반에서 19세기 중반에 시작된 산업혁명은 석탄이라는 탄소에너지만으로 시작된 것은 아니다. 기술의 혁신과 새로운 생산양식, 그리고 이를 가능케 한 새로운 에너지 공급방식이 '탄소시대'를 연 것이다. '탄소시대'는 더 집약되고 대규모화된 생산양식과 수억 년 동안 축적된 탄소를 이용한 에너지로 성장해왔다.

집약되고 대규모화된 생산양식과 에너지를 기반으로하는 탄소시대가 저물기 시작한 것은 단지 기후변화 때문만은 아니다. 기후변화가 아니더라도 이미 시작된 4차 산업혁명은 새로운 생산양식과 에너지를 필요로 한다. 우리나라에서는 4차 산업혁명을 "D(데이터), N(네트워크), A(지능정보)기술을 기반으로, ICT산업뿐 아니라 제조, 의료, 농업 등 다양한 산업 분야가 혁신되어가는 과정"이라고 정의하고 있다. 4차 산업혁명을 디지털혁명이라는 산업방식의 변화로 기존의 3차에 걸친 산업혁명의 발전된 4번째 버전으로 정의하고 있다. 4차 산업혁명을 기존의 산업혁명의 범위와 영향력이 증가하는

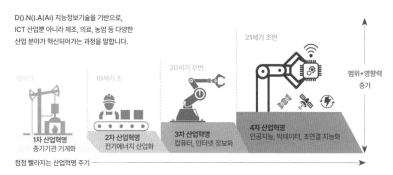

그림. III-10 1차~4차 산업혁명 정의

D().N().A(Ai) 지능정보기술을 기반으로, ICT 산업뿐 아니라 제조, 의료, 농업 등 다양한 산업 분야가 혁신되어가는 과정을 말합니다.

21세기 초반

20세기 후반

19세기 초

18세기

범위+영향력 증가

1차 산업혁명
증기기관 기계화

2차 산업혁명
전기에너지 산업화

3차 산업혁명
컴퓨터, 인터넷 정보화

4차 산업혁명
인공지능, 빅데이터, 초연결 지능화

점점 빨라지는 산업혁명 주기

자료 : 대통령직속4차 산업혁명위원회, 4차 산업혁명이란(https://www.4th-ir.go.kr/4thir/role/2022. 8. 8. 검색)

수준이라고 인식하고 있는 듯 보인다.(그림 III-10)

그러나 4차 산업혁명은 4번째 산업혁명이라기보다 새로운 기술로 인하여 그 이전의 사회구조까지 변화시킨 농업혁명, 산업혁명과 비견될 만한 구조적 변화다. 인력이나 가축의 사용 등이 주요 에너지였던 농업사회를 벗어나 산업혁명 이후의 산업은 대규모·집중화되었고, 수억 년 전에 만들어져 묻혀 있는 에너지원인 석탄과 석유를 캐내어 단기간에 집약적으로 탄소에너지를 사용하였다. 1, 2, 3차 산업혁명은 이렇게 산업이 점점 더 대규모·집중화하는 과정이었다. 그러나 산업혁명 이후 점점 더 대규모로 집약적으로 사용하는 에너지와 산업으로 대표되는 '탄소시대'는 전 지구적인 위기인 기후변화와 디지털 기술의 발전으로 저물고 새로운 생산양식, 새로운 에너지 시대에 접어들었다. 새로운 생산양식과 새로운 에너지를 필요로 하는 4차 산업혁명은 그래서 그 이전의 산업혁명과는 궤를 달리한다.

4차 산업혁명은 물리시스템과 가상시스템의 결합을 더욱 확장하면서 정교한 네트워크를 형성한다. 이러한 산업적 변화는 보다 유연한 생산방식을 요구한다. 4차 산업혁명으로 생산설비, 노동규모, 노동시간, 노동장소 등이 유연해지고 있다. 더구나 코로나19 사회적 거리두기로 이러한 생산의 유연화가 급속하게 진행되었다. 코로나19는 4차 산업혁명시대의 생산방식인 분산화·유연화를 산업전반에 도입하는 계기가 되었다.

코로나19로 마스크, 휴지와 같은 안전용품과 생필품 대란을 겪은 미국과 유럽연합 등은 위기를 대비해 생산시설을 자국 내 혹은 지역 내에 보유하는 것의 중요성을 실감했다. 4차 산업혁명은 로봇생산, 시스템생산 등을 통해 비용을 크게 늘리지 않고도 소비자 가까이에 생산시설을 둘 수 있게 만들었다. 이렇게 소비자 가까이에 생산시설을 두기 위해서는 친환경적인 소규모 분산에너지 공급이 필수적인 요건이 된다. 선진개발국이 재생에너지를 늘리는 것이 단지 기후변화 때문이라고 생각한다면 지나치게 순진한 것이다. 분산화·유연화된 생산방식에 적합한 에너지는 막대한 투자비와 규모를 가진 화력발전이나 원자력이 아니라 분산화·유연화를 특징으로 하는 재생에너지가 될 수밖에 없다. 4차 산업혁명은 기후변화와 맞물려 탄소시대를 끝내고 농업혁명이나 산업혁명과 마찬가지로 생산양식은 물론, 대대적인 사회구조의 변화를 불러오고 있다.

생산의 유연화와 분산화가 긍정적인 측면만 있는 것은 아니다. 생산의 유연화로 생산과 소비를 연결하는 플랫폼산업의 영향력이 커지고 개인사업자로 개별화된 노동자는 그간 노동을 보호하기 위해 마련되었던 사회보장제도 밖으로 밀려나고 있다. 또 최근 들어 지능형 로봇 기술이 비용구조, 기술 구도 및 생산기지의 엄청난 변화로 생산에서 점점 더 많은 역할을 해내면서 일자리는 대규모로 줄어들고 있다.[13]

탄소중립을 위한 구조조정과 4차 산업혁명은 반드시 필요한 일이지만 이 과정에서 노동조건은 날이 갈수록 악화될 수밖에 없다. 기존의 노동3권은 무력화될 가능성이 크다. 대규모·집중화된 생산양식하에서는 노동도 그러한 방식을 띠기 때문에 노동자의 결속을 통한 권리주장이 가능했지만 분산화·유연화된 노동은 단체행동에는 매우 취약하다. 4차 산업혁명으로 빅브라더와 같은 힘과 규모를 갖는 대규모 플랫폼과 1인 사업자라 불리는 플랫폼노동자 사이에 공정한 노동계약이 성립될 수 없다는 것은 이미 수많은 플랫폼산업을 통해 경험하고 있다. 이제 노동을 매개로 한 사회보장의 역할이 줄고 있다. 시민의 생존권을 지키기 위한 다른 방안이 필요하다.

---

13   롤랜드 버거, 4차 산업혁명 이미 와 있는 미래, 다산북스, 2017.

공동체가 일하고 이익은 주주가 가져가는 플랫폼산업

IMF 외환위기로 비정규직과 외주화가 크게 늘어난 것처럼, 코로나19로 디지털화·자동화·비대면화가 산업 전반에서 가속화되면서 플랫폼노동이 크게 증가했다. 플랫폼노동은 디지털 플랫폼의 중개를 통해 일자리를 구하고, 단속적(1회성, 비상시적, 비정기적) 일거리 1건당 일정한 보수를 받으며, 고용계약을 체결하지 않고 일하면서 근로소득을 획득하는 근로형태다. 플랫폼노동은 우리가 자주 마주치는 배달·배송 노동자뿐 아니라 가사서비스 노동자, 학습지 교사 등 다양하다. 2022년 12월 우리나라의 플랫폼노동자 수는 80만 명을 넘으며 취업자의 3%에 달한다. 이는 2021년에 비해 20% 증가한 것으로 앞으로 플랫폼노동자가 차지하는 비중은 더 늘어날 것으로 전망된다. 플랫폼산업이 크게 성장하고 있기 때문이다.

세계경제포럼은 2025년 글로벌 디지털 플랫폼 매출액이 약 60조 달러(약 7경 2,000조 원) 규모로 성장하며 향후 10년간 디지털 경제에서 창출된 신규 가치의 60~70%가 데이터를 기반으로 한 디지털 플랫폼으로 발생할 것으로 전망하였다. 이렇게 플랫폼산업이 급성장하면서 플랫폼노동자도 급증하고 있지만 플랫폼노동에 대한 사회적 보호장치는 매우 미흡하다. 플랫폼노동자는 노동자가 아니라 개인사업자로 분류되기 때문이다. 따라서 플랫폼노동자는 노동법이 보장하는 최저임금, 노동시간, 유급휴가, 산업안전과 같은 개인적 권리나 노동3권과 같은 집단적 권리뿐만 아니라, 고용보험이나 산재보험과 같은 사회보장의 권리 역시 제대로 보호받고 있지 못한 형편이다.[14] 2021년 플랫폼노동자의 고용 및 산재보험 미가입률은 고용보험 58.2%, 산재보험 52.6%로 절반 이상이 사회안전망 밖에서 일하고 있다.

플랫폼산업이 디지털 사회의 기간산업이라는 데는 아무도 이의를 달 수 없다. 따라서 각국은 플랫폼산업에 천문학적인 비용을 지원해왔다. 또한 플랫폼산업의 성패는 데이터의 양에 달려 있다. 종종 21세기의 원자재로 비유되는 데이터는 사실 시민과 공동체의 것이다. 플랫폼산업은 도로와 같은 공공재의 성격이 강하다. 현재 데이터를 가장 많이 확보하고 있는 주체는 각국 정부와 세계를 아우르는 플랫폼기업들이지만 앞으로는 플랫폼기업의 정보 보유량이 각국 정부를 압도할 것이다. 압도적 정보를 갖고 있는 플랫폼이 "빅브라더"가 될 우려는 점점 커지고 있다. 플랫폼산업의 성장은 국민의 세금과 시민과 공동체의 데이터로 뒷받침됐지만, 성장의 수혜는 주주의 몫일뿐 시민, 공동체와 나누지 않았다.

그래서 2016년 바르셀로나시의 '디지털 어젠더'는 흥미롭다. '디지털 어젠더'는 행정과 공공서비스 제공을 통해 획득되는 주민의 데이터는 사적 서비스 제공자나 플랫폼기업의 소유가 될 수 없다는 데서 시작된다. 따라서 빅데이터의 산업정책적 활용이나 경제정책적

---

14   남재욱, 플랫폼은 혁신, 플랫폼노동은 퇴행...혁신의 역설을 말하다, 프레시안, 2021. 1. 1.

보호에서 시장 모델보다 공적 모델이 우선되도록 하고 있다. 또한 실생활 데이터 집적과 분석을 투명하고 민주적인 의사결정 과정에 맡겨 데이터에 대한 권리가 공동체에 있다는 것을 분명히 하였다.

플랫폼산업의 성취는 공공의 기여에 달려 있기 때문에 플랫폼산업의 과실을 공공과 나누는 방법에 대해서는 우리나라를 포함한 세계 각국에서 논의가 활발하다. 바르셀로나시의 시도와 같이 플랫폼산업에 대항하는 공공 플랫폼을 구축하는 것도 중요하지만 국가의 적극적인 지원과 공동체의 데이터로 성장한 플랫폼이 공공의 몫인 수익까지 독점하지 못하도록 플랫폼산업의 과실을 공동체와 나누는 정책과 제도의 도입을 서둘러야 한다.[15] 공공재인 플랫폼을 언제까지고 민간에만 맡겨둘 수는 없다.

'무조건적 기본소득'이 기후변화 해결 돕는다[16]

기본소득이란 아이디어는 최저임금제나 고용보험과 같은 사회보장제도와 비슷한 시기에 시작돼 사회적 의제로 경쟁하였다. 결과는 기본소득의 완패다. 어느 시기 어느 국가에서도 기본소득은 사회보장제도의 역할을 수행한 적이 없다. 20세기 중반 미국의 경제대공

---

15 장흥배, 규제완화, 플랫폼 경제의 공공성을 사유화하기, 프레시안, 2018. 8. 18.
16 이수경, 기본소득이 수도권 집중과 기후변화 해결 돕는다(한겨레, 2020. 7. 28)를 수정.

황을 극복한 뉴딜정책의 성공으로 기본소득의 아이디어는 뒤로 밀러나고 최저임금제, 고용보험과 같은 노동자의 복지를 개선해서 시민의 생존권을 보장하는 사회보장제도가 세계 여러 나라에서 채택되었다. 이러한 사회보장제도가 기본소득보다는 대규모·집중화된 생산양식과 노동조건에 더 걸맞는 사회보장제도였기 때문이다. 그러나 기술의 발달로 노동이 생산에서 차지하는 비중이 줄어들고 있는 4차 산업혁명시대에는 사회보장제도도 달라져야 한다. 폐기되었던 기본소득 아이디어가 다시 소환되고 있는 것은 우연이 아니다.

기본소득 아이디어는 이미 18세기 말에 유럽에서 서서히 퍼지기 시작했는데 그 아이디어에 따르면 기본소득의 제대로 된 명칭은 '무조건적 기본소득'이다. '무조건적 기본소득'은 재산조사나 근로의무 같은 조건 없이 모두에게, 개인 단위로, 정기적으로 지급되는 현금소득을 말한다. 이렇게 보면 코로나19로 지급된 재난지원금 중 기본소득에 가장 가까운 것은 '경기도 재난기본소득'이다.

'무조건적 기본소득' 지지자들의 최종 목표는 1인당 국민총생산의 25% 정도를 지급하는 것으로, 우리나라의 경우에 적용해보면 일인당 매월 약 80만 원 정도의 기본소득이 목표다. 그러나 이는 최종적인 목표일 뿐 시행단계에서는 훨씬 더 낮은 금액에서 시작된다. 전 세계 유일의 지속적이고 진정한 기본소득이라고 평가받는 '알래스카 영구펀드'의 경우에도 연간 평균 1,200달러 정도를 지급한다. 이는 알래스카 국민 1인당 국민총생산의 약 2%에 불과해 우리나라 돈으로 환산하면 한 달에 약 10만 원 정도에 불과하다. 금액만 비교해본다면 기본소득이 많은 국가에서 시행되고 있는 기존의 생활보장제도[17]나 고용보험에 비해 턱없이 부족한 제도인 것은 분명하다.

그러나 노동을 중심으로 설계된 기존의 사회보장제도는 기술의 발전으로 노동이 산업에서 차지하는 비중이 점차 작아지는 4차 산업혁명 이후에는 잘 작동하기 어렵다는 한계가 있다. 이에 반해 공동체의 자원 분배를 중심으로 설계된 기본소득은 노동시장에서 수가를 산정하기 어려운 돌봄노동이 늘어나고 노동제도의 보호가 어려운 노동이 늘어나는 4차 산업혁명 이후에는 기존의 사회보장제도보다 훨씬 유리한 작동조건을 갖게 된다. 기본소득을 실시하면 플랫폼산업에서 무력하기만 했던 노동자도 노동의 주도권을 회복할 수 있다.

최저소득을 자격조건으로 하지 않는 '무조건적 기본소득'은 최저소득보장제도인 '생계급여'지원처럼 추가소득을 제한하지 않는다. 생계급여지원은 수급자가 추가노동으로 인해 소득이 발생할 경우 수급자격을 박탈당할 위험 때문에 오히려 불안정하거나 소득이 생계급여보다 적은 노동을 기피하게 만들어 노동 진입장벽을 높인다. 또한 추가 노동으로 소득을 올리는 것을 제한하기 때문에 지속적인 빈곤상태에 머물도록 만드는 부작용이 있다.

이렇게 생계급여가 노동의욕을 제한하는 역기능을 하는 반면에

---

17 국민기초생활보장제도 : 가족이나 스스로의 힘으로 생계를 유지할 능력이 없는 절대빈곤층 국민들에게 생계, 교육, 의료, 주거, 자활 등의 기본적 생활을 국가가 보장해 주는 제도.

고용보험은 수급자에게 구직 노력을 증명하도록 요구함으로써 불안정하거나 위험하고 소득이 낮은 노동에 꾸준히 구직자를 공급하는 역할을 한다. 고용보험 혜택을 받기 위해서는 구직활동을 증명해야 하는데 바로 이 과정에서 위험하거나 임금이 지나치게 낮은 일자리도 꾸준히 구직자를 구할 수 있게 된다.

노동에 대한 접근성을 높이거나 낮추는 역할은 다르지만 이렇게 생계급여와 고용보험은 노동에 대한 주도권을 노동자 자신이 갖는 것이 아니라 자본, 정부 등 기존의 권력에게 넘겨주게 된다. 그러나 '무조건적 기본소득'을 실시하면, 노동할 의사나 현재의 노동여부를 증명하지 않아도 되기 때문에 임금에 있어서 '더 나은 협상의 위치'를 가질 수 있고 기본적인 생활이 보장되기 때문에 육아를 포함한 돌봄노동, 문화예술활동, 시민운동 등 비용으로는 환산하기는 어렵지만 삶의 가치를 높이는 노동에 많은 사람들이 참여할 수 있다. 또한 고단하거나 위험하지만, 사회에는 반드시 필요한 청소, 돌봄노동 등이 재평가받을 수 있다. 기본소득이 보장된다면 지금처럼 낮은 임금으로 유지되는 일자리는 구직수요가 줄어들기 때문에 사회에서 필요한 일자리는 임금이 오르거나 처우가 개선될 가능성이 크다. 이렇게 기본소득이 노동의 자유와 가치회복을 도울 힘은 '무조건'에 있다.

그러나 기본소득을 시행하면 세금을 더 내야 하는 시민들은 물론 수혜자가 될 수 있는 시민들에게까지 거부감을 갖게 만드는 요소 또한 '무조건'에 있다. "일하지 않는 자는 먹지도 말라"로 상징되는 신성화된 노동에 대한 철학은 노동의 가치를 생산의 단위로서 평가한다. 따라서 소득은 각자의 생산기여도에 따라 분배되어야 하므로 일할 능력이 있는데도 일할 의사가 없는 사람에게 소득을 지급하는 것은 사회의 가치관과 정의를 흔드는 일로 여겨진다. 생산에 자본을 투자할 수 있는 부자가 노동하지 않는 것은 여가로 포장되지만 노동계급이 누리는 여가는 게으름으로 노동자 자신에게조차 비판의 대상이 되는 것이 바로 이 때문이다. 역사적으로 기본소득이 다른 사회보장제도와의 경쟁에서 탈락해온 이유가 바로 사회 저변에 깔린 이러한 뿌리 깊은 노동관에 있다.

잊혔던 기본소득이 다시 불황과 실업의 대안으로 떠오른 것은 기술의 발달과 성장의 한계 때문이다. 기술의 발달로 시작된 로봇, 컴퓨터를 통한 새로운 자동화의 물결은 일반 노동자는 물론 숙련 노동과 정신노동까지 대규모로 대체가 가능해졌다. 생산량을 결정하는 데 노동 단위량의 기여도는 급격히 줄고 기술과 자본의 영향은 크게 늘면서 노동의 가치평가가 급격하게 변하고 있다. 자동화의 물결은 성장이 고용의 만병통치약으로 불리던 시대를 끝내버렸다. 씁쓸하기는 하지만 젊은 직장인들이 코로나19로 불붙은 주식투자에 뛰어드는 현상이나 '영혼까지 끌어모아' 부동산 갭투자에 나선 것도 성장과 생산에 필요한 것은 노동이 아니라 기술과 자본이 된 사회의 현실을 몸으로 느끼기 때문이다.

그나마 '개미 자본가'들은 소규모 투기에라도 뛰어들 수 있다지만 더 많은 수의 사람들이 안정적인 일자리에서도 복지혜택에서도 점점 밀려나면서 양극화와 불평등은 심화되고 있다. 이렇게 기술의 발달과 양극화의 심화가 오래전 경쟁에서 밀려났던 아이디어였던 '기본소득'을 소환했다. 그러나 기득권층은 물론 노동의 성실함을 도덕적 규범이라 믿어왔던 많은 시민들의 거부감은 '무조건적 기본소득'을 4차 산업시대의 현실적인 대안이라기보다는 먼 훗날에나 가능할 몽상으로 치부하게 만들고 있다.

코로나19라는 재난은 '무조건적 기본소득'이라는 오래된 몽상을 실제 정책으로 소환했다. 물론 '재난지원금'은 기본소득의 기본적인 요건조차 갖추지 못하고 있는 것은 사실이지만 현금지원이 불황타개에 미치는 효과는 보여준 셈이다. 20세기의 뉴딜정책 외에는 선택지가 없는 것처럼 토목공사에만 쏟아붓던 불황타개책의 새로운 대안으로 기본소득을 국민 모두가 경험하게 된 것이다. 이명박 정부가 경제불황 극복책으로 '4대강 사업'을 내세우자, 환경단체는 차라리 "국민에게 현금을 나눠주라"고 주장했다. 그러나 당시 환경단체조차 실현성을 믿지 않던 구호인 기본소득이 4차 산업혁명으로 이제는 진지하게 고민해야 하는 정책이 되었다.

경제불황 타개책으로 뉴딜 대신 현금지급을 주장했던 기본소득 유사 사례가 4대강 개발이라는 환경문제였던 것은 그리 놀랍지 않다. 사실 기본소득을 사회적 의제로 삼았던 많은 국가의 경험을 살펴보면 자산가나 고위소득자는 물론 노동조합이나 진보정당에서조차 기본소득에 반대할 때 유일하게 기본소득을 변함없이 지지한 세력은 생태주의자들이었다. 이는 생태주의자가 지구의 자원과 환경을 인류 공동의 자산이라고 인식하는 것과 기본소득 지지자가 부를 인류가 공동으로 생산해낸 자원이라고 인식하는 같은 철학에 뿌리를 두고 있기 때문이다.

기후변화가 인류 공동의 자산인 환경을 남용한 결과이기 때문에 이러한 피해를 유발한 국가, 계층, 세대가 책임져야 한다는 것에 세계는 이미 30년 전에 합의했다. 이러한 합의는 "문명질서가 인간에게, 수렵, 어로, 채집, 목축이라는 자연적 생계활동을 빼앗아갔다면 토지를 가져간 계급은 최소한 토지를 소유하지 못한 계급에게 충분한 생계수단을 빚지고 있어서 최소한의 생계수단을 제공해야 한다"[18]는 기본소득 지지자의 기후변화 버전인 셈이다.

점점 더 부를 생산하는 데 자연환경과 함께 사회기반 시설, 국가정책과 같은 사회환경의 중요성이 커지면서 이를 공동으로 소유하고 있는 한 국가의 국민이 소득을 나누는 것이 정당하다는 인식이 사회적으로 폭넓게 공유되고 있다. 공동체가 일하고 이익은 주주가 가져가는 플랫폼산업의 공공이득의 몫을 기본소득의 자원으로 이용해야 한다는 주장도 점점 설득력을 얻고 있다.

자본의 증가가 개인의 노력이 아니라 공동체의 노력에 의한 것이라는 것과 왜 부를 공동체가 함께 나누어야 하는지를 잘 보여준 재미있는 퍼포먼스가 있다. 1914년 일리노이 록퍼드에서 페이루이스가 보여준 퍼포먼스인데, 도심 한가운데 공터를 사서 다음과 같은

---

18   푸리에, 「가짜 산업」.

팻말을 꽂아두었다.

> "모두 일을 합니다. 이 공터만 빼고요. 저는 이 공터를 3,600달러에 샀고 6,000달러로 값이 오르면 팔 생각입니다. 제가 불로소득을 챙기는 것은 이 공동체가 여기 있기 때문이며 또 그 공동체의 성원들이 열심히 일하기 때문입니다. 저는 일을 하지 않고 이윤을 가져가는 겁니다. 이 문제의 해결책을 알고 싶으면 '헨리 조지'의 책을 읽으십시오. – 페이 루이스"

생태주의자들이 기본소득에 대해 호의적인 것은 성장의 한계에 대해 일찍부터 주장해왔기 때문이기도 하다. 기본소득 지지자들이 성장을 통해 고용확대와 부의 재분배가 이뤄질 수 없다고 믿는 것처럼 생태주의자들도 성장으로는 삶의 질을 담보할 수 없다고 믿는다. 오랫동안 부의 재분배나 복지의 확대, 삶의 질 개선에서 성장이 담당해왔던 역할이 이제 한계에 봉착했다. 불황을 타개할 만능 요술봉처럼 쓰여왔던 '뉴딜' 대신 문재인 정부가 출범하면서 약속했던 '소득주도 성장'이나 '기본소득'이 한계에 봉착한 성장 대신 불황과 기후변화를 타개할 대안으로 모색되고 있다.

기본소득은 단지 복지정책만은 아니다. 무조건 기본소득의 핵심은 '노동의 자유' 혹은 '노동의 권리회복'이라는 삶의 가치와 삶의 목표에 관한 문제다. 기본소득은 부의 재분배를 위해 고용이라는 중간과정을 거칠 필요가 없어 고용을 핑계로 한 '무한한 성장'을 목표로 하지 않는다. 따라서 성장에 따른 불가피한 부작용으로 여겨졌던 환경파괴나 기후변화 문제 등을 해결할 대안이기도 하다.

질 낮은 일자리라도 확보하느라 원자력발전소, 석탄화력발전은 물론 유해물질을 배출하는 산업단지라도 우선 유치하고, 새만금과 같은 천혜의 자원을 막개발해서라도 지역을 살려야 한다는 조바심도 천천히 돌아볼 시간을 확보하는 데 기본소득은 도움이 된다. 또한 같은 소득이라도 어느 지역에서 사느냐에 따라 삶의 질이 달라질 수 있어서 생활비는 많이 들지만 구직에 유리한 수도권으로만 몰려드는 수도권 집중도 완화할 수 있다.

기본소득으로 노동의 선택권을 노동자가 회복하게 되면 청소나 돌봄 노동과 같이 사회에는 꼭 필요하지만 제대로 된 가치를 평가받지 못하던 노동의 가치는 재평가될 수 있다. 생계비용 때문에 열악한 조건의 노동이라도 받아들여야 하는 조급함이 사라지기 때문이다. 또한 숲과 강과 바다를 유해산업과 싸구려 막개발로 바꿔서라도 인구와 산업을 유치하려는 소멸해가는 지역의 절박함도 내려놓을 수 있다.

지금 당장 성장 위주의 기존 방식을 바꾸지 않으면 이 세기 안에 파국을 몰고 올 기후변화를 막아낼 수 없다는 것은 이미 정설이다. 기후변화를 막기 위한 개인적인 여러 가지 실천 방법이 제시되고 있지만 기후변화 문제를 근본적으로 해결하기 위해서는 반드시 산업 구조개혁이나 국토이용구조개혁과 같은 대규모의 구조개혁을 사회가 감당해내야 한다. 그러나 이러한 구조개혁은 기후피해와 마찬가지로 기후변화에 가장 책임이 없는 사람이 더 크게 치러야 한다. 구조개혁을 머뭇거리게 하는 생존의 위기, 고용의 위기를 막아낼 최소한의 방파제 역할을 기본소득에 맡긴다면 우리 사회는 기후변화를 위한 구조개혁에 조금 더 과감하게 나설 수 있다.

5

기후변화 책임은 공정하게 나누어야 한다

코로나19의 영향으로 호황을 누릴 것만 같던 마스크와 같은 보건용품 업체마저도 파산이 적지 않은 걸 보면 코로나19를 3년이나 겪고도 여전히 그 영향 범위를 가늠하는 것조차 힘들다. 하물며 기후변화는 물론, 우리 사회구조 전체를 바꿔야 하는 기후변화대책으로도, 얼마나 많은 사람의 삶이 위기에 몰릴 것인지를 예측하는 것은 불가능하다. 이렇게 상상범위 밖의 전 사회적인 재난 앞에서는 사회적 안전망을 튼튼히 하는 것보다 더 좋은 대책이 있을 수 없다. 사회적 안전망을 튼튼히 하면 재난으로 피해를 입은 사람도 그 안전망에 의해 다시 살아볼 기운을 얻을 수 있기 때문이다.

기후변화는 마침 본격화되기 시작한 4차 산업혁명과 때를 같이하고 있다. 1, 2, 3차 산업혁명으로 인한 산업구조조정으로도 많은 산업이 도태되고 이 과정에서 많은 사람이 일자리를 잃게 되었다.

그러나 농업혁명, 산업혁명과 비견되는 4차 산업혁명의 영향은 1, 2, 3차 산업혁명으로 인한 사회적 영향과 비교할 수 있는 규모가 아니다. 산업의 규모가 지속적으로 확대되고 집중화되던 1, 2, 3차 산업혁명과는 달리 4차 산업혁명은 생산양식이 분산화되고 유연해지면서 에너지를 포함한 산업 전반, 사회 전반의 구조조정이 불가피해지고 있다. 로봇으로 상징되는 4차 산업혁명으로 산업구조는 물론 물론 노동수요도 노동양식도 커다란 변화와 조정을 겪고 있다. 이제 노동을 중심으로 제공되던 사회복지제도도 큰 변화를 준비해야 한다.

지난 20대 대선에서 이재명 후보가 공약하였던 기본소득은 이런 사회적 변화에 따른 복지제도로 제안되었다. 그러나 더불어민주당 대선 후보였던 이재명 후보는 국민은 물론 더불어민주당에서조차 기본소득의 당위성을 설득하는 데 실패했고, 대선 도중에 슬그머니 중도층을 공략하겠다는 핑계로 대표 공약이었던 기본소득 후퇴 의사를 밝혔다. 여러 가지 장점에도 불구하고 정책을 실시하는 데 많은 비용이 필요하기 때문에 기본소득이 사회보장제도로 정착하지 못할 것이라는 우려 때문이다. 그러나 기존의 사회보장제도가 4차 산업혁명으로 제 역할을 하기 힘들다는 점을 고려한다면 기본소득의 비용 마련이 현실적으로 정말 불가능한 것인지에 대해 보다 꼼꼼히 검토하는 것이 필요하다.

사실상 철회되기도 하였지만 이재명 후보의 기본소득 공약은 기본소득이라고 부르기도 민망한 수준이기는 하다. 대통령 임기 개시 다음 연도인 2023년부터 1인당 연간 25만 원(월 2만 800원)을 지급하고, 임기 내에 연간 100만 원(월 8만 3,000원)까지 기본소득을 늘리겠다는 것이 이재명 후보의 기본소득 공약이다. 추가로 19세부터 29세까지의 청년(약 700만 명)에게는 보편적 기본소득 외에 2023년부터 연간 100만 원을 지급해 청년이 기본소득의 수혜를 더 받도록 한 것이 이재명 후보의 기본소득 공약의 특징이다.

이를 위해서 필요한 예산은 2020년 20조, 2024년부터는 연간 약 59조 원이다. 이재명 후보는 2023년은 증세없이, 2024년부터는 재정의 구조 개혁, 예산 절감, 예산 우선순위의 조정, 물가상승률 이상의 자연증가분 예산 활용, 세원관리의 강화 등을 통해 25조 원 이상을 마련하고, 연간 60조 원을 오가는 조세감면분의 순차적 축소를 통해 연간 25조 원 이상을 마련함으로써 임기 후반기에 지급해야 할 기본소득 예산(연간 약 59조 원)을 마련하겠다고 발표했다.[19]

가능한 증세 없이 복지정책을 설계하다 보니 이재명식 기본소득은 52조 원이라는 예산을 쏟아붓고도 결국 월 8만 3,000원이라는 '기본 용돈'으로 전락하면서 기본소득 반대론자는 물론 기본소득 지지자까지 외면하는 공약이 되고 말았다.

기본소득이 노동의 자유, 혹은 노동권 행사의 주도권을 노동자가 되찾기 위한 본래의 목적을 달성하기 위해 필요한 비용인 1인당 매월 80만 원(Ⅲ. 4)을 적용하면 기본소득을 위해 매해 필요한 재원은 500조 원(≒80만 원×12개월×5200만 명)이다. 이재명 후보가 약속했

---

19 이상이, "내가 이재명의 '기본소득'을 비판하는 이유", 프레시안, 2021. 8. 9.

던 금액의 10배가 필요한 셈이다. 2022년 우리나라 예산은 604조 원으로 기본소득에 필요한 재원은 우리나라 총 예산과 맞먹는 규모로 기본소득을 실시하려면 갑자기 우리나라 예산이 두 배로 늘어야 한다. 기본소득이 비현실적이라는 주장이 타당해 보이는 이유다.

기본소득이 불가능한 몽상으로 치부되는 것은 세수를 크게 늘리지 않고도 복지가 가능하다는 주장을 되풀이하는 정치 세력 탓이 크다. 국가 재정을 이렇게 저렇게 꿰어맞추거나 기본소득이 목적을 살리지 못하는 수준까지 지급액을 낮춰 이도저도 아닌 무늬만 기본소득으로도 복지국가를 실현할 수 있다는 주장은 기본소득에 대한 신뢰만 낮출 뿐이다. 복지에는 돈이 든다. 더 나은 복지에는 더 많은 비용이 드는 것이 당연하다. 문제는 그 비용을 치러야 하는 이유와 비용분담의 방식에 대해 공동체의 성원이 납득할 수 있어야 한다는 것이다.

1940~1980년, 소득세 최고세율 영국 98%, 미국 95%

코로나19는 세계대전에 맞먹는 상흔을 우리 사회에 남겼다. 기후변화는 코로나19와 비교할 수 없을 만큼 우리 사회의 구석구석까지 크게 영향을 미치고 있다. 세계대전을 넘어 인류문명까지 위협하는 기후변화에 대한 대비가 결코 일상적인 수준에 그쳐서 안 된다는 것도 분명하다. 당연히 기후변화에 대비해 사회안전망을 확대하고 정비하는 데 드는 비용도 세계대전을 위해 치른 비용에 준하거나 그 이상일 수밖에 없다.

많은 국가가 제1차 세계대전 이전에 누진적 소득세를 채택했다. 영국 1909년, 미국 1913년, 덴마크 1870년, 일본 1887년, 프러시아 1891년, 스웨덴 1903년 등이 누진소득세를 도입했다. 1900~1910년 사이 누진성의 원칙과 총소득[20]에 대한 누진세 적용에 대한 국제적 합의가 등장했다.

이렇게 각국이 본격적으로 누진적 소득세를 시행한 1940년부터 신자유주의의 물결이 전 세계를 휩쓸기 시작한 1980년까지 각국의 소득세 최고세율은 자본주의가 발생한 영국의 경우 98%, 대표적 자본주의 국가인 미국은 95%, 프랑스는 72%, 독일은 90%였다.[21](그림 III-11) 우리나라 보수세력의 이상국가인 미국과 영국이 자그마치 40년 동안 평균 80%를 훨씬 웃도는 세율로 최고소득 구간에 과세한 것이다.

현재 우리나라의 소득세 최고소득세율은 45%이고 종합소득 10억 원을 초과하는 사람을 납부대상으로 하고 있다. 우리나라의 최고소득세율도 김영삼 정부 이전에는 50%를 유지하다가 1994년 45%로 처음 인하되었고 IMF 구제금융시기를 거치면서 2005년 35%까지 인하되었다. 그러나 IMF 구제금융기 이후인 2000년 이후 소득양

---

20 총소득은 임금 및 비임금소득을 포함하는 노동소득과 지대, 이자, 배당금, 이윤 그리고 경우에 따라 자본가치의 상승분을 합한 것이다.
21 토마 피케티, 21세기 자본, 글항아리, 2014.

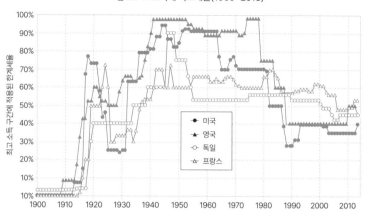

그림 **III-11** 소득세 최고세율(1900~2013)

그림 **III-12** 소득 상위 1%의 세전, 세후 소득점유율

* 자료 : World Inequality Database(https://wid.world/country/korea/2023년 4월 3일 검색)

극화가 심해지면서 상위 1%의 소득점유율이 급격하게 상승하자 박근혜 정부에서 2012년 38%로 인상하기 시작해 2021년 45%까지 인상되었다. 그림 Ⅲ-12에서 보듯이 2012년 이후 누진세율이 증가하면서 상위 1%의 소득점유율이 세전에 비해 세후 증가가 둔화되는 것을 볼 수 있다. 하지만 2000년 이후 소득 상위 1%의 소득은 세전은 물론 세후에도 급격히 늘고 있는 추세가 계속되고 있어 그 정도의 누진세율 증가로는 소득불평등을 개선할 수 없다는 것도 분명하다.

우리나라 소득 상위 1%는 전체 소득의 14.7%를 가져가 프랑스(9.8%)나 독일(12.8%)은 물론 중국(14.0%)이나 일본(13.1%)에 비해서도 더 많은 소득을 가져간다. 소득의 양극화가 빠르게 확대되는데도 누진세율은 더디게 증가하면서 우리나라는 현재 미국에 이어 소득양극화가 가장 심각한 선진국 중 하나가 되었다.

1940~1980년, 자본주의의 종주국 미국과 영국에서 부과한 상속세 최고세율은 80%

우리나라는 최고 상속세율이 50%로 일본에 이어 OECD 두 번째로 상속세율이 높은 국가로 알려져 있다. 그러나 이는 명목세율일 뿐 실제 부과되는 세율을 적용하면 우리나라의 상속세율은 결코 높다고 할 수 없다. 담세율(상속세 과세가액 대비 결정세액)과 실효세율(과세표준 대비 결정세액)로 살펴보면, 담세율은 16.7%, 실효세율은

28.6%로 명목세율 50%와는 크게 차이가 난다. 이렇게 상속세 실효세율이 낮은 이유는 상속공제가 과다하기 때문으로 현재 공제제도상 배우자공제를 제외하더라도 일괄공제로 5억 원이 공제되고 있는 상황으로, 상속세 과세가액 중 40%에 달하는 상속재산이 과세대상에서 제외되고 있다.[22] 이렇게 상속공제가 과하다 보니 우리나라의 상속세 과세자 비율은 평균 2.5% 내외 정도이며 2019년 기준 상속세 과세여부를 결정하는 피상속인수 34만 5,290명 가운데 상속세 과세자 수는 8,357명(2.42%)이다.[23]

1940~1980년에 적용된 누진적 상속세율은 놀랍다. 자본주의 종주국인 미국과 영국의 1940~1980년 사이의 상속세 최고세율은 80% 내외이며 영국의 경우 1975년에는 85%를 부과하였다. (그림 III-13)

2020년 이건희 전 삼성회장이 사망하면서 온갖 편법적인 사전상속을 제외하고도 남은 금액에 대한 현재 세율의 상속세가 12조 원에 달하는 것으로 밝혀졌다. 세계대전에 준하는 기후변화로 인한 재난을 대비하는 데 세계 각국이 1980년 당시의 누진조세체계로 돌아가는 것에 합의한다면 기후변화 피해를 구제할 돈도 기후변화에 대비할 돈도 기본소득과 같은 새로운 사회적 안전망을 구축하는 데 드는 돈도 마련할 방법이 없는 것은 아니다. 기후변화를 일으키며 벌어들

22   참여연대 조세재정개혁센터, 상속세에 대한 잘못된 편견들, 참여연대 이슈리포트, 2019. 5. 23.

23   이세진 외, 우리나라 상속세제의 현황과 과제, 국회입법조사처, 2021. 5. 28.

그림 III-13 상속세 최고세율(1900~2013)

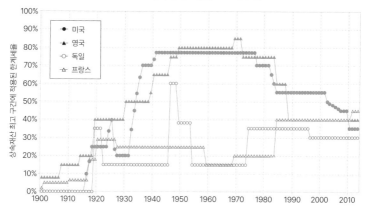

*미국에서 (상속재산 최고 구간에 적용된) 상속세의 최고 한계세율은 1980년에 70%에서 2013년에 35%로 하락했다.

*자료 : 토마 피케티, 21세기 자본, 글항아리, 2014년

인 소득, 쌓아둔 자산을 헐고 플랫폼산업과 같은 공공의 기여로 성장한 산업, 탄소를 내뿜으며 성장한 산업에게 공공기여분과 환경기여분을 환수해 '세계를 구할 수 있다.'

윤석열 정부의 부자 곳간 걱정

코로나19로 각국 정부는 재정의 규모를 키우고 정부의 역할을 강조하고 있는 와중에 윤석열 정부는 정말 '화끈한' 감세정책을 내놓았다. 윤석열 정부가 2022년 7월 내놓은 세제개편안은 법인세 · 소득세 · 종합부동산세 등 주요 세목의 세율을 인하하거나 공제를 확

대하는 포괄적인 감세안을 담고 있다. 특히, 법인세 인하, 다주택자 종합부동산세 중과 폐지, 가업 승계시 상속세 완화, 상장주식 대주주 양도세 완화 등 주로 대기업과 부동산·주식 부자, 기업 오너들에 대한 혜택이 대거 담겼다.[24] 규제철폐와 세금인하를 통해 경제를 활성화하겠다는 계획이다. 그러나 윤석열 정부가 표준으로 삼고 있는 미국 정부는 경제활성화의 활로를 반대 방향에서 찾고 있다.

조 바이든 대통령은 부유층을 대상으로 한 자본이득세를 현행 수준의 2배인 39.6%로 인상할 계획이다. 자본이득세는 주식 등 자산을 거래할 때 발생하는 이득에 대해 물리는 세금으로 문재인 정부가 2023년부터 과세하려던 것을 윤석열 정부가 2년 유예한 '금융투자소득세'(현 주식양도세)에 해당한다. 이렇게 미국이 자본이득세를 두배 인상하는 계획을 세울 때 윤석열 정부는 그나마 총액이 10억 원 이상인 '대주주'에게만 20~30% 세율로 부과되고 있던 주식양도세마저 폐지하겠다고 나섰다.

바이든 행정부가 부유층을 대상으로 한 자본이득세를 39.6%로 인상하면 전국민 건강보험 '오바마 케어'를 위한 투자수익과세 3.8%까지 더해 미국의 부유층을 대상으로 한 자본이득세가 43.4%까지 오른다. 특히, 주 정부도 자본이득에 대해 별도로 과세할 수 있어 뉴욕주의 경우는 고액의 자본이득 세율이 52.2%, 캘리포니아주의 경우 56.7%까지 오를 수 있다. 여기에 더해 민주당에서는 자본이

---

24   박현, 정말 화끈한 윤석열 정부의 '부자감세 시즌2', 한겨레, 2022. 7. 28.

기후재난시대를 살아내는 법

득세를 자산 매도 때가 아니라 매년 적용하는 방식으로 강화해야 한다는 주장까지 나온다. 바이든 행정부는 법인세 최고세율을 21%에서 28%로 올리는 방안도 발표했다. 또 연 소득 40만 달러 이상의 소득자에 대한 소득세 최고 세율도 현행 37%에서 39.6%로 올리겠다는 공약을 이미 제시했고 상속된 자본이득에 대한 과세까지 고려하고 있다.[25]

코로나19와 기후변화에 대응하기 위해서는 많은 비용이 필요하다. 현재와 같은 재정운용으로는 기후변화 비용을 감당하는 것은 미국과 같은 부자나라에서도 불가능하다. 그러나 세계대전과 같은 재난을 대비하거나 재난을 복구하기 위해 국가가 국가공동체에서 가장 많은 수혜를 본 개인이나 법인을 대상으로 공동체 회복에 필요한 재원을 마련했던 일은 결코 드문 사례가 아니다. 신자유주의의 물결이 전 세계를 휩쓸기 이전, 각국은 최고소득자를 대상으로 수십 년간 80~90%의 소득세를 과세했고 최고상속세도 70~80%까지 과세하기도 하였다.

더 많은 부는 개인의 노력보다는 공동체의 기여가 더 크기 마련이다. 부자가 공동체의 위기 앞에서 곳간을 여는 것은 인류의 오랜 생존법이기도 하다. 인류는 위기 앞에 늘 전쟁만 일삼았던 것은 아니다. 공동체를 지키는 일이 곧 자신의 안전을 가장 확실하게 보장하는 법이기 때문이다. 기후변화로 인한 비용과 피해는 공정하게 나누

---

25   정의길, 바이든, 이번엔 자본이득세 '2배 인상' 추진…20% → 39.6%, 한겨레, 2021. 4. 23.

어야 다툼이 없다. 기후비용을 공정하게 나누어야 하는 것은 세대간 정의의 문제가 아니라 계층간 정의의 문제다. 시장의 실패로 발생한 환경오염과 기후변화 책임에 드는 비용이 현재의 자산과 소득에 그대로 쌓여 있기 때문이다. 기후변화가 세계대전보다 더 큰 위기라는 것을 이제 각국 정부와 세계시민이 동의하기만 하면 된다. 기후변화에 대비할 자금은 이미 있다.

우리는 실패할 권리가 없습니다

위 제목은 『기후정의선언』의 부제다. 본문 51쪽의 가벼운 이 책은 모든 훌륭한 선언이 그러하듯 '시'다. 『기후정의선언』의 가벼운 무게와 짧은 내용 속에 벼리고 벼린 말이 우리를 일으켜 세운다. "인류는 사회권을 쟁취하려고 싸웠습니다. 인류는 보편 인권을 채 식지 않은 전쟁의 잿더미에 또렷하게 써 내려갔고, 해방 사상에 끊임없이 전율했습니다. 환경보호는 이 투쟁들의 연장선에 있습니다. 기후 문제를 제기하는 것은 평등을 지향하고, 부의 재분배를 요구하는 것입니다. 부단히 이어진 투쟁을 계승하고 확대하는 것입니다. 우리는 지구를 잃으면 발 디딜 데가 없습니다." "우리는 탈세를 일삼고 지구 파괴에 일조하는 은행의 본사와 계열사로 난동을 피우러 갈 겁니다. 지구를 더럽히는 자들의 앞길을 가로막고 드러누울 겁니다. 우리는 이름도 다양하고 어디에나 있으며 다양한 언어를 구사합니다." "늦었습니다. 우리가 생각한 것보다 늦어버렸습니다." "우리는 기후세대입니다. 우리를 규정하는 것은 나이가 아니라 모든 것을 새로이 생각하는 방식입니다." "어디 출신이든, 나이가 몇 살이든, 이번만은 역사의 좋은 편에 선 우리는 기후 세대입니다." "그들이 우리에게 꿈꿀 시간조차 남기지 않았으니 우리가 그들의 악몽이 되렵니다. 우리는 투쟁 위에 우리의 행복을 건설하겠습니다." "우리는 실패할 권리가 없습니다."

IV장

기후변화에 더 큰 책임을
져야 할 지역이 있다

2019년 수도권의 인구가 약 2589만 명이 되면서 한국 인구(5178만 명)의 절반이 전 국토의 11.8%에 불과한 수도권에 몰려 살게 되었다. 이후에도 수도권 인구 비중은 계속 늘어 2021년 수도권 인구는 2608만 명으로 전체 인구의 50.4%를 차지하고 있다. 수도권이 독식하고 있는 것은 인구뿐 아니다. 수도권에 본사의 주소를 둔 대기업은 서울(908개) 52.1%, 경기(327개) 18.8%, 인천(55개) 3.2%으로 전체 대기업의 74.1%에 달한다. 4년제 대학도 마찬가지인데 4년제 대학의 37%, 대학생 정원의 40%가 수도권에 몰려 있다.

그렇다고 모든 것이 수도권에 몰려 있기만 한 것은 아니다. 인구밀도, 쓰레기 밀도 1위인 서울의 면적당 폐기물 발생량은 쓰레기 밀도 2위인 부산에 비해도 단위면적당 4배 가까이 많이 배출한다. 그러나 정작 최종처분은 다른 지역에 미뤄 폐기물 자립도는 광역지자체 중 가장 낮다. 수자원이나 에너지 자원과 같은 공공서비스도 가장 좋은 품질의 자원은 서울이 독식하고 석탄 발전, 원자력 발전과 같은 기피시설의 생산기지는 서울에서 멀찌감치 떨어뜨린다. 서울은 자원은 없어도 공급은 우선되어야 하고 폐기물은 다른 지자체에 미룬다. 서울은 국민 모두의 세금과 공공서비스의 수혜만을 독식하며 성장해왔다.

이렇게 효율만을 우선시하며 서울을 중심으로 수도권에 자원과 공공서비스가 집중되자 수도권으로 인구 유입은 더 빨라지고 인구가 밀집한 서울은 다시 효율성을 내세우며 공공서비스를 가로챘다. 점차 벌어지기 시작한 수도권과 지방의 격차는 개발이 진행되어도 줄어들기는커녕 점점 늘고 있다. 인구와 자원을 블랙홀처럼 빨아들이는 수도권과 지방의 지역 양극화는 경제 양극화만큼이나 한국의 성장을 가로막는 주요한 요인으로 부상하게 된 지 오래다.

한 해 교통혼잡비용[1]만 70조 원(2019년)을 넘어 우리나라 GDP의 3.7%에 달하고, 수도권 과밀화에 따른 환경개선 비용도 한 해 수조 원에 이른다. 이렇게 인구와 개발이 밀집한 수도권은 대기오염과 환경개선을 위해서만도 막대한 과밀 비용을 해마다 큰 폭으로 늘려가며 지불하고 있다. 그런데도 수도권의 환경문제가 개선되고 있다고 느끼는 국민은 거의 없다.

인구가 줄어들고 고령화되고 있는 지방은 부족한 재정과 산업뿐 아니라, 도로, 교육, 의료 등 기본적인 공공서비스조차 제대로 누릴 수 없는 탓에 인구가 다시 빠져나가는 악순환의 고리에 놓여 있다. 지방의 인구가 감소하고 경제가 위축되면 지역 관리도 위기를 맞을 수밖에 없다. 인구가 줄면 세입이 줄어드는데 공무원의 수, 도로나 상하수도 관리와 같은 공공서비스에 드는 인력과 비용은 인구가 감소한다고 비례해서 줄어들지 않기 때문에 인구가 줄수록 인구 한 명이 감당해야 할 비용은 늘어난다. 게다가 수도권에 비해 지방은 고령화가 더욱 빨리 진행되면서 복지부담이 크게 늘고 있다. 가뜩이나 부실한 지방재정이 줄고 복지비용이 늘면 행정 운영 부담은 더 커지면

---

1 차량 정체로 인한 경제적 손실비용의 규모 및 고속도로, 국도, 지자체 도로의 주요 혼잡구간 파악으로 다양한 교통정책 수립에 활용.

서 결국 복지서비스를 줄일 수밖에 없다.

인구가 줄면서 행정서비스의 질이 떨어지고 불편해진 지방은 다시 사람을 밀어낸다. 인구감소의 악순환에 빠진 지방에서 환경관리를 기대하기란 매우 힘든 일이다. 훼손된 자연은 방치되고, 비어가는 산업단지는 관리에 드는 비용이 턱없이 부족해지면서 오염된 토양도 지하수도 방치된다. 오염된 폐산업단지는 주민의 건강을 좀 먹는 골칫덩이로 변하고 수거되지 못한 폐기물은 지역의 환경을 오염시킨다. 기후변화로 화재의 강도와 빈도 모두 크게 늘고 있는데 관리되지 못한 숲은 화재에 더 취약하다. 기후변화로 호우도 잦아지고 피해도 커지고 있다. 하천 관리와 저지대 관리에 드는 비용은 늘어나지만, 세금을 낼 사람은 줄기만 한다. 산사태는 잦아지고 폭우 피해는 늘고 사람이 살 수 없는 지역은 늘어난다. 사람이 살 수 없는 지역이라고 '소멸지역'은 아니다. 사람이 살지 않는 국립공원과 생태보전지역을 누구도 '소멸지역'이라고 부르지는 않는다. '소멸지역'은 공공서비스가 미치지 않는 관리 소멸지역을 부르는 말이다. 환경을 관리할 여력이 없는 지역에서는 버려지고 황폐해지는 땅이 늘고 이렇게 버려진 땅은 다시 더 큰 규모로 산사태와 홍수를 불러온다. 수도권은 인구가 과밀해져서, 지방은 인구가 빠져나가서 사람도 환경도 값을 치르게 된다.

공공서비스의 부족이 코로나19와 같은 재난을 만나면 어떤 참사를 일으키는지는 지난 3년간 충분히 경험했다. 선진국이라는 우리나라가 공공서비스는 여전히 개발도상국 수준을 벗어나지 못하고 있다는 것도, 특히 지방의 의료서비스는 사소한 사고를 언제든지 재앙으로 만들어버리는 수준에 놓여 있다는 것도 확인되었다.(II.3) 기후변화는 비단 의료부문에서만 재난을 일으키는 것은 아니다. 간이 상수도에 기대고 있는 물부족 지역에서 겪어야 할 문제, 잦아지고 거세지는 호우에 대비한 하천·저지대 관리문제, 더 길어지고 강해질 건조기의 산불위험과 폭우로 인한 산사태 예방과 같은 숲 관리문제 등, 늘어나는 공공서비스를 감당하지 못하는 지방자치단체가 겪어야 할 기후변화 피해는 말 그대로 재앙이다. 이동권, 물, 에너지와 같은 전통적인 공공서비스의 부족도 기후변화 피해를 재앙으로 만들 수 있다. 개발에서 소외돼 기후변화에 가장 책임이 적은 지역일수록 기후변화 피해는 큰데 이를 감당하기엔 인구도 재원도 버겁다.

기후변화대책을 시행하는 데 인구와 자원과 공공서비스의 밀도는 매우 중요한 요소다. 자원과 사람만 몰려서 문제가 되는 것은 아니다. 환경도 자원과 사람이 몰리면 문제가 발생하고 그렇게 생긴 문제는 균형을 되찾기 전에는 악순환만 거듭할 뿐이다. 균형발전은 개발의 혜택을 고루 누리기 위해서만이 아니라 기후변화와 같이 개발로 인한 문제를 해결하기 위해서도 필요하다. 어떤 문제건 모습은 양극화로 나타난다.[2]

기후변화로 지방이 겪어야 할 문제는 아직도 남아 있다. 우리나라 기후대책에서 산업구조조정은 빠질 수 없다. 우리나라는 다른 국가

---

2 이수경, 수도권은 개발 부작용 걱정, 지역은 소멸 걱정(한겨레, 2019. 7. 15.) 수정.

들에 비해 제조업 비중이 매우 높고 온실가스를 더 많이 배출하는 산업구조이기 때문이다. 산업부문은 우리나라 온실가스의 36.4%를 배출하는 가장 배출 비중이 큰 부문이다. 산업부문에서도 철강(31.9%), 석유화학(16.4%), 시멘트(9.9%), 디스플레이·반도체(7.1%), 자동차·조선·기계(6.9%), 정유(5.6%) 등 제조업 내 6개 부문이 산업부문 온실가스의 79%를 배출한다.[3] 정부는 국가 온실가스 저감목표를 수립하면서 이러한 산업의 에너지 효율을 개선하거나 신기술을 도입하는 것으로 탄소저감을 계획하고 있지만 석유와 같은 탄소에너지에 의지하거나 온실가스를 많이 배출하는 산업구조를 조정하지 않고 탄소중립에 도달할 길은 없다. 그러나 산업구조조정으로 관련 산업 노동자들이 겪어야 할 고통은 물론, 해당 지역이 겪어야 하는 고통과 피해도 만만치 않다. 기후변화대책을 위한 산업구조조정으로 관련 지역과 노동자들이 겪어야 하는 고통과 피해는 글로벌 금융위기 이후 2010년대의 조선업 구조조정과정으로 미루어 짐작해볼 수는 있다.

한국의 지역경제를 떠받치던 조선업은 2010년 이후 극심한 불황에 빠지면서 구조조정을 단행했다. 절정기 시절 고용인원이 20만~25만 명이었던 조선업은 2020년 들어 고용인원이 9만 명 수준까지 떨어졌다. 조선업의 고용감소로 실직자가 다수 발생하자 지역

---

3 정은미, 산업부문 탄소중립 추진전략과 주요과제 온라인 세미나, 산업연구원, 2021. 8. 31.

기후재난시대를 살아내는 법

경제도 침체기에 빠졌다. 조선소 불황은 거제시 인구에도 영향을 미쳤다. 2015년 이후 거제시 인구는 빠르게 줄어들었다. 거제와 같이 조선소를 중심으로 움직이던 지역에서는 지역을 대표하는 산업이 구조조정이나 불황을 겪게 되면 지역 전체가 불황에 빠져들고 만다.

지역의 산업 전체가 무너지게 되고 일자리가 사라진 지역에서 인구 유출이 시작되면서 말 그대로 '지역소멸'을 겪게 된다. 이렇게 소멸해가는 지방에서 산업구조조정으로 공동화된 산업단지의 복원과 지역경제 회복을 위한 대책을 기대할 수 없다. 지방자치단체는 세수가 줄면서 가뜩이나 부족했던 지역관리는 물론 지방자치단체의 가장 기초적인 업무조차 처리할 여력이 없다. 기후변화 피해도 지방을 무너뜨리지만 기후변화대책도 지방을 무너뜨릴 수 있다. 중앙정부의 기후변화대책은 해당 산업뿐 아니라 노동, 지역 등 다양한 이해당사자가 참여한 공론화 과정으로 수립되어야 하는 이유다.

수도권 공룡, 한반도를 일그러뜨리다

기후변화가 아니어도 우리나라는 세계 최고의 위기국가다. 한국의 인구감소가 심각한 것은 이제 우리만의 관심사는 아니다. 2023년에는 자신의 실책으로 테슬라를 위기에 몰아넣은 일론 머스크마저 "현재 추세대로라면 한국이 지구 최초의 소멸국가가 될 것"이라고 끼어들었다. 누구의 오지랖이야 그렇다 해도 한국의 인구문제가 심각한 건 분명하다. 2021년 인구성장률은 -0.18%로, 인구감소가 시작되었고 출산율은 0.78%(2022년)로 2000년대 들어서면서부터 세계에서 가장 낮은 수준을 유지하고 있다. 이렇게 출산율이 낮고 수명은 길어지면서 고령화도 심각한데 2022년 중위연령이 45세인 한국은 2030년 이후에는 50세, 2056년에는 중위연령이 60세인 명실상부한 세계 최고의 고령국가가 될 전망이다. '현재 추세'라면 말이다.

"덮어놓고 낳다보면 거지꼴을 못 면한다" :
"허전한 한 자녀, 흐뭇한 두 자녀, 든든한 세 자녀"

우리나라가 겪고 있는 인구증가율 둔화 혹은 인구 감소의 문제는 다른 많은 선진국도 겪었던 문제이기도 하다. 1950년 한국전쟁 이후 베이비붐으로 급격하게 성장한 인구가 감소하는 것은 자연스러운 현상이다. 베이비붐세대와 에코세대[4]의 높은 사회적 경쟁은 출산률 감소로 이어지지만 출산률이 감소하고 사회적 긴장도가 낮아지면 다시 출산률이 증가하게 되는 것도 자연스럽다. 인구가 줄고 사회적 압력이 낮아지면 '현재의 추세'는 계속되지 않는다.

1990년 이전까지만 인구정책의 핵심은 산아제한정책이었다. 1970년대의 "딸·아들 구별 말고 둘만 낳아 잘 기르자"거나 "덮어놓고 낳다보면 거지꼴을 못 면한다"는 구호는 1980년 이전 출생 세대에게는 낯익다. 1989년 정부가 피임사업을 중단하면서 1990년대에는 "아이가 미래입니다", "허전한 한 자녀, 흐뭇한 두 자녀, 든든한 세 자녀"라고 적극적인 출산장려 정책으로 급선회했다. 20여 년 만에 정책목표가 180도 달라진 것이다. 한국 소멸이니 지역 소멸이니 호들갑이지만 조금만 진정해보자. 1970년대 폭증했던 인구문제나 2020년대 한국소멸론까지 부른 인구문제의 뿌리는 베이비붐이다.

---

4   베이비붐 세대의 자녀세대. 베이비붐 세대의 메아리처럼 일시적으로 인구가 증가한 세대.

출산률 저하와 고령화로 한국이 소멸한다고 위기를 부추기는 정책 당국자와 전문가가 불과 3, 40년 전에는 한국이 폭발한다며 개별가 정의 피임정책까지 개입했다. 우리나라 인구문제는 베이비부머가 인구구조에서 은퇴할 때까지 계속될 수밖에 없다. 오죽하면 '붐[5]'이 겠는가

인구감소가 산업의 문제만은 아니다. 인구구성, 인구변화 양상에 따라 국가의 공공서비스 정책에도 비상등이 켜졌다. 고령화로 복지 수요는 느는데 인구감소로 공공서비스 재원은 오히려 줄어들고 있다. 장래에는 노인복지부담이 크게 늘어 세대간 갈등도 우려된다. 우리나라 인구의 30%를 점하고 있는 베이비부머의 고령화 시기에 필요한 것은 '개발과 성장'에 맞춰져 있었던 공공서비스의 목표를 '세대간 공정한 복지서비스의 공급'으로 바꾸고 이에 필요한 '복지 부담'을 어떻게 감당해낼지 사회적 합의를 이끌어내는 일이다. 남은 2, 30년이 우리나라 인구문제의 고비다. 문제는 인구감소가 아니라 인구감소로 인한 사회적 부담이다.

'현재의 추세'로 '인구소멸'이 걱정된다고 출산률 제고에만 매달 려서는 인구감소를 멈출 수는 없다. 기대수명이 늘고 노후부담이 커 질수록 출산률은 낮아진다. 게다가 과도한 경쟁과 같은 사회적 압력 도 출산률을 낮추는 중요한 요인이다. 여성, 아동은 물론 노령세대 의 복지를 늘려도 출산률은 증가한다. 사회가 노후를 감당해줄 것이

---

5 베이비붐(Baby boom)은 출생률의 급상승을 말한다.

라는 신뢰가 쌓이면 노후비용 마련을 이유로 자녀 출산을 미루거나 포기하지는 않는다. 인구가 문제라고 인구만 들여다봐서는 안 되는 까닭이다.

영원히 성장하는 것은 없다

각국은 산업사회 이후 인구든 경제든 성장을 당연시하고 있지만 우리가 그동안 당연시했던 성장은 사실 예외적인 시기에 벌어진 특별한 이벤트였다. 인류 역사상, 성장은 늘 비교적 느리게 진행되어 왔다. 산업혁명 이후 현재까지(1700~2012) 세계의 연평균 성장률은 1.6%였으며 그 중 0.8%는 인구 증가를 반영하는 것이고 나머지 0.8%는 1인당 생산 증가에 따른 것이다. 산업혁명 이후의 경제성장률, 인류로서는 비약적으로 발전한 시기의 경제성장률이 연평균 1%에 못 미친다는 것이 놀라울 수도 있다. 그러나 실제로 0년(서기 원년)과 1700년 사이의 인구증가율과 경제성장률은 0.1퍼센트 이하였다.[6] (표 IV-1)

실제로 1%의 성장률도 장기간 유지하는 것은 불가능하다. 연간성장률은 누적되기 때문이다. 구체적으로 말해 세계인구는 1700~2012년 불과 연평균 0.8% 증가하는 데 그쳤지만 이 같은 증

6   토마 피케티, 21세기자본, 글항아리, 2014.

표 IV-1 산업혁명 이후 세계의 성장(연평균 성장률)

연도	세계생산(%)	세계인구(%)	1인당 생산(%)
0~1700	0.1	0.1	0.0
1700~2012	1.6	0.8	0.8
1700~1820	0.5	0.4	0.1
1820~1913	1.5	0.6	0.9
1913~2012	3.0	1.4	1.6

* 1913~1912년 세계 GDP 성장률은 연평균 약 3.0%였다.
이 성장률은 세계 인구증가율 1.4%와 1인당 GDP 성장률 1.6%로 나뉜다.
* 자료 : 21세기 자본, 토마 피케티

가가 300년 누적되는 동안 세계인구는 10배 이상으로 늘어나게 되었다. 이것을 누적성장의 법칙이라 부른다. 연간성장률이 1퍼센트일 경우 한 세대(30년)의 누적성장률이 35%가 되고, 100년마다 2.7배, 1,000년마다 2만 배로 성장한다.(표 IV-2) 연간 1%의 성장도 지구가 유지하기엔 너무 버겁다. 베이비붐은 아주 이례적인 일이고 베이비붐 이후에 인구증가가 멈추는 것도 역시 자연스러운 일이다. 그리고 인구증가와 마찬가지로 경제성장도 언제까지고 지속될 수 없다는 것도 누적성장률의 법칙을 이해한다면 수긍하기에 어려운 일은 아니다.

각국은 코로나19 이후 심각한 인플레이션을 겪으면서 경제성장이 크게 타격을 입을 것이라는 우려가 크다. 국제통화기금(IMF)은 2023년 세계 경제성장률을 2.7%로 전망하면서 장기불황을 예고했

표 IV-2 누적성장의 법칙

연간성장률	한 세대(30년간) 성장률	한 세대 후 인구 배수	100년 후 인구 배수	1000년 후 인구 배수
0.1%	3%	1.03	1.11	2.72
0.2%	6%	1.06	1.22	7.37
0.5%	16%	1.16	1.65	147
1.0%	35%	1.35	2.70	20,959
1.5%	56%	1.56	4.43	2,924,437
2.0%	81%	1.81	7.24	398,264,652
2.5%	110%	2.10	11.8	52,949,930,179
3.5%	181%	2.81	31.2	...
5.0%	332%	4.32	131.5	...

* 연간성장률이 1퍼센트일 경우 한 세대(30년)의 누적성장률이 35%가 되고,
100년마다 2.7배, 1000년마다 2만 배로 성장한다.
* 자료 : 21세기 자본, 토마 피케티

다. 그러나 누적성장률의 법칙에 따르면 2.7%도 지속되기에는 너무 높은 성장률이다. 연간 3~4%나 그 이상으로 성장하지 않으면 불황에 빠지는 경제는 지속가능할 수 없다. 이념 때문이 아니라 셈법이 그렇다는 얘기다.

기후재난시대를 살아내는 법

2045년, 세계에서 가장 늙은 국가, 한국

2018년(여성 1명당 0.98명)부터 2020년(0.84명)까지 우리나라의 합계출산율[7]은 1명 이하를 기록하면서, 출산율이 경제협력개발기구(OECD) 회원국(평균 1.63명) 중 꼴찌가 되었다. 합계출산율이 1명 이하라는 것은 여성이 가임 기간(15~49세)에 낳을 것으로 기대하는 평균 출생아 수가 한 명도 되지 않는다는 의미다. 인구 현상 유지를 위한 합계출산율(2.1명)의 절반에도 미치지 못하는 출산율은 우리나라의 인구감소가 얼마나 심각한지 잘 보여준다.

출산율만 문제인 것도 아니다. 유엔은 한 국가의 총인구 중 65세이상 고령인구 비중이 7%, 14%, 20% 이상이면 각각 고령화사회, 고령사회, 초고령사회로 분류하고 있는데 우리나라는 이미 2000년에 고령화사회, 2018년에 고령사회에 접어들었고 2026년에는 초고령사회, 2045년에는 고령인구가 전체인구의 37%를 차지하는 세계 1위 고령국가가 될 것으로 전망된다.

전 세계 최하위 수준의 출생률과 세계에서 가장 빠른 속도의 고령화로 2020년 5183만 명이었던 우리나라 인구는 2021년 5164만 명, 2022년 5144만 명으로 2021년부터 감소하기 시작했다. 2067년에

---

7   합계출산율 : 여성 1명이 평생 낳을 것으로 예상하는 평균 출생아 수를 나타낸다. 연령별 출산율(ASFR)의 총합이며, 출산력 수준을 나타내는 대표적 지표이다.

는 우리나라 인구는 1200만 명 이상 줄어 4000만 명 이하가 될 전망이며 생산연령인구는 2020년의 현재의 절반 이하가 될 전망이다.

인구가 급격히 감소하고 고령화하면 노동력이 부족해지면서 국가 생산력이 저하되고 사회보장 비용부담은 급격히 늘어 세대간 갈등이 증가하는 등 부작용이 만만치 않다고 알려져 있다. 세계 최고 속도로 인구감소를 겪어내야 하는 우리나라는 인구문제를 해결하기 위해 2005년에 '저출산·고령사회기본법'을 제정하고 2006년부터 수백조 원에 이르는 비용을 출산지원에 쏟아부었지만 저출산문제는 날로 악화하고 있다.

결국 2020년 정부는 출산율 반전을 통해 인구구조를 변화시키는 것은 불가능하다고 판단하고 인구감소와 고령화라는 인구구조변화를 받아들이고 적응력을 강화하는 방향으로 인구문제를 해결하겠다고 정책목표를 바꿨다. 싱과도 없는 출산율 제고에만 예산을 쏟아부을 수는 없고 출산양육비 지원 증가가 출산율 증가로 이어진다는 선례를 찾기도 힘들기 때문이다. 그러나 정작 인구감소 적응력 강화 대책이라고 정부가 내놓은 것은 고령자의 노동시장 참여확대와 외국 인력의 효율적 활용이라는 저출산을 대체할 노동인구 공급확대 정책뿐이다. 출산율 증가든 노동력 증가든 성장 기조에 기대어 늘어나는 소득세로 복지비용을 감당하겠다는 입장에는 변함이 없는 셈이다.

인구감소가 부정적인 요소만 있는 것은 아니다. 코로나19 이후 세계인의 90%가 심각한 문제라고 여기기 시작한 기후변화의 중요한 해결책 중 하나가 인구 조절이다. 생태계의 최상위 포식자인 80억에 가까운 인구는 그 자체로 이미 기후변화와 지구환경에 위협적인 존재다. 그러나 환경에 영향을 끼치는 인구는 단순히 사람의 숫자만을 의미하지는 않는다. 2019년 세계 평균 1인당 온실가스 배출량은 4.5톤이었지만 세계인구 절반 이상은 1인당 2톤 미만의 이산화탄소를 배출했다. 부자나라 국민 1명이 느는 것은 가난한 나라 국민 1명이 느는 것보다 기후변화에는 훨씬 영향이 크다. 한국인 1명(11.8톤/인)이나 미국인 1명(14.7톤/인)이 느는 것은 르완다인(0.1톤/인)이 118명, 147명 느는 것만큼이나 기후에 부담이 된다.[8]

높은 인구밀도로 인한 과도한 경쟁문제는 한국의 경제를 성장시킨 요인이지만 동시에 한국인의 낮은 행복지수에도 강한 영향을 미치는 요인이다. 청년세대의 출산기피는 출생 이전부터 과도한 경쟁에 내몰려온 청년세대의 비명일 수도 있다. 우리나라는 현재(2020년), 세계 평균 인구밀도(50명/km²)의 10배를 넘어섰고, OECD(경제협력개발기구) 안에서는 가장 인구밀도가 높은(516명/km²) 나라다. 세계 최저의 출생률이라지만 50년 동안 최저출생률을 반복해도 2067년(392명/km²) 여전히 이스라엘(418명/km²(2020년))을 제외한 OECD 내 다른 국가보다 훨씬 과밀하다. 우리나라가 현재 겪고 있는 인구문제는 인구가 적은 것이 문제가 아니라 인구가 갑자기 줄어드는 것이 문제다. 우리나라 인구문제는 전체 인구수의 문제라기보다

---

8   세계은행, 기후변화통계, 2019년 1인당 이산화탄소배출량.

는 일부 인구 집단인 베이비부머의 수가 많아서 발생하는 단기적인 인구구조의 불균형 문제이기 때문이다.

베이비부머의 노후비용은 베이비부머가 감당할 수 있다[9]

베이비부머는 일반적으로 1955년에서 1963년 사이에 출생한 인구집단을 가리키지만 1974년까지 좀 더 넓게 보기도 한다. 이 기준으로 보면 우리나라의 베이비부머가 총인구에서 차지하는 비중은 적게는 14%에서 31%에 이르기도 하는 거대한 인구집단이다. 우리나라의 인구구조는 물론 사회경제구조까지 베이비부머의 생애주기에 따라 변화한다. 베이비부머의 출생(1955~1974년)으로 우리나라의 인구는 폭발하기 시작했고, 생산활동(1980년 이후) 시기 우리나라는 성장했다. 베이비부머의 은퇴(2010년 이후)로 노동력이 부족해지기 시작했고, 고령화(2020년 이후)로 우리 사회는 늙고 복지부담이 크게 늘고 있다.

인구규모가 아니라 인구구조가 문제인 우리나라에서 시급히 해결해야 할 인구과제는 베이비부머 고령화에 따른 급격한 부양비 증가를 해결하는 것이다. 현재보다 5배까지 늘어날 가능성이 있는 부양비의 증가가 일자리와 주택을 둘러싸고 시작된 세대갈등을 증폭

9 이수경, 베이비부머 노후비용 누가 부담해야 하나, 한겨레, 2021. 2. 14. 재작성.

시킬 것이란 염려가 적지 않다. 그러나 이러한 염려의 전제는 다음 세대의 소득으로 이전 세대의 복지비용을 사용할 때 발생하는 문제다. 즉 고령세대가 노후에 필요한 사회보장비용을 스스로 감당한다면 다음 세대와의 갈등을 염려할 필요는 없다.

우리나라에서 현재의 부는 사실 베이비부머가 생산활동에 참여한 시기(1980년 이후)에 축적됐다. 개발도상국이었던 우리나라가 자타가 공인하는 선진국 대열에 들어선 데는 고령에 접어드는 베이비붐 세대의 생산활동이 바탕이 되었다. 그리고 이 시기 자산을 축적한 베이비부머는 우리나라 어느 세대보다 부유한 세대이고 노후에 필요한 비용을 스스로 부담할 능력을 갖춘 첫 세대이기도 하다.

그러나 베이비부머가 생산활동에 참여해 우리나라의 자산을 늘려가던 1980년부터 현재까지 베이비부머가 생산한 자산은 생산에 기여한 몫에 따라 공정하게 나누지는 않았다. 1980년대 이후 벌어지기 시작한 우리나라의 소득 양극화는 매우 심각한 수준이다. 한국의 소득 양극화 수준은 경제협력개발기구(OECD) 회원국 36개국 중 30위(2018)로 가장 심한 편이다.(그림 Ⅲ-2)

자산의 양극화는 좀 더 심각하다. 2021년, 상위 1%가 우리나라 총자산의 26%, 4분의 1 넘게 차지하고 있는데 하위 50%는 5%에도 못 미치는 자산을 갖고 있다.(그림 Ⅲ-3) 이러한 자산의 불균형은 베이비부머라고 다르지 않다. 베이비붐 세대는 스스로 노후복지 비용을 지불할 만큼 자산을 가진 세대이지만 생산활동에 참여하던 시기에 불공정한 소득과 자산의 분배로 일부 자산가를 제외한 대부분의 베이비부머는 노후비용을 스스로 감당할 수 없다.

베이비부머의 노후복지 비용을 베이비부머의 자산으로 충당한다는 것이 노후에 필요한 복지비용을 개인적으로 해결하자는 의미는 아니다. 베이비부머의 노후에 필요한 복지비용은 당연히 사회가 감당해야 하지만 그 비용을 다음 세대의 소득세와 같은 세수만으로 마련할 필요는 없다. 베이비부머 1%가 이 세대 전체 자산 12%의 부를 독식하는 동안, 이들과 함께 생산에 참여했지만 제대로 분배받지 못한 나머지 베이비부머의 노후비용은 1% 베이비부머의 소득과 자산으로 충분히 감당할 만하다. 이제라도 뒤늦은 정의를 회복한다면 베이비부머의 노후부담을 두고 세대가 갈등할 이유는 없다.

수도권 공룡 한반도를 일그러뜨리다

우리나라가 늙어가고 있다는 문제보다 더 심각한 우리나라 인구 문제는 인구의 수도권 쏠림이다. 산업화가 시작되던 1970년 당시 28.3%에 불과했던 수도권 인구는 2020년 50.2%로 과반을 넘었다. 국토의 11.8%에 불과한 면적에 인구 절반이 몰려 살고 있는 것이다. 또 광역시 인구도 1970년(24.0%)에 비교해 2020년(44.0%)에 2배 가까이 늘면서 읍, 면 등 시외 지역에 사는 인구는 23.9%에 불과하다. 우리나라의 인구가 늙는 것도 문제지만 지역적으로 인구가 몰려 있는 것도 그에 못지않게 심각한 문제다. 그림 IV-1은 각 지역별 인구

그림 IV-1 행정구역별 인구변화

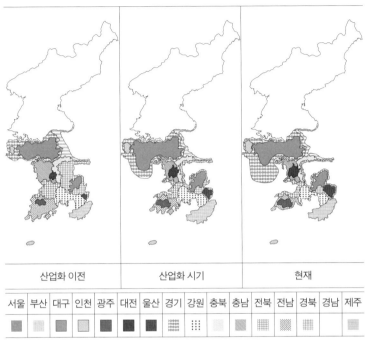

산업화 이전						산업화 시기					현재					

서울	부산	대구	인천	광주	대전	울산	경기	강원	충북	충남	전북	전남	경북	경남	제주

* 자료 : 수도권공룡 한반도를 일그러뜨리다(이수경) 재작성
* 행정구역별 면적의 크기는 인구수를 면적으로 나타냄. 북한 지도는 크기 비교를 위해 그대로 두었음.

비중의 변화를 지도로 나타낸 것이다. 암세포처럼 수도권이 전국의
인구를, 또 광역시가 주변 지역의 인구를 시간의 경과에 따라 빨아
들이고 있는 것을 볼 수 있다.

이렇게 인구가 도시로만 몰리면서 우리나라는 국토를 효율적으
로 이용하지 못하는 것은 물론 국토의 환경을 제대로 보전하기도 힘
들어졌다. 수도권은 인구가 넘쳐 주택가격이 폭등하고 혼잡으로 인

한 환경비용을 치러야 하는 동안 지방은 줄어드는 인구로 공공서비스를 제공하는 데 드는 비용이 크게 증가하면서 수도권과 같은 공공서비스를 누릴 기회를 빼앗기고 있다. 이로 인한 위기감은 '지역소멸'을 걱정할 단계에 이르렀는데도 불구하고 여전히 균형발전은 구호에만 머무르고 있다.

2004년, 노무현 정부는 '수도권의 과도한 집중에 따른 부작용을 시정하고 국가균형발전 및 국가경쟁력 강화에 이바지하는 것을 목적으로 세종특별자치시의 일원에 행복도시'를 건설하면서 국가균형발전에 시동을 걸었다. 노무현 정부의 강력한 균형발전정책으로 2004년 이후 인구의 수도권 집중은 줄어들었는데, 수도권 인구 비율이 일시 정체한 2012~2015년은 세종시와 혁신도시로의 이전이 가장 활발한 때였다. 그러나 2016년 이후 수도권 인구비중은 다시 상승하기 시작하면서 2020년 수도권 인구비중이 50%를 넘었다. 이명박, 박근혜 정부가 실질적으로 균형발전정책을 중단한 것이 가장 큰 원인이지만 문재인 정부에서도 노무현 정부와 같은 강력한 균형발전정책이 실시되지는 않았다. 노무현 정부 이후에 균형발전은 사실상 선거용 공약 혹은 수도권 규제완화의 핑곗거리로 전락되고 말았다.

수도권에 인구가 집중되는 이유는 수도권에 자원과 기회가 몰려 있기 때문이다. 자원은 인구보다 수도권 쏠림이 더 먼저 시작된다. 수도권 인구는 2020년 절반을 넘어섰지만 지역 내 총생산은 이미 2015년 수도권이 비수도권 전체의 총생산을 앞지르기 시작했다. 인

　　　　　　　　　기후재난시대를 살아내는 법

구만 수도권으로 몰린 것이 아니라 국가의 자원도 인구와 함께 수도권이라는 블랙홀에 빨려든 것이다. 기회와 자원을 따라 인구가 수도권과 대도시로 이동하고 인구가 밀집한 지역에 우선적으로 도로, 학교, 병원과 같은 공공서비스가 제공되면서 다시 공공서비스를 따라 인구가 밀집되는 악순환이 지금과 같이 기형적이고 비효율적인 국토이용구조를 만들게 된 것이다.

인구의 지역적 양극화는 베이비부머만큼이나 우리나라 인구문제의 골칫거리다. 인구쏠림은 수도권에도, '지역소멸' 운운 지경까지 몰린 지역에도 다 한계로 작용한다. 2022년 한국은 자타가 공인하는 선진국이 되었다. 한국이 더 도약하기 위해 필요한 것은 성장이 아니다. 성장을 통한 분배가 허상이라는 것은 이미 오랜 경험을 통해 드러났다. 이미 선진국 대열에 들어선 한국에서 계층문제건 지역문제건 이제는 정의롭고 형평성 있는 분배가 삶의 질을 결정한다.

인구도 마찬가지다. 우리나라의 인구문제는 출산을 늘려서 해결할 수 없다. 베이비부머가 인구에서 퇴장할 때까지의 사회적 부담과 자원과 기회를 쫓아 몰린 수도권과 지방의 인구 양극화를 해결하는 것이 우리나라 인구문제가 연착륙할 수 있는 유일한 해법이다. 성장으로 문제를 해결하는 시기는 지났다. 분배가 문제를 해결한다.

2

어디서나 공공서비스를 공평하게 누릴 권리

2022년은 집중호우로 인한 산사태 피해가 유독 많았다. 기후변화로 많은 양이 거세게 내렸기 때문이기도 하지만 난개발로 약해진 지반이 호우에 쉽게 무너졌기 때문이기도 하다. 4년 전에 끝난 평창동계올림픽은 산사태 때마다 소환된다. 약속했던 가리왕산의 생태적 복원은 아직도 이뤄지지 않았고 아름다웠던 숲은 흉물로 남았다. 비만 오면 산사태에 대한 공포는 인근 주민의 삶에 큰 위협이 되고 있다.

많은 사람들의 우려에도 강원도민이 그토록 평창올림픽 유치에 열을 올린 이유가 단지 지가상승과 같은 투기적 목적만은 아니다. 도심지역처럼은 아니더라도 읍사무소나 장에라도, 병원이나 목욕탕에라도 좀 자유롭게 다닐 수 있었으면 하는 당연한 권리인 이동권을 평창올림픽을 통해 찾겠다는 것이다.

장애인들이 목숨을 걸고 싸운 결과로 이동권이 사람답게 사는 데 필수적인 기본권이라는 것은 알려졌다. 그러나 장애인만 교통약자는 아니다. 장애인이나 노인, 병자, 어린이 등 신체적 약자는 물론, 대중교통시설이 없거나 도로 접근성이 떨어지는 지역에 사는 주민도 이동권을 제대로 보장받고 있지 못한 것이 현실이다.

강원의 도로접근성, 서울의 25분의 1[10]

지역별로 도로에 얼마나 접근하기 쉬운지를 나타내는 도로접근성[11]은 그림 IV-2와 같다. 도로접근성은 면적당 도로연장 즉 도로의 밀도를 나타내는데 도로접근성이 가장 좋은 서울(13.8km/km^2)은 전국평균의 1255%인 데 반해 도로접근성이 가장 낮은 강원(0.6km/km^2)은 전국평균(1.10km/km^2)의 55%다. 강원의 도로접근성이 고작 서울의 25분의 1에 불과하다는 것은 도로를 만나기 위해서 강원에서는 서울보다 25배나 넓은 면적의 토지를 지나야 도로를 만날 수 있다는 뜻이다. 도로 접근성은 예상한 대로 인구가 많은 광역시에서 높고 지방에서 낮다. 먼저 개발된 도시는 인구가 많아서 도로와 같은 사회간접자본(SOC)이 먼저, 많이 투자되기도 했지만 사회간접자본이 인구를 불러들이기도 했기 때문이다.

---

10 이수경, 강원 도로접근성 서울 25분의 1…이동권 불평등 커, 한겨레, 2018. 9. 17.
11 도로접근성 : 면적당 도로연장 = km/km^2

그림 IV-2 광역지자체별 도로접근성

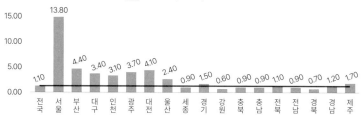

도로접근성 (km/km²) ── 1.10

* 국토교통부, 도로현황 재작성(2021년 기준)
* 도로접근성 : 면적당 도로연장 = km/km²

인구가 줄어 지역이 사라질(?) 지경에 이른 지역에서 인구를 늘리기 위해 사회간접자본 확대에 사활을 거는 것은 당연하다. 또 오랫동안 도로와 같은 공공서비스의 혜택에서 벗어나 있던 지역이 국제행사를 유치해서라도 다른 지역에서는 당연히 누리고 있는 이동권을 보장받겠다는 욕구가 비난받을 일은 아니다. 그러나 평창올림픽처럼 지방과 국가재정을 탕진하고 환경을 파괴하면서도 남는 것이라고는 아무도 거들떠보지 않는 애물단지가 된 시설뿐이라면 이제는 이동권과 같은 기본권을 충족할 다른 대안을 적극적으로 찾아보고 시행할 필요가 있다.

똑같은 사회간접시설이 아니라 공평한 공공서비스가 필요하다

전국에서 가장 도로보급률이 낮아 전국 평균의 절반을 겨우 넘는 강원(전국 평균의 55%)은 2021년 58억 8200만 원을 들여 18개 시·군 583개 마을 주민 3만 8,085명을 대상으로 '희망택시'를 운행하였다. 농어촌지역의 교통 사각지대 해소를 위한 대체 교통수단으로 2014년부터 도입된 희망택시는 시내버스 요금으로 도심까지 오갈 수 있는 대중교통수단이다. 희망택시를 운영하는 농어촌지역에서 2020년 모두 25만 5,293회에 걸쳐 희망택시를 이용한 것으로 집계되었고 매년 희망택시 신청마을이 크게 늘고 있다.[12] 행복택시를 운행하고 있는 지역의 행복택시 만족도는 90%를 웃돌고, 침체돼 있던 지역 택시업계의 고용도 늘고 있다.

1km에 수십억에서 수백억의 건설비가 드는 도로를 늘리는 대신 행복택시와 같은 이동서비스를 통해 자연환경 혹은 사회환경으로 인해 이동권의 제약을 받는 지역의 불편을 해소하고 지역주민의 필요에 맞춰 공공서비스를 제공하려는 노력이 필요하다. 비용만 많이 들고 효용성은 떨어지는 사회간접시설로 공공서비스를 제공하기보다는 행복택시나 찾아가는 보건소[13]와 같은 복지서비스를 제공하는 것이 지역 일자리를 늘리고 경제를 활성화하는 데도 더 나은 방향이다.

사회간접시설이 포화상태에 이른 우리나라에서 공공서비스를 제

---

12   최승현, 강원, '희망택시' 583개 마을로 운행 늘린다, 경향신문, 2021. 8. 3.
13   찾아가는 보건소 : 양주시의 '건강힐링닥터스'는 교통 불편, 시간제한 등으로 인해 보건소 이용이 어려웠던 시민의 건강관리를 위해 운영하는 사업. 건강취약지역 시민을 대상으로 보건·의료서비스를 지속적으로 제공하는 등 건강형평성 개선과 의료사각지대 해소를 위한 정책.

공하기 위해 시설투자를 고집할 이유는 없다. 시설투자는 부동산 소유주나 해당 산업의 이해는 만족시키지만 들어간 비용에 비해 주민들의 공공서비스 만족도는 크게 개선하지 못하기 때문이다.

그러나 가뜩이나 적자에 허덕이는 지방자치단체가 확대되는 공공서비스와 복지비용을 감당해내는 것은 불가능하다. 따라서 국민의 세금으로 사회간접자본을 설치해 그 혜택을 누려온 다른 지역과는 달리 복지서비스를 통해 기본권을 보장하겠다는 지역의 복지예산은 중앙정부와 먼저 개발된 지자체의 세금이 사용되는 것이 당연하다. 효율성만 강조하며 개발 혜택에서 뒷순위로만 밀려왔던 지역에도 이제는 골고루 개발 혜택이 나누어져야 하기 때문이다. 지역균형 발전을 사회간접자본 확대와 같은 개발을 통해서만 도달할 수 있는 것은 아니다. 국가가 제공해야 하는 공공서비스에서 소외되었던 사회적 약자가 원하는 건 공평한 공공서비스지 공평한 시설은 아니기 때문이다.

생사를 가르는 의료접근성

공공서비스의 수도권 독점 문제는 비단 도로뿐 아니다. 코로나19로 잘 드러났듯이 의료접근성의 차이는 때로는 생사를 가르는 문제가 되기도 한다. 귀향을 고려할 때 가장 큰 걸림돌이 되는 것은 지방의 의료접근성이다. 의료의 질도 문제지만 응급상황에서 의료접근성은 매우 중요하다.

인구 1,000명당 의료인력 수는 전국 평균 2명인데 세종(0.9명), 경북(1.4명), 울산(1.5명), 충남(1.5명), 충북(1.6명), 경기(1.6명), 경남(1.6명), 전남(1.7명), 인천(1.7명), 강원(1.8명), 제주(1.8명) 등 대부분의 광역도에서는 전국 평균에 못 미치는 의료인력만을 확보하고 있다. 서울은 인구 1,000명당 3.1명의 의료인력을 확보하고 있어 전국평균의 50% 이상을 웃돈다.

의료시설이나 의료인력과 같은 의료자원의 양도 중요하지만 생활의 편의와 안전을 위해서는 의료접근성이 더욱 중요하다. 특히 응급상황이 벌어지면 의료에 접근할 수 있는 시간이 생사를 가르기도 한다. 의원 접근성은 서울(0.97km), 광주(2.69km), 부산(2.80km) 순으로 좋고 강원이(11.0km) 가장 나쁜 것으로 나타났다.

또 의원까지 차량 이동 20분 거리(10km) 외에 거주하는 의료취약인구 비율은 서울(13.77%), 대구(21.68%), 부산(25.58%)순으로 적고 전남(66.89%), 충남(65.47%), 세종(63.63%), 경북(62.61%), 강원(60.06%), 경남(53.12%), 전북(52.46%), 충북(52.40%) 순으로 많다. 수도권과 광역시, 제주를 제외한 광역도 지역에서는 절반 이상의 인구가 차량을 이용해도 1차 의료기관인 의원에 20분 안에 도달할 수 없다. 의원접근성이 가장 좋은 서울에 비해 가장 나쁜 강원은 11.4배나 더 이동해야 의원에 접근할 수 있다. 귀향을 계획하는 많은 사람들이 의료접근성을 이유로 망설이게 되는 까닭이다. 병원접근성이 가장 좋은 서울(1.97km)과 가장 열악한 강원(22.73km)은 11.5배,

종합병원 접근성이 가장 열악한 경남(31.54km)은 가장 좋은 서울(2.85km)에 비해 11.1배나 종합병원이 멀다. 의료의 질이나 진료과목 수는 고려하지 않은 물리적 거리만 따져도 지방과 서울 의료환경은 전혀 다르다.

특히 응급시설[14]의 생명은 접근성인데 응급의료 접근성은 서울(2.94km)이 가장 좋고 강원(22.32km)이 가장 열악하다. 응급의료시설 서비스 권역 외 의료취약 인구비율도 서울은 0.02%에 불과하지만 경북(42.69%), 충남(41.34%), 전남(36.59%)은 3분의 1이 넘는 인구가 응급취약인구다. 응급의료취약 인구비율이 30~40%에 달하는 지방은 선진국 한국의 일원이라고 할 수 없다. 아니, 인구 3분의 1쯤은 목숨을 내놓고 살아야 하는 국가는 소득이 얼마이든 수출이 얼마이든 선진국은 아니다.

코로나19는 재난시 의료접근성이 얼마나 중요한지를 잘 보여주었다. 또 공공의료 자원에 있어서 OECD 최하위인 우리나라에서는 공공의료 부족으로 코로나19와 같은 재난을 재앙으로 만들어버린다는 것을 수많은 생명을 잃으면서 배웠다.(Ⅱ.3) 기후변화는 코로나19와 같은 전염성 질환의 위험성을 크게 높인다. 기후변화로 더 자주 더 강하게 더 넓은 범위로 팬데믹을 맞게 될 것은 분명하다. 기후변화대책의 최우선 순위에 지방의 공공의료 확충이 포함되어야 하

---

14 응급의료시설 : 의료기관 중에서 「응급의료에 관한 법률」에 따라 지정된 중앙응급의료센터, 권역응급의료센터, 전문응급의료센터, 지역응급의료센터 및 지역응급의료기관.

는 까닭이다.

코로나19 기간 문재인 정부는 공공의료 확충계획을 내놓았지만 국민들과 보건의료단체의 강력한 바람에도 불구하고 의사들의 집단 행동으로 공공의료 확충계획은 무산되고 말았다. 2023년 국회는 윤석열 정부와 여당인 국민의 힘의 반대를 무릅쓰고 간호법을 통과시켰다. 윤석열 정부와 여당의 눈치를 보느라 누더기가 된 간호법이지만 '모든 국민이 의료기관과 지역사회에서 수준 높은 간호 혜택을 받을 수 있도록' 하겠다는 것이 목표였던 간호법이 제정되면 공동화된 지역 의료서비스에 최소한의 숨통이나마 터줄 것으로 기대됐다. 그러나 윤석열 대통령은 간호법 제정에 거부권을 행사했다. 의사 등 유관 직역 간 과도한 갈등을 불러일으키고 있다는 것이 그 이유였다.

어떤 정부의 정책인지를 따져 편 나눠 반대하기엔 지방의 의료공동화는 심각하다. 국제수준(OECD 평균 병상 점유율 71.4%)에 비해 터무니 없이 낮은(한국 10.2%) 공공의료 비중도 끌어올려야 하는데 윤석열 정부는 의사 인원 확충을 공공의료 확대에 번번히 제동을 걸어온 의사단체와 의논해 결정하겠다고 한다. 코로나19와 같은 보건의 위기는 물론, 고령화되어가는 지방의 의료문제를 해결하기 위해서도 더 이상 의사들의 집단이기주의에 휘둘릴 수는 없다. 보건약자인 노인, 어린이, 장애인, 기저질환자들이 기후변화로 더욱 질병에 쉽게 노출되고 건강이 악화되고 있다. 기후변화라는 재난을 견디기 위해서는 공공의료를 포함한 공공서비스를 사회적 약자는 물론 의료서비스에서 소외되어온 지방에서도 공평하게 누릴 방안을 하루빨

기후재난시대를 살아내는 법

리 찾아야 한다. 코로나19로 경험했듯 현재 우리나라 지방과 공공의
료체계는 재앙 수준이다.

지방은 중앙의 식민지

몇 년 전, 전주에 갈 일이 생겼다. 라면을 시켜도 반찬이 대여섯 가
지는 나온다는 '풍요로운 음식의 고장'이라는 전주, '말이 필요 없는
음식의 수도' 전주에서 식사 장소는 당연히 관심거리일 수밖에 없
다. 전주에서 제일 음식 잘하는 곳을 묻는 타지인에게 '전주사람'은
"전주 음식 제일 잘하는 곳은 서울"이라고 쓸쓸하게 답했다. 음식 잘
하는 사람, 솜씨 있는 사람은 늘 서울 차지라는 얘기다.

『개천에서 용 나면 안된다』의 저자 강준만은 '개천에서 용나는'
모델에 따라, 지방은 중앙에 인재를 공급하기 위한 인적자본 충원지
로 착취당하고 있다고 주장한다. "미국을 향해 한민족이 몰려가듯
많은 시골 사람들이 서울로 몰리는 동안, 지방은 피폐해 가고, 서울
은 비대해졌다. 피폐란 경제적 피폐만을 이르는 것이 아니다. 바른
대접을 받기 위해 학자도 학생도 기술자도 노래꾼도 서울로 몰려가
지방에는 인재 공동 현상이 빚어졌다. 지방의 재주꾼은 모조리 '서
울제국'이 징용해갔다."

개천의 용인 서울과 같은 1등에게 국가의 자산을 '몰빵'하는 모델
은 한국의 전형적인 성공모델이다. 서울, 대기업, 서울대와 같은 '일

극 집중주의'는 세계에서 가장 가난했던 나라 1970년대 한국에서는 성공의 원동력이었지만 선진국으로 성장한 2020년 한국에서는 극심한 빈부격차, 지역주의, 대학입시 · 사교육 전쟁, 정치의 이권투쟁화 등 우리 사회가 안고 있는 주요 문제의 핵심원인이다.

모든 사람과 모든 것을 두고 경쟁해야 하는 한국의 성공신화 '개천용 모델'은 한국의 경제가 제 궤도에 오르면서부터 사기였던 것으로 드러났다. 경제건 균형발전이건 낙수효과를 기대하며 자원을 모조리 쏟아부어 키운 개천용이 공공의 자원으로 성장한 결과를 독식할 뿐 아니라 커진 몸집을 무기로 더 많은 자원을 개천에게 요구하고 있기 때문이다. 서울만이 아니다. 국가의 수혜를 집중적으로 받은 대기업이 그렇고 의사나 검찰과 같은 우리 사회의 1% 엘리트가 그렇다. '개천용'은 작은 재주를 능력주의로 포장해 국가의 자원은 독식하고 공동의 투자로 이룬 성취는 나눌 줄 모른다.

기후변화와 고령화로 안전과 복지 등 공공서비스의 대대적인 확대가 필요한데 기후변화로 인한 피해에 더 많이, 더 일찍 노출된 지방일수록 공공서비스 확대에 드는 재원은 부족하다. 기후변화와 고령화로 안전에도 복지에도 더 많은 돈이 필요하지만 자원과 인구를 빼앗겨 늙고 가난해진 지방은 이를 감당할 여력이 없다. 감당할 수 없는 복지비용 때문에 지방재정이 파탄지경에 이르고 의료나 소방과 같은 공공서비스가 재정부족으로 제 역할을 해낼 수 없는 지경에까지 몰린 일은 어제 오늘의 일이 아니다.

개천용 모델의 가족버전은 '장남 모델'이다. 장남 하나 잘 키워 집안 살리겠다고 동생들에게 희생을 강요하고 가족의 자원을 장남에게 몰아주는 것인데 이런 전략이 장기적으로 지속되기 위해선 가족의 자원을 독차지한 장남은 반드시 성공하고 이 성공의 성과물을 희생한 동생들과 함께 나눠야 한다. 한국과 서울과 대기업은 성공했다. 그러나 약속했던 낙수효과는 없었다. 오히려 공공서비스와 같은 국가의 자원은 효율성을 이유로 아직도 수도권만 우선이다. 선진국 한국의 서울은 아직도 배가 고프다.

그러나 개천용 모델이든 장남 모델이든 성공하기 위해서는 나머지 약속이 지켜져야 한다. 낙수효과가 실효성이 없는 것으로 드러난 이상 이제는 재원과 공공서비스를 공평하게 나눌 방법을 고민해야 한다. 우리가 같이 세금을 내 국가의 재원을 만들고 이 재원으로 국민 모두가 어느 지역에 살건 골고루 공평하게 공공서비스를 누리는 국가공동체의 일원이라면 말이다. 이제 정말 나눌 때다.

3

개발에서 소외된 지역으로 개발의 쓰레기는 모인다

기후변화의 파괴적인 영향은 지구의 환경, 자연 생태계와 정치·경제를 포함하는 사회 생태계, 전 영역을 가리지 않는다. 그러나 가장 직접 영향을 받는 것은 역시 기상이다. 태풍은 더 잦아지고 강해지고 한반도 내륙 깊숙이 상륙할 가능성도 높아졌다. 강수량은 늘어난다지만 강수일수는 줄 것으로 예측된다. 결국 폭우가 잦아지면서도 가뭄의 고통은 더 많이 겪어야 한다.(I.3)

2023년, 리비아 홍수로 2만 명 가까운 사람이 사망하거나 실종되는 대재앙이 발생했다. 기후변화는 리비아 홍수와 같이 가뭄과 수해로 인한 재앙을 더 자주 더 크게 키울 것이 분명하다.

가뭄과 폭우에 대비하기 위해서는 산사태 방지를 위한 산림관리, 수자원 관리뿐 아니라 도시지역의 상습침수지역 관리, 반지하와 같은 침수위험 주택관리 등도 필요하다. 2022년 폭우로 반지하에 살던 서울시민이 사망한 일은 해외 언론에까지 보도되었다. 수도권에 국민의 절반 이상이 몰려 살면서 살 주택이 부족해지자 서울에서는 지하에서까지 사람이 살고 있더라는 뉴스는 "기술 강국, 한국", "문화수도, 서울"을 선망하던 외국인들에게는 신기한 얘깃거리인 모양이다.

　남에겐 신기한 일이지만 서울의 가난한 사람들에겐 위험하고 불편한 줄 알지만 그래도 몸 누일 한 칸이라도 마련하려면 어쩔 수 없는 선택지다. 전 세계적으로 인간다운 삶에 어울리는 주거공간을 보장받지 못하는 '주거빈곤층'이 11억 명에 달한다. 도시 과밀화와 양극화가 심각한 우리나라에서도 '반지하'까지 주거공간으로 쓰이고 있다. 그러나 기후변화시대에는 더 이상 반지하는 주거의 선택지가 될 수 없다. 기후변화로 더 잦고 강해질 폭우에 대비하지 않을 수 없기 때문이다. 서울시는 상습침수지역과 반지하와 같은 침수위험 주택에 대한 대책을 시급히 마련하여야 하고 정부는 경제적 약자의 주거개선을 재정정책의 우선순위에 두어야 한다. 2023년 더위로 3,000명 이상의 국민이 열사병으로 생명을 잃었다. 쪽방과 같은 최소주거기준조차 갖추지 못한 주거시설에 거주하는 '주거빈곤층'의 혹한·혹서기 주거대책을 당장 시행해야 한다. 산사태와 산불지역의 문제도 마찬가지다. 지역적 특성으로 산사태와 산불이 상습적으로 발생하는 지역이 늘고 있다. 상습적인 재해지역의 주민에게 재해 당시 일시적인 주거시설만 제공하는 것이 아니라 인근의 안전한 지역으로 이주할 수 있도록 정부가 적극 지원해야 한다. 기후변화시대의 주거

환경은 더 이상 불편의 문제가 아닌 생존의 문제이기 때문이다.

기후변화로 폭우만 잦아지는 것도 아니다. 기후변화로 가뭄도 잦아질 것으로 예측된다. 가뭄이 잦아지면 상수원 수량이 줄고 수질도 악화된다. 상수원을 두고 싸우는 일이 남의 나라 일만은 아니다. 2022년 대구시는 취수원을 안동댐으로 옮기겠다고 밝혔다. 대구시와 구미시가 취수원을 두고 13년 동안 벌인 분쟁을 마감하기 위해서다. 유독 물이 문제인 대구시가 십수 년 전부터 벌인 물싸움이 기후변화시대에는 다른 지자체에서도 더 자주 일어날 것으로 예측된다. 왜냐하면 우리나라 광역시 대부분은 상수원수를 인근 광역도에서 빌리고 있기 때문이다.

수자원은 넘쳐도 마실 물은 없다[15]

서울은 한강이라는 대규모 취수원을 끼고 있으면서도 양질의 원수를 확보하기 위해 인근 지역의 수자원에 의존해 상수원수 자급률은 91.8%에 불과하다. 서울뿐 아니다. 대부분의 광역시는 수자원을 자급하지 못하고 인근 광역도에서 상수원수를 끌어오고 있다. 한강을 끼고 있는 서울을 비롯해 광역시 대부분에서 상수원수 자급률이 낮은 이유는 수자원이 부족해서가 아니다. 수자원 보호를 위한 개발

15   이수경, 물 불평등 심각, 대도시 공급하느라 지방은 고통(한겨레, 2015. 12. 16) 재작성.

제한은 받지 않으면서도 깨끗한 상수원수는 안정적으로 우선 공급 받기 위해 벌이는 일이다. 물 자급률은 해마다 그 값이 달라지기는 하지만 개발에서 소외된 광역도의 자급률이 높고 인구와 개발이 집중된 광역시에서 낮은 경향은 해마다 같다.

물자급률이 이렇게 낮지만 지방정부가 공급하는 광역상수도, 지방상수도를 공급받는 비율은 울산(99.7%)과 세종(97.5%)를 제외한 모든 광역시가 100%를 넘는다. 반면에 대부분 광역도는 수자원 자급률은 100%를 넘지만 정부가 공급하는 상수도(이하 상수도)를 이용하는 비율은 수도권인 경기(101.2%)를 제외하고 모두 100%에 못미친다. 지방은 다른 지역에 물을 공급하느라 개발은 제한되지만 상수도로 인한 혜택은 가장 늦게 가장 적게 받는다.

지하수와 생수에서 방사능 물질이 검출돼 홍역을 치른 충북(89.8%), 충남(89.4%)는 여전히 상수도 보급률이 전국 평균(97.72%)에 못 미친다. 충북의 경우, 물 자급률은 200%로 필요한 물의 2배나 많이 생산해 다른 지역에 나눠주는데도 정작 지하수의 방사능 오염을 걱정하는 주민들이 요구하는 상수도 보급은 제주를 제외하고는 전국에서 가장 낮은 수준이다. 대표적인 공공서비스인 상수도가 필요나 당위보다는 효율과 경제성에 의지해 보급되기 때문에 벌어지는 일이다.

마을상수도를 이용하는 지방에서는 대부분 지하수를 끌어올려 소독한 뒤 탱크에 저장해 식수와 세면 등에 사용하고 있다. 문제는 농어촌 지역 마을상수도 시설의 상당수는 대규모 설비를 갖추고 체계적으로 관리하는 상수도와 달리 제대로 관리되지 못하고 있어 오염에 더 취약하다. 마을상수도는 마을이장이 관리하는 등, 전문관리 인력이 따고 있지 않다. 또한, 지자체 관리자 1명당 최대 200개소를 관리하는 등 관리가 제대로 되지 않아 급수 수질 문제 등 안전성 문제가 번번이 제기되곤 한다.[16]

우리나라 상수도 보급률이 100%에 가깝다지만 농어촌에서는 200만 명 이상이 마을상수도와 같은 소규모수도시설에 의지한다. 상수도 관리의 첫 번째이자 가장 중요한 목표는 대장균과 같은 생물학적 오염을 막는 것인데, 마을상수도와 같은 소규모 상수도시설에서 대장균 오염은 비교적 자주 일어난다. 노인이 인구의 대부분인 농어촌에서 상수도의 대장균 오염은 심각한 문제를 일으킬 수 있다. 보건약자인 노인은 대장균 오염과 같은 이유로도 사망할 수 있기 때문이다. 시설설치에 비용이 많이 들고 효율성이 낮다고 더 낮은 수준의 공공서비스를 받아도 되는 것은 아니다. 또 공공서비스를 도로나 상수도 같은 사회간접시설로 보급해야 하는 것도 아니다. 필요한 것은 광역상수도 시설이 아니라 광역상수도 수준의 수질과 수량을 보장할 수 있는 전문관리 인력의 확보와 같은 상수도 관리다.

지방은 많은 토지가 취수원으로 사용되면서 재산상의 피해, 생활상의 불편을 감수해야 하지만 정작 상수도 이용에서는 뒷순위로 밀

---

16   정원화, 박상정, 소규모 수도시설 현황 및 문제점과 발전방향, 워터저널, 2016. 6.

리고 있다. 상수원보호지역으로 묶여 재산 피해는 물론 생활불편을 겪어야 하는 면적을 광역지자체별로 알아보면 전체 상수원수의 18%를 사용하는 서울의 상수원 보호지역의 면적 비율은 0.53%에 불과하다. 상수원보호지역의 78.7%가 광역도에 위치하지만 상수도 이용의 불편을 나타내는 단수 건수는 계량기 1만 개당 수도권인 서울, 경기는 0건, 광역시 평균은 3건에 불과한데 광역도에서는 53건이다.[17] 취수원으로 인한 불편을 겪고 있는 광역도일수록 상수도의 혜택에서는 벗어나 있다.

수자원을 많이 확보하고 그 수자원을 이웃 지자체에 나누어 준다고 해서 수도요금 등에서 혜택을 받는 것도 아니다. 수도요금은 2021년, 전국 평균, 톤당 721원인데 특·광역시 지역은 629원, 시지역은 771원, 군지역은 944원으로 시설규모가 크고 급수인구가 많은 특·광역시에 비해 상대적으로 영세한 시·군 지역의 수도 원가가 높다. 인구가 밀집되어 있을수록 수도를 공급하기 위한 관망을 설치하는 데 비용이 적게 들기 때문이라는 경제적 이유 때문이다. 다른 자원도 마찬가지지만 수자원도 수자원을 보유하고 보전하기 위해 인근 주민들은 개발제한과 같은 경제적 피해와 생활상의 불편을 겪는데도 이에 대한 보상은 없이 오히려 개발제한으로 인한 소외와 역차별만 겪고 있다.

국민의 기본권에 해당하는 공공서비스의 비용부담을 일반상품처

---

17   2020 상수도 통계, 환경부, 2022년.

기후재난시대를 살아내는 법

럼 원가에만 의존해 결정할 일은 아니다. 이제 공공서비스는 효율성 뿐 아니라 공동체 기여분에 따라 공동체가 형평성에 맞게 나누어 누리고 부담할 일이다. 사회간접시설의 효율성이나 경제성이 문제라면 더 많은 공공서비스, 복지서비스를 제공하기 위한 다른 수단을 강구하면 되고 이에 필요한 자금은 당연히 공공의 자금을 동원해 먼저 공공서비스의 수혜를 얻은 개발지역이 함께 감당하면 된다.

공공서비스의 자급률을 높여야 재난에서 안전하다

취수원을 외부에 두고 취수로 인한 불편을 외부에 전가해왔던 특·광역시가 이익만 누리는 것도 아니다. 전쟁, 테러뿐 아니라 지진과 같은 자연재해로도 지역적으로 고립되거나 도로, 상수관망 등의 단절이 일어날 수 있다. 이렇게 재난과 재해로 생존에 필요한 기본적인 식량, 물, 전기 등의 공급이 원활하지 않을 경우 외부에 자원을 모두 의존하고 있는 서울과 같은 대도시가 빠져들 혼란은 코로나19로 충분히 짐작할 수 있다.

도시가 공공서비스의 자급률을 높이는 것은 지역간 '형평성'이나 '공정'을 위해서도 필요하지만 무엇보다 도시의 생존을 위해서도 필수적이다. 물 절약 방법으로 잘 알려진 중수도로 약 20%의 물을 절약할 수 있다. 중수도는 물 절약 외에도 하수의 양을 줄여 하천의 수질을 개선하고 댐 및 수도관 등 수도시설뿐 아니라 하수처리장 건설

비용 또한 줄일 수 있는 방법이기도 하다. 또한 소규모 빗물 저류시설의 확대를 통해 물 자급률을 높이고 침수피해 방지대책을 수립할 수도 있다. 이렇게 중수도와 소규모 빗물 저류시설 확보만으로도 광역도시 물 부족의 대부분을 해결할 수 있다. 기후변화로 수질과 수량의 변화가 커질 것으로 예측되는 지방에서도 수자원 보유 여부와 상관없이 물부족을 겪을 가능성이 크다. 안정적으로 수자원과 전기와 같은 공공서비스를 제공받기 위한 기반시설을 점검하고 확충하는 일은 도시뿐 아니라 지방에서도 기후변화대책의 필수 점검요소다.

공공서비스의 혜택은 서울 몫, 희생과 부담은 지방 몫

고속도로를 타고 서울을 벗어나면 제일 먼저 서울과는 다른 하늘이 눈에 거슬린다. 어지럽게 하늘을 수놓은 거미줄 같은 송전선 때문이다. 대규모 화력발전단지로 인해 재산상의 피해는 물론 주민의 건강까지 크게 위협받고 있는 충남은 필요한 것보다 2.28배나 많은 전기를 생산해 서울과 수도권으로 보내고 있다.(그림 Ⅳ-3) 이렇게 생산한 전기를 서울과 수도권으로 보내기 위한 송전선이 충남과 경기의 하늘을 어지럽히고 있다.

우리나라 전기생산량의 19%를 담당해 17개 광역자치단체 중 가장 많은 전기를 생산하는 충남은 특히 석탄 화력발전의 비중이 높다. 충남도가 단국대 환경보건센터에 의뢰해 조사한 결과를 보면,

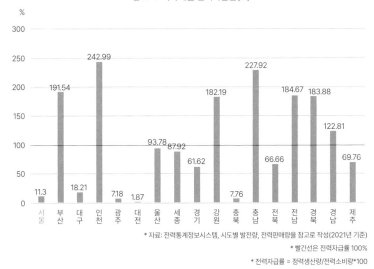

그림 IV-3 지자체별 전력자급률(%)

* 자료: 전력통계정보시스템, 시도별 발전량, 전력판매량을 참고로 작성(2021년 기준)
* 빨간선은 전력자급률 100%
* 전력자급률 = 전력생산량/전력소비량*100

충남도 내 4개 화력발전소 인근 주민에게서 비소와 수은이 기준치 이상 검출된 것으로 나타났고 주민들은 발전소 영향에 따른 암 발병과 폐질환 등을 호소하고 있다.

게다가 전력자급률이 11.3%에 불과한 서울에 전기를 보내느라 하늘에 답답하게 드리워진 고압송전선 인근 주민은 지가하락과 건강 피해를 호소하고 있다. 송전선으로 인한 건강피해는 잘 알려진 불안, 우울, 불면과 같은 스트레스 질환 외에도 소아백혈병, 암 발병과도 연관이 있는 것으로 의심된다. 게다가 가축, 어장 피해, 개발제한과 같은 생활 불편과 지가하락과 같은 경제적 피해까지 감당해야 한다.

그러나 정부는 전력가격 인상과 경제적 영향 때문이라는 핑계로 발전소나 송전선 주변 주민의 건강과 경제적 피해에 대해서는 제대로 보상하고 있지 않다. 전력시설 주변 주민의 피해가 커지면서 민원과 사회적 갈등이 커지는 것에 대한 정부대책은 전력 수급에 차질이 생기지 않도록 하는 것뿐, 발전소나 송전망 인근 주민의 고통 해소에는 관심이 없다.

비수도권이 전력을 많이 사용하면서도 발전시설은 갖지 않은 서울을 대신해 치러야 했던 희생은 이것만이 아니다. 신정훈 더불어민주당 의원에 따르면 전력자급률이 낮은 수도권에 전기를 공급하느라 비수도권에서 지난 10년간 2조 3000억 원에 달하는 송전비용을 치른 것으로 조사되었다. 발전시설이 없는 지역에 전기를 보내느라 환경과 재산상 피해를 감수하고도 송전비용까지 전기를 생산하는 지역에서 떠맡아온 것이다.[18]

초고압 송전선으로 인한 재산 및 건강 피해가 속속 밝혀지고 있는데도 송전선의 피해를 최소화할 지중화 사업은 한전과 지자체가 각각 반씩 분담하여 시행하고 있다. 그러다 보니 인구가 밀집해 있고 땅값이 비싼, 그래서 스스로 쓸 전기를 만들어내지 못해 송전시설에 많이 의존하고 단위면적당 전기도 많이 쓰는 서울과 같은 광역도시일수록 오히려 지중화율은 높은 아이러니가 발생한다. 서울은 경관과 주민건강을 고려해 고압송전선을 땅에 묻는 지중화 사업이 90%나 진행돼서 거의 완료된 반면 정작 전기를 생산하고 다른 지역으로

---

18 오은정, 수도권 전력 공급비용 비수도권에서 떠안아, 농민신문, 2021. 10. 13.

기후재난시대를 살아내는 법

보내느라 건강과 재산상 피해를 입고 있는 충남은 지중화율이 1.3%로 전국 평균에도 미치지 못한다.

전력을 외부에 거의 전적으로 의지하고 있는 서울의 문제를 개선하기 위해 2014년, 박원순 서울시장은 '원전 하나 줄이기'운동에 이어 '에너지 살림 도시, 서울'을 선언하였다. 서울의 옥상을 태양광발전소로 만들어 전력자립률을 2020년 20%까지 끌어올리겠다는 계획이었으나 다음 서울시장인 오세훈 시장은 이를 승계하지 않았다. 2021년 서울의 전력자급률은 11.3%로 목표연도가 지났음에도 불구하고 목표자급률의 반을 겨우 달성한 수준이다.(그림 IV-3)

대가 없이 희생만 강요 당하는 지방

2021년 열린 유엔기후변화협약 당사국총회(COP26)에서는 우리나라를 포함한 선진국은 2030년대까지, 개발도상국도 2040년대까지 석탄발전을 중지하겠다고 합의하였다. 그러나 2050 탄소중립을 선언한 문재인 정부는 선진국이면서도 석탄발전을 2050년까지 유지하겠다고 밝혀 국내외의 빈축을 샀다. 선진국 지위는 누리면서도 선진국의 책임은 외면했기 때문이다. 실망스런 문재인 정부의 석탄발전 감축계획도 윤석열 정부에겐 이념에 치우친 비합리적이고 비현실적인 계획인 모양이다. 문재인 정부 지우기가 유일한 정책목표인 것처럼 보이는 윤석열 정부는 2050년, 완전중지하기로 한 석탄발전

중지계획을 '합리적 감축'을 유도하겠다는 말로 무위로 돌렸다.

석탄발전은 기후정책이나 미세먼지 정책만의 문제가 아니다. 대규모 화력발전과 송전선 부근 주민의 피해도 이미 수인한도를 넘어섰다. 공공서비스의 수도권 몰아주기로 지방도 수도권도 공공서비스 공급의 안정성과 수혜의 형평성을 심각하게 해치고 있다. 윤석열 정부가 기겁하는 재생에너지 중심의 에너지 공급체계는 단순히 에너지원만 바꾸는 것이 아니다. 석탄발전, 원자력발전과 같이 대량·집중형 산업구조에 걸맞는 에너지구조에서 4차산업에 걸맞는 친환경·분산형 산업구조에 필요한 에너지원으로 전환하는 것을 의미한다.(Ⅲ.4) 4차 산업혁명시대를 준비한다면서 에너지원 전환에 대한 대비는 전혀 없이 '코딩교육'만 강조한다고 4차 산업혁명시대와 기후변화시대에 안착할 수 있는 것은 아니다.

경제에서 재벌 퍼주기 정책과 마찬가지로 공공서비스 정책에서도 윤석열 정부의 정책은 수도권 몰아주기다. 과도한 전력사용을 줄이기 위한 전력가격 정상화나 신재생에너지와 같은 분산형 전원을 확대하는 등 전력자급률을 높이기 위한 실효성 있는 대책을 시행하기는커녕 그나마 있던 계획도 백지화하고 있다. 또 전원으로부터 거리에 따라 혹은 지자체의 전력자급률에 따라 요금을 차등 부과하는 전력 지역차등요금제도처럼 발전시설로 인한 피해와 수혜를 조정하기 위한 정책에도 관심이 없다. 윤석열 정부는 공공서비스 정책에서도 집중과 효율성만 중요하고 분산과 형평성은 고려의 대상이 아니니다.

개발에서 소외된 지역으로 개발의 쓰레기는 모인다

개발지역이 선점해왔던 공공서비스를 개발이 낙후된 지역에 돌리기는커녕 발전소와 같은 기피시설만 개발의 수혜를 입지 못한 지역에 떠넘기고 있는 것이 비단 전력 부문에서만 일어나는 일이 아니다. 2015년 수도권매립지에 생활폐기물 매립이 종료되자 서울시는 수도권매립지 사용을 10년 연장하면서 2026년부터는 수도권매립지에 생활폐기물을 태운 소각재만 매립하겠다고 인천시에 약속했다. 그동안 서울시는 발생하는 쓰레기(하루 평균 3,200톤)의 3분의 2(약 2,200톤)만 소각하고 나머지 1,000톤은 인천에 있는 수도권매립지에 매립해왔는데 2026년부터는 이 1,000톤까지 전량을 서울에서 소각해야 한다.

2022년 지방선거에서 당선된 오세훈 서울시장은 서울시 생활폐기물 전량 소각을 위해 마포구 상암동에 일 평균 1,000톤 규모의 광역소각장을 새로 만들겠다는 계획을 발표하였다. 그러자 마포구는 물론 마포구에 인접한 경기도 고양시까지 서울시의 광역소각장 건설계획에 반대를 분명히 했다. 특히 "이미 소각장이 있는 상암동에 또 소각장을 짓는 것은 상암동 주민에게 일방적 희생을 강요하는 것"이라는 마포구 소각장 인근 주민들의 반대는 거셌다.

상암동은 1978년부터 1992년까지 서울시 폐기물매립장이었던 난지도를 끼고 있는 곳으로 현재도 일 평균 750톤 규모의 소각장을 운영하고 있어 서울시 쓰레기로 인한 경제적 피해와 환경 피해를 고스란히 감당해온 지역이다. 그런데 여기에 더해 서울시가 광역소각장을 증설하겠다고 하자 주민들의 오랜 분노가 터져 나왔다. 마포구가 부동산가격의 상승으로 경제적 특수를 톡톡히 누릴 때, 마포구 상암동은 그린벨트나 소각장같은 개발의 뒷감당만 떠안아 경제적 손실은 물론 환경·보건적 피해까지 감수해야 했다. 서울시, 마포구라는 같은 지방자치단체 안에서도 개발 수혜에서 벗어날수록 개발로 인한 부담은 더 많이 떠안게 되는 불평등의 악순환은 존재한다. 개발이 덜 된 지역일수록 님비[19]시설은 더 많이 떠안고 핌피[20]시설은 피해간다.

2015년 강남구는 강남구 내에 있는 한국전력 터 개발과 관련해 서울시와 갈등을 빚게 되자, 강남구를 특별자치구로 독립해달라고 요구했다. 국가가 기획 개발해 각종 특혜 속에서 성장한 강남구가 개발 이익을 독식하겠다며 특별자치구를 운운한 것이다. 결국 비강남권은 물론 강남권 주민까지 반대에 나서면서 강남특별자치구는 해프닝으로 끝났지만 이런 지역 이기주의는 강남구만의 일은 아니다.

서울과 수도권, 특·광역시가 개발의 수혜는 독점하면서 도시가 제대로 기능하기 위해 필요한 환경기초시설과 같은 부담은 개발의

---

19 님비(NIMBY:Not In My Backyard):위험시설(원전 등)이나 혐오시설(쓰레기소각장 등)이 자신들이 살고있는 지역에 들어서는 것을 강력하게 반대하는 주민들의 행동.
20 핌피(PIMFY:Please In My Front Yard):금전적 이익이 예상되는 개발이나 시설 유치 등을 놓고 지역간에 벌이는 집단적인 행동.

수혜에서 벗어난 지역의 주민에게 전가해온 일은 결코 낯선 일이 아니다. 여전히 수십만 호의 아파트를 지을 곳은 충분하다는 서울시는 수십 년 전부터 폐기물 처리할 한 평의 땅조차 없다며 인근 지자체에 폐기물 위탁 처리를 강요하고 있다. 서울이 빠른 시간 동안 세계적인 도시로 성장한 것은 서울이 개발로 인한 수혜는 독점하면서 개발로 인한 부담은 철저하게 서울 밖으로 밀어내며 성장한 결과다. 서울이 편리하기는 해도 환경은 지방이 좋다는 것도 옛말이다. 서울은 특히 강남은 문밖만 나서도 공원이지만, 서울과 광역시의 기피시설은 떠 맡고, 지자체의 재원과 인력부족으로 자연은 관리되지 못하면서 지방 주민의 환경과 건강은 위협받고 있다.

개발단계에서 국가 공동의 자원을 선점하는 수혜를 입은 서울이나 강남이 계속해서 개발의 이익을 독점하겠다고 우기는 건 염치없는 짓이다. 그러나 지방자치단체가 먼저 제 주민보다 다른 지자체의 사정을 고려하기를 바랄 수는 없다. 국가가 균형있게 성장하도록 정책을 수립하고 갈등을 조정해야 하는 것이 중앙정부가 할 일이다. 중앙정부는 힘이 불균등한 지자체간 갈등에서 균형을 잡고 개발로 인한 수혜와 책임이 고루 나누어지도록 중앙의 재원을 분배해야 한다. 그러나 윤석열 정부는 이 부문에서도 기대(?)를 저버리지 않는다. 중앙정부가 나서 난개발을 막는 최소한의 규제인 환경영향평가까지 무력화시켜버리며 안전을 무시한 개발공약을 불도저처럼 밀어붙이는 윤석열 정부는 "어디에 살든 균등한 기회를 누리는 공정, 자율, 희망의 지방시대"를 열겠다는 후보시절의 공약도 다른 공약처럼 공염불로 만들고 있다.

개발의 영광에서 밀려난 지방의 다른 이름, 러스트벨트

미국의 45대 대통령 트럼프의 언행을 보면 그를 지지해 대통령까지 만든 미국인의 선택이 궁금했었다. 기괴한 부동산재벌 트럼프는 플로리다, 아이오와, 오하이오와 같은 전통적으로 공화당을 지지해 온 지역은 물론, 미시건, 펜실베이니아, 위스콘신 등 그동안 민주당을 지지하던 주에서도 승리하면서 2016년 미국 대통령에 당선되었다. 트럼프가 공장이 사라진 이 지역의 백인 노동자들에게 제조업 부활과 인프라 확충을 약속하면서 일자리 증대에 대한 희망을 심어주었기 때문이다. 이러한 전략을 통해 트럼프는 러스트벨트를 넘어 전국적으로 백인 저소득층 유권자를 동원했다. 부동산재벌 트럼프가 양극화 희생자의 메시아가 된 꼴이다. 후에 '트럼프그렛'[21]이라는 신조어까지 만들어내긴 했지만 트럼프는 2024년 미국 대선에서도 여전히 명실상부한 공화당의 대표주자다. 기성체계에서는 탈출구가 보이지 않는 낙후된 지역의 민심이 '속을 게 뻔하지만 혹시 만에 하나라도' 희망을 걸어볼 유일한 출구로 부동산 재벌 트럼프를 선택

21   2016년 미국 대선에서 도널드 트럼프에게 표를 던진 사람들이 그의 행보를 보고 뒤늦게 후회(regret)하는 현상을 뜻하는 신조어.

했다는 것은 슬픈 일이다. 미국이나 우리나 기성체계의 벽은 그만큼 견고하고 낙후된 지방의 절망은 그만큼 깊다.

『아메리칸 러스트』는 미국인이 부끄러워하는 대통령 트럼프를 만들어낸 러스트벨트[22]가 배경이다. 펜실베이니아주 부엘이라는 작은 철강도시인 이곳은 몰락한 미국 철강산업과 함께 버려진 도시다. 100년 동안 전 세계 철 생산의 심장부였던 이 지역에서 이 책의 주인공 포와 아이작이 태어난 뒤로 15만 명이 일자리를 잃었다. 마을 대부분 지역에서는 기본적인 편의시설이란 게 더는 없다. 경찰이 없는 곳도 많다. 이곳에서 오랫동안 살아온 주민들은 가난과 절망을 당연하게 받아들이고, 재능있는 청년들은 모두 이곳을 떠나거나 아니면 역시 가난과 절망에 휩쓸려 하루하루를 소비한다. 이 지역에 사는 대부분의 사람이 외국인이고 오히려 미국인은 소수다. 러스트벨트는 일자리를 찾아 미국에 왔다가 낙오된 이들이 떠도는 도시다.

낯설지만 낯설지 않은 책 속의 풍경과 절망은 우리나라 지방과 무척 닮아있다. 한국에서 지방의 풍경은 러스트벨트의 풍경과 다르지 않다. 러스트벨트는 개발의 영광에서 밀려난 지방의 다른 이름이다. 개발의 희생양이었던 농어촌은 물론 기후변화로 인한 산업구조조정 대상인 산업단지 지역의 미래 모두, 국가와 중앙정부의 적극적인 개입 없이는 러스트벨트의 꼴을 벗어날 수 없다.

---

22 미국의 중·동부, 1960~80년대 제조업을 이끌었지만 지금은 산업이 쇠퇴하며 '녹슬어버린' 공업지역.

4

기후변화에 대한 지역 책임을 따져보다

우리는 매일매일 기후변화 피해 뉴스 속에서 산다. 화재와 수해는 잦아지고 농작물의 재배지도 해마다 북상 소식을 알린다. 어종의 변화와 거세지는 태풍으로 어업을 때려치운 어가가 늘고 있다. 기후변화는 경제성장 과정에서 피폐해진 농어촌의 남은 목숨줄을 쥐고 흔든다. 이제 따져야 할 것은 기후변화의 진위가 아니라 책임부담이다.

국제적으로는 기후변화 부담과 책임의 원칙은 분명하다. 이미 1992년 유엔기후변화협약에서 기후변화에 대한 '공동의 차별화된 책임'에 국제사회가 합의했기 때문이다. '공동의 차별화된 책임'은 국제용만은 아니다. 개발에 의한 수혜의 정도에 따라 그 책임과 부담을 나누자고 국제사회가 나선 것은 기후정의 때문이 아니라 기후변화대책의 수용성을 높이기 위해서다. 기후변화의 부담을 나누는 일은 수많은 이해관계가 얽혀 있어 쉽지 않다. 다행인 것은 국내에서 기후변화 부담을 나누는 것은 강제력이 없는 국제적 약속에 비해 합의안만 마련된다면 당장 시행할 수 있다는 것이다.

소득이나 재산에 맞추어 나누는 계층간 책임분배방식에도 여러 논란이 불가피하고, 언제부터 얼마만큼씩 부담할지에 대한 세대간 책임분배방식도 해법이 만만치는 않다. 더구나 지역간 책임을 나누는 일은 더욱 복잡하고 힘들다. 하지만 재난에서 국민에게 복지와 공공서비스를 제공하는 1차적 책임은 지방자치 단체의 몫이기 때문에, 기후변화와 같은 재난의 지역적 책임을 분명히 해두는 것은 반드시 필요하다. 또한 인구 밀집지역이라는 이유로 개발 혜택이 오히려 개발지역으로만 몰리는 지역불균형을 개선하기 위해서도 기후변화에 대한 지역 책임을 따져보는 것은 반드시 필요하다.

기후변화 책임의 몫이 직접적 탄소배출에만 있는 것은 아니다

그림 IV-4에서 보듯이 광역지자체 중 가장 많은 온실가스를 배출하는 지자체는 충남(154,800만 톤CO_2eq)이다. 그러나 충남이 이렇게 온실가스를 많이 배출하는 이유는 우리나라 석탄화력발전 58기의 절반인 29기가 충남에 몰려 있기 때문이다. 우리나라의 온실가스 배출량 중 공공 전기 및 열 생산이 차지하는 비중은 35.5%인데 충남이 배출하는 온실가스 총량의 65%는 에너지산업에서 배출되고 있다. 충남이 배출하는 온실가스의 3분의 1은 수도권에 전기를 보내기 위해

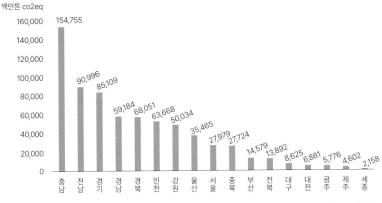

그림 IV-4 광역지방자치단체의 온실가스 총배출량 순위

백만톤 co2eq

* 자료 : 온실가스 종합정보센터, 광역지자체기준 지역별 온실가스 인벤토리 재작성(2019년 기준)

충남이 떠안은 것이다.

2019년 온실가스를 충청남도에 이어 두 번째로 많이 배출한 지자체는 전남(91,000만 톤CO_2eq)이다. 전남은 광양, 여수, 대불, 빛그린, 삼일자원비축 등 5개의 국가산업단지 등 산업시설에서 배출되는 온실가스가 전체 배출량의 64%를 차지한다. 우리나라 온실가스 총배출량에서 제조업 및 건설업이 차지하는 비중은 27%인데 전남은 산업시설에서 배출되는 온실가스가 64%로 전남 배출 총량의 절반을 넘어선다.

세 번째로 온실가스를 많이 배출하는 지자체는 경기다. 경기는 수송부문에서 배출되는 온실가스가 전체 배출량의 31.3%로 전국 14.4%의 두 배 이상을 웃돈다. 서울시의 베드타운인 경기에서 출퇴근으로 배출되는 온실가스도 많지만 모든 자원이 서울로 향하면서 경기에서는 물동량으로 인한 온실가스 배출량 비중이 높다.

　서울은 온실가스 총배출량(28,000만 톤CO2eq) 9위로 온실가스 배출량이 많은 도시는 아니다. 서울은 수송(31.4%:14.4%(서울:전국))과 폐기물(7.5%:2.4%), 상업 · 공공시설(11.9%:2.0%), 가정(21.9%:4.5%) 분야에서는 전국 평균을 웃도는 온실가스를 배출하지만 다른 부문에서는 전국 평균을 한참 밑돈다. 서울은 전국에서 생산되는 에너지와 자원을 블랙홀처럼 빨아들여 소비하고 축적하는 도시이기 때문이다. 또 서울이 가장 심각하기는 하지만 이러한 현상은 인구가 밀집한 광역시의 일반적인 특징이기도 하다.

　기후변화에 대한 지역의 책임을 지역에서 배출되는 온실가스로만 평가할 수는 없다. 입지환경, 주요 소비지역인 수도권과의 거리 등 국가정책에 따라 들어선 에너지시설, 산업시설 등으로 인한 온실가스 배출이 시설 소재지인 지방자치단체의 책임만은 아니기 때문이다. 지역의 기후책임을 나누기 위해서는 우리나라의 기후책임을 유발한 개발의 수혜가 지역간에 얼마나 균형있게 배분되었는지에 대해 고려해야 한다. 국가간 기후책임과 마찬가지로 지역간 기후책임도 결국 최종소비자 혹은 지역민 개개인이 개발로 인해 얻은 수혜의 총합에 있다고 할 수 있기 때문이다.

　개별 소비자, 개별국민의 기후변화 책임을 산정하는 일이 쉽지는 않다. 그러나 기후변화 책임이 개인의 소득과 자산에 포함된 채로 분배된 시장의 실패를 만회할 방법이 없는 것은 아니다. 개인의 소득과 자산에 쌓여 있는 기후변화 책임을 환수하기 위한 새로운 세제

'기후세'의 신설이 그것이다. 탄소세가 온실가스 배출 책임이 큰 상품과 산업에 부과해 탄소배출을 억제하는 것이 목표라면 기후세는 기후변화를 유발한 시장의 실패를 만회하고 개발의 수혜를 공정하게 나누는 것이 목표로 기후변화 책임에 따라 개인의 소득과 자산에 누진적으로 부과할 수 있다.

기후변화 예방이나 피해구제에 드는 막대한 비용과 개발의 수혜에서 빗겨나 있었던 개인과 지역에 사회서비스와 공공서비스를 제공할 비용은 천문학적이다. 기후변화를 유발한 구조적 문제 해결하는 데 드는 비용과 예상되는 피해도 어마어마하다. 그 비용을 마련하기 위해서는 힘든 사회적 합의 과정을 거쳐야 하지만 다행인 것은 그 재원은 이미 마련돼 있다는 것이다. 기후변화 책임은 개인의 소득과 자산에 차곡차곡 쌓여 있다.

기후변화에 더 큰 책임을 져야 할 지역이 있다

기후변화를 야기한 개발로 인한 수혜에서 빗겨난 지역일수록 기후변화와 같은 재난에는 취약하다. 그러나 개발의 수혜에서 벗어난 지역일수록 오히려 온실가스를 많이 배출하는 석탄발전과 같은 오염원을 떠안게 되고 기후변화 책임은 커 보이는 착시현상을 일으킨다. 더구나 이러한 지역은 기후변화로 인한 산업구조조정 과정에서 다시 불이익을 떠안게 될 가능성이 크다. 탄소를 많이 배출하던 에너지시설과 산업단지가 많이 소재해 있는 지역일수록 기후변화 구조조정과정에서 겪어야 할 지역경제의 충격은 크다. 또한 기후변화 구조조정과정에서 생산규모를 줄이거나 폐업한 생산시설을 관리하는데 드는 비용도 천문학적이다.

기후변화 구조조정으로 인한 피해복구는 구조조정의 수용성을 높이기 위해서라도 구조조정과 동시에 시작해야 한다. 기후변화대책에는 공공서비스의 보장 범위와 규모를 확대하는 것도 포함되어야 한다. 기후변화로 인한 피해와 영향의 범위가 가늠되지 않을수록 공공서비스의 안전망을 넓혀 폭넓게 지원해야 하기 때문이다. 그러나 기후변화 구조조정과정에서 발생할 지역의 피해와 비용은 지방자치단체 차원에서 감당하기엔 너무 크다.

기후영향과 기후변화 피해를 지원하는 데 필요한 기후세 재원을 감당할 수 있는 지자체는 서울을 제외하고는 별로 없다. 서울이 우리나라의 소득과 자산을 몰아 갖고 있기 때문이다. 개발이 지체되어 기후세의 세원이 적은 지방자치단체일수록 기후변화 피해를 대비하기 위한 공공서비스 확대와 피해복구에 드는 재원은 더 많이 필요하다.

지방세의 80%는 재산세가 차지하는데 이러한 재산세 수입의 불균형으로 지방자치단체간 재정격차는 매우 심각하다. 거기에 자산과 소득에 연동하는 누진세 형태의 기후세까지 더해지면 지방자치단체간 재정격차는 더욱 커질 수 있다. 따라서 기후세는 지방공동세[23]로 운영해 각 지방자치단체의 세수 확보와는 별개로 필요에 따라 기후변화에 대비한 공공서비스 확대와 구조조정, 피해구제 재원으로 쓰는 것이 필요하다. 현재의 서울, 현재의 강남이 국민 모두가 낸 세금으로 국가에서 우선 제공했던 공공서비스로 지금처럼 발전했다는 것을 잊지 않는다면 이제 개발에서 소외되었던 지역의 안전을 위해 먼저 세금을 쓴 서울과 같은 다른 지자체의 세원을 공동으로 쓰는 방안을 마련해야 하는 것은 당연하고도 공정하다. 기후비용을 지역 구분 없이 공동으로 마련하고 필요에 따라 공동으로 사용하는 것으로 지체된 개발 수혜를 고르게 나누고 지역간 기후 책임도 공정하게 나누는 일을 시작할 수 있다.

기후세로 계층간, 세대간, 지역간 기후변화 책임 나누기

시장에서 가격에 반영되지 않았던 기후비용을 시장가격에 반영하기 위한 방안으로 핀란드를 위시한 몇몇 나라에서 시행되고 있는 것은 탄소세다. 주로 화석연료 등에 부과하고 있는 탄소세는 소비세로 제품을 생산하는 과정에서 배출되는 탄소에 대해 부과된다. 즉 현재의 버는 것에 대한 세금인 소득세와 달리 탄소를 태우는 것에 대한 세금이 탄소세다. 탄소세는 배출단위에 부과되는 이산화탄소

---

23 지방공동세는 특정 자치단체에 귀속하지 않고 공동재원으로 운영하며 각급 지방자치단체 협의회에서 배분기준을 결정한다.

배출세, 화석연료에 포함된 탄소량에 부과하는 탄소세 혹은 연료의 에너지 함유량에 대한 에너지세 등의 형태를 취한다.[24] 탄소세는 생산자 혹은 소비자 차원에서 부과될 수도 있지만 상품에 부과하기 때문에 소득역진적[25]이라는 문제점이 종종 거론된다. 저소득층에 불리하기 때문에 실제 배출량 감축효과를 볼 수 있을 정도의 세율을 탄소세에 매길 수 없다는 것도 탄소세의 한계로 지적된다. 이러한 한계를 보완하기 위해 최근 탄소세 배당이 탄소세와 연계되어 논의되고 있다.

탄소배당안은 탄소세 증가의 공정성과 정치적 지속가능성을 극대화하기 위하여 탄소세 재정수입 전액을 동일한 금액으로 모든 시민에게 직접 되돌려주어야 한다는 주장이다. 탄소세 배당은 탄소세를 재원으로 '탄소배당'이라는 기본소득을 실시하자는 것이다.(Ⅲ.4) 탄소배당을 탄소세와 연계해 실시하면 탄소저감이 필요한 만큼 탄소세율을 올릴 수 있어 시장을 통한 탄소배출 억제 효과를 얻을 수 있을 뿐 아니라 이 과정에서 상대적으로 불리했던 저소득층의 부담을 낮출 수도 있다. 이렇게 탄소세와 탄소배당을 연계하면 탄소세의 정책목표를 실현하면서도 탄소세의 불공정성도 보완할 수 있고 더

---

24 탄소세, 시사경제용어사전, 기획재정부 홈페이지(2023년 4월 12일 검색)
25 소득이나 재산 등의 과세표준이 증가하면 그에 따라 평균세율이 증가하는 조세를 누진세, 평균세율이 일정하면 비례세, 평균세율이 감소하면 역진세라고 한다. 이때 평균세율은 세금액을 과세표준으로 나눈 값이다. 부과 대상이 되는 소득이나 재산이 많을수록 부담이 점차 커지는 소득세(누진세)는 부담 능력에 따른 공평 과세가 이루어져 소득 재분배의 효과가 있다. 반면, 소득과 관계없이 부과되는 10%의 부가가치세(비례세)는 역진적 성격(역진세는 아님)이 있다.(KDI 경제정보센터, 조세의 종류, 2023년 4월 19일 검색)

나아가 기후변화와 4차 산업혁명시대에 걸맞는 사회보장서비스도 제공할 수 있다는 것이다.[26]

불공정하다고 비판 받았던 탄소세를 탄소 배당과 함께 논의하면서 기존의 소득역진적인 탄소세의 한계를 일정 부분 보완할 수 있다. 하지만 동시에 개발수혜와 책임을 공평하게 나누고 기후변화를 유발한 구조적 변화를 감당하기 위해 강화된 누진세인 기후세도 추가적으로 고려해야 한다. 탄소배당을 포함한다 하더라도 여전히 탄소세로 세대간 공정성의 문제를 남기기 때문이다. 탄소세는 현재의 생산과 소비에 부과되므로 기후변화를 유발한 역사적 책임은 묻기 어렵다.

시장의 실패로 기후변화와 양극화가 심화되는 동안 기후변화 책임은 소득과 자산에 쌓였다.(Ⅲ.) 기후세를 강화된 누진세 형태로 소득과 자산에 부과한다면 청년세대가 소비하고 생산하는 과정에서 짊어져야 할 탄소세 부담을 기성세대와 기득권이 공정하게 나눠질 수 있다. 탄소세로 탄소배출을 줄이고 동시에 기후변화 책임이 고려되지 않은 높은 소득과 기성세대의 자산에 쌓인 기후책임은 기후세로 환수해 기후대책과 피해구제에 사용하는 것이 필요하다.

기후변화로 인한 피해는 1, 2차 세계대전의 피해를 합산한 것보다 훨씬 더 큰 규모가 될 것이라는 전망이다. 1940년부터 신자유주의의 물결이 전 세계를 휩쓸기 시작한 1980년까지 각국의 소득세

---

26 금민 외, 모두의 기본소득 재원을 마련하다, 다할미디어, 2021.

최고세율은 자본주의가 발생한 영국의 경우 98%, 대표적 자본주의 국가인 미국은 95%, 프랑스는 72%, 독일은 90%였다.(Ⅲ.5) 개발로 가장 큰 이익을 본 소득세 최고 구간의 세율을 더 높이는 등 누진세 체계를 조정하고, 이미 몇몇 선진국에서 실시하고 있거나 실시를 검토 중인 부유세를 기후세 형태로 확대해 도입하면 기후변화대책에 필요한 비용과 기후변화를 유발한 구조조정에 필요한 비용을 마련할 수 있다.

1940년부터 1980년까지 40년 동안 소득세 최고구간의 과세를 평균 80%까지 높이고 부자들의 재산에 최고세율을 부과한 것은 세계가 이미 경험했던 일이다. 이렇게 시장에서 가장 큰 이익을 본 사람에게 공동체에 대한 책임을 늘린 이 기간, 세계는 가장 양극화 정도가 낮았으며, 중산층은 크게 늘었고, 가장 많이 성장했다. 성장은 불평등 개선의 만능해결사로 불리지만 그 시기 불평등 개선의 성과는 공정한 분배의 몫이었다.

지방에서 먼저 실시하는 기본소득

코로나19로 분배가 경제에 미치는 효과는 일부 입증이 되었다. 4차 산업혁명으로 더 많은 노동이 자동화되면서 일자리는 사라지고 일자리의 불안전성도 크게 높아지고 있다. 게다가 기후변화 구조조정은 엎친데 덮친 격이다. 기후변화에 대비하기 위한 구조조정으로 우리나라를 포함한 아시아태평양지역에서 위기에 처하는 일자리는 43%에 달한다. 인구의 대다수가 불안정 근로자인 상태에서 기본소득이 지급되는 것은 필연이다.(Ⅲ.4) 윤석열 정부의 한국에서는 분배는 운동권 좌파의 헛된 망상쯤으로 치부되지만, 윤석열 정부의 모델 국가인 미국의 성공한 기업가들 사이에서도 기본소득은 진지하게 고려해야 할 정책이다. 테슬라의 일론 머스크는 앞으로 대규모 실업 사태가 불가피하다며 기본소득은 필수라고 주장하고 빌 게이츠도 소비를 하지 않는 로봇에게 세금을 매겨 기본소득 재원을 마련하자고 제안한다.[27]

고용을 중심으로 한 기존의 사회보장체제를 대체할, 기후변화와 4차 산업혁명시대의 사회정책으로 떠오르고 있는 기본소득의 가장 큰 문제는 기본소득에 필요한 비용이 만만치 않다는 것이다. 기본소득의 목표인 매월 80만 원 정도를 우리나라 국민 모두에게 지급하기 위해서 필요한 예산은 500조 원으로 2022년 우리나라 예산 600조에 육박한다. 기본소득을 실시하기 위해서는 우리나라 예산이 2배로 늘어나야 하는 것이다.

기본소득의 본령은 '무조건'에 있지만 비용이 문제가 되니 청년기본소득과 같이 연령별 기본소득을 먼저 실시하자는 주장도 등장한다. 그러나 새로운 제도를 도입하면서 가장 먼저 고려되어야 할 것은 효과와 정당성이다. 기후변화와 4차 산업혁명으로 구조조정이

---

27 기본소득, 선택 아닌 가야할 방향이다, 경기신문, 2021. 1. 8.

불가피해졌다면 구조조정과정에서 피해를 가장 많이 감당해야 할 개인을 공동체가 먼저 보호해야 한다. 우리나라 개발의 수혜가 세대가 아니라 계층과 지역에 집중됐으니 당연히 개발로 인한 피해를 구제하는 우선 순위는 지역과 계층에 있다.

비용이 문제가 된다면 전면적으로 기본소득을 실시하기 이전에 우선 지방기본소득을 실시하는 방안을 고려해볼 수 있다. 우리나라 인구의 70%는 수도권과 특·광역시에 산다. 30%의 지방에 사는 국민을 대상으로 기본소득을 우선 실시하는 데 필요한 추가 비용은 생각보다 크지 않을 수 있다. 농어촌에서는 노령인구가 50%에 가깝고 이 중 77%(2019년)가 이미 기초연금을 수령하고 있어, 기초연금과 농어민 국민연금에 들어가는 비용을 고려한다면, 지방 기본소득을 실시하는 것은 어렵지만 감당하지 못할 정도는 아니다. 게다가 여기에 제대로 쓰이지도 못하는 균형발전비용과, 탄소세와 기후세, 플랫폼산업세(Ⅲ.4.) 등 지방 기본소득을 실시하기에 필요한 자금을 추가로 동원할 방법까지 고려한다면 지방 기본소득을 그저 몽상으로 치부할 이유는 없다.

더구나 지방 기본소득을 기간이 정해진 지역화폐로 지급한다면 소비 증가로 인한 지역 경제의 활성화와 지역균형 발전도 꾀할 수 있다. 지방주민의 대부분인 노인에게 공공서비스 혜택을 집중해도 소득이 늘고 소비가 늘면 일자리도 늘고 젊은 인구도 돌아오고 지역도 소멸위기에서 벗어날 수 있다. 유입될 인구를 대상으로 펴는 정책은 인구가 유입되지 않으면 실패하지만, 정주하는 인구를 대상으로 하는 정책은 적어도 수혜대상에게는 실패하지 않는 정책이다.

　가계소득을 올리고 사회안전망과 복지를 확대하고 사람에 대한 투자를 늘리는 것이 성장에 도움이 된다고 보는 문재인 정부의 '소득주도성장'은 성공하지 못했다. 성장 우선주의, 수출·기업 중심주의, 낙수효과 강조 등으로 특징지워지는 이전까지의 경제정책에 대한 반성에서 출발한 경제전략이었지만 5년이라는 짧은 기간, 정부 안에서조차 다른 목소리를 내는 불명확한 비전, 그리고 실천의지의 부족 때문에 소득주도성장은 싹은 틔웠지만 성장은 하지 못한 정책으로 끝나고 말았다. 코로나19 기간 동안 분배를 통한 성장이라는 소득주도성장의 싹을 키워낼 기회가 있었는데도 홍남기로 대표되는 관료들의 반대를 넘지 못한 것이 문재인 정부 소득주도성장의 한계였다.

　그러나 실패라고 단정하기엔 문재인 정부의 소득주도성장이 던진 화두는 작지 않다. 개발에서 소외된 지역과 계층이 더 크게 피해를 입는 기후변화, 안정된 일자리가 사라지는 4차 산업혁명 등으로 세상은 점점 양극화되고 불안해지고 있다. 더 이상 성장은 분배의 해결책이 될 수 없는 선진국이 된 대한민국에서 소득주도성장은 선택이 아니라 필연이다. 코로나19를 통해 맛본 재난기본소득은 무시하지 못할 성과를 남겼다. 코로나19로 벌어지던 양극화가 재난지원금 투입으로 코로나19 이전보다 오히려 개선된 사례는 비단 우리나라만의 경험은 아니다. 성장정책으로는 백약이 무효인 균형발전을 위해서도, 개발에서 소외된 지역이 기후변화로 인한 피해는 더 크게 받는 기후부정의를 바로잡기 위해서도, 무엇보다 기후변화 대응을 위한 구조개혁에 당장 나서기 위해서라도 지방 기본소득 도입을 공론화해야 한다. 우리나라 개발에서 가장 큰 희생을 치른 지방의 가난한 노인세대가 선진국 한국 복지의 첫 수혜자여야 우리는 정의와 공정을 말할 수 있지 않겠는가.

기후재난시대를 살아내는 법

5

지역 살리기가 아니다, 지역주민 살리기다

'인구소멸', '지방소멸'에 이어 '한국소멸' 예언까지 등장했다. 이렇게 애를 안 낳다가는 한국은 지구상에서 가장 먼저 사라지는 국가가 될 예정이란다. 최근 들어서는 뉴스 첫머리에 '소멸'이 등장하는 일이 잦아지면서 이제 '지방소멸'은 낯선 단어가 아니다.

2014년 발표된 「마스다 보고서」에서 마스다 히로야는 일본의 저출산·고령화라는 인구문제는 인구, 특히 청년층의 과도한 수도권 집중 문제와 연결지어 파악해야 한다고 주장하면서 지방소멸 문제를 제기하였다. 마스다 보고서는 현 추세대로 인구의 수도권 집중이 지속된다면 2040년경에는 일본 지자체의 절반에 달하는 896개 지자체가 소멸할 것은 물론, 과밀화된 도쿄 역시 여러 사회문제의 누적으로 장기적으로는 인구가 급감하고 종국적으로는 소멸 위기에 직면할 것이라는 충격적인 전망을 내놓았다. 지방소멸론은 일자리

창출을 통해서 청년층의 전입을 유도하여 지방소멸을 저지하고 장기적으로는 인구의 회복을 꾀하는 일본 아베 정부의 지방 살리기 정책의 핵심이다.[28]

일본에 이어 우리나라에서도 지방소멸은 대단히 주목받는 정책 과제다. 일본을 제친 세계적인 저출산과 고령화 때문이기도 하지만 출산률을 늘려 문제를 해결하겠다는 성장만능주의 세계관이 주는 낯익음과 지방소멸이라는 자극적 용어가 주는 선명성 때문이기도 하다. 뉴스가 좋아할 수밖에 없는 용어, 지방소멸은 그러나 문제를 해결하는 데는 그다지 효과를 보이고 있는 것 같지는 않다. 인구 소멸의 핵심 과제는 출산률 증가인데 마스다 보고서가 발표된 2014년 여성 1인당 1.42명이었던 일본의 출산률은 2020년 현재, 1.34명으로 오히려 감소하였다.

지방소멸은 '65세 이상 고령자 대비 젊은 여성(20~39세) 비율'로 지방소멸지수[29]를 나타낸다. 지역소멸은 '인구의 재생산력' 해결이 지방문제 해결의 초점이라는 접근법이다. 지역소멸을 막기 위해서는 가임기 여성의 지방탈출을 막거나 지방유입을 늘려야 한다는 것이 지방소멸론의 지방 살리기 초점이다. 그러나 2014년 지방창생정책이 실시된 이후 현재까지도 도쿄 집중은 계속되고 도쿄권의 인구는 더욱 늘어나고 있다.

---

28 이동민, 지방소멸론을 통해 살펴보는 일본의 지방소멸 문제, 2018. 9.
29 소멸위험지수 = 20-39세 여성인구 수 / 65세 이상 고령인구 수.

기후재난시대를 살아내는 법

우리나라의 따라하기 소재인 일본의 지방정책, 인구정책은 지방소멸뿐 아니다. 자민당과 아베(安倍) 정부가 내놓은 지방소멸, 고향납세제, 컴팩트 시티 등 지방창생제도는 제도의 성과를 확인하지도 않고 우리나라가 무조건 일본을 따라하는 대표적인 균형발전 정책이다. 그러나 일명 '로컬 아베노믹스'라고도 불리는 지방창생제도의 핵심은 역시 인구대책이다.[30] 인구를 늘려 지방문제를 해결하겠다는 것으로 성장을 통해 고용을 해결하겠다는 성장주의자의 지방균형발전 버전인 셈이다.

사람이 살지 않는 지역이라고 '소멸'된 지역은 아니다. 지역소멸은 인구감소로 지자체 관리의 사각지대가 발생하고 이러한 공공서비스의 부족은 다시 인구를 감소시키는 요인이 되는 것이 핵심이다. 인구감소보다 더 큰 문제는 인구감소와 재원부족으로 산사태, 산불, 홍수, 가뭄과 같은 위기관리가 되지 않아 인구감소지역에 사는 인구가 국가가 제공해야 하는 공공서비스의 영역 밖으로 밀려나는 것이다. 지역소멸의 핵심은 인구소멸의 악순환이 아니라 공공서비스 소멸의 악순환이다.

30　박경, 지방 소멸 대책, 일본 정책 베껴다 쓰면 해결 되나, 프레시안, 2023. 1. 13.

지방의 균형발전, 소멸이 아니라 고령화가 지표가 되어야 한다

유엔이 제시한 기준에 따르면 한 국가의 총 인구 중 65세 이상 인구 비중이 7%, 14%, 20% 이상이면 각각 고령화사회, 고령사회, 초고령사회로 분류한다. 이 분류에 따르면 2022년 우리나라는 이미 노인(65+)인구가 24%를 넘는 초고령사회다. 균형발전을 위해 중앙행정기관이 이주해 건설한 세종시(13.8%)만 고령화사회일 뿐, 초고령사회를 간신히 비껴난 울산(17.8%), 경기(19.0%)도 고령사회다. 우리사회의 고령화는 농어촌낙후지역의 문제만이 아닌 이미 대도시권역을 포함한 전국적인 문제가 된 지 오래다.

지방의 인구문제를 소멸지수로 보던 고령화로 보던 위험신호가 달라지는 지역은 거의 없다. 그러나 지방의 인구문제를 소멸지수로 파악하는 것과 고령화지수로 파악하는 것은 전혀 다른 결과를 가져온다. 소멸지수가 지방의 인구위험을 알리는 데 더 선정적이기는 하지만 소멸지수로 파악한 지방인구대책은 젊은 여성의 이주 외에는 다른 답이 있을 수 없다. 지방소멸에 비해 용어가 주는 어감이 맹숭맹숭하기는 하지만 고령화지수는 지방의 인구구조에 맞는 공공서비스를 구성하는데 크게 도움이 된다. 어떤 지수를 사용하느냐에 따라 지방균형정책의 초점이 이주하는 도시민에게 맞춰지기도 정주하는 지역민에게 맞춰지기도 한다.

젊은 세대의 지방이주를 위해 성과도 불분명한 이주지원정책을 실시하거나 '베이비부머 30% 귀향'과 같은 인구분산정책 모두 균형정책의 수혜를 이주민에 맞추고 있다. 그러나 지방소멸을 막겠다고 출산지원금을 과감하게 확대하고, 기업을 유치하기 위해 도시에서 전입하는 인구에게 헐값에 집을 제공하고, 전입하는 학생 가족에게 대대적인 지원을 약속해도 지방의 인구는 증가하지 않았다. 도시에서 지방으로 전입하는 가구를 위한 혜택과 정책이 쏟아져도 혜택만 누리고 혜택이 사라지면 다시 수도권으로 회귀하는 인구로 인해 유입된 인구보다 더 소득이 낮은 지방민의 세금만 도시 전입 인구에게 털리고 마는 어처구니 없는 일이 반복된다.

베이비부머 30%가 귀향하면 대한민국이 산다는데 베이비부머 30%는 자그만치 510만 명이다. 성공할 리도 없지만 성공한다 해도 귀향한 510만 명을 수용할 사회기반시설을 제공하기 위해 필요한 시간도 자원도 베이비부머가 늙어죽기 전까지 마련될 가능성은 전무하다. 베이비부머가 귀향하기 전에 먼저 고민해야 할 것은 지방의 공공서비스 확대다. 더구나 "베이비부머가 귀향해 인구소멸을 막자"[31]지만 베이비부머가 귀향하면 인구소멸은 가속화한다. 가임기 여성이 느는 것이 아니라 고령인구가 늘기 때문이다. 베이비부머 30%가 귀향하면 한국이 사는 것이 아니라 한국은 재앙에 빠진다.

지방의 인구문제는 고령화다. 지방소멸이건 인구분산이건 효과

---

31 이미정, "베이버부머 귀향, 지방소멸 문제 풀 실마리", 시사위크, 2021. 4. 23.

도 입증되지 않은 정책의 효과를 기다리기엔 지방은 너무 늙었다. 2021년 농어촌의 65세 이상 고령 인구 비율은 49.8%로 초고령사회 기준(20% 이상)을 훌쩍 뛰어넘은 지 오래다. 공공서비스에서 가장 먼저 챙겨야 할 대상인 노인인구가 집중된 농촌은 그러나 공공서비스의 사각지대다. 이미 초고령사회인 농촌에서 살고 있는 노인들은 가난과 질병과 고독에 시달리면서 공공서비스의 혜택을 제대로 받지 못한다. 농촌 노인의 84.7%가 주기적으로 진료가 필요한 만성질환을 가지고 있고, 농촌노인들의 약 1/4 정도가 일상생활을 하는 데 있어서 다른 사람의 도움이 필요한 것으로 조사되었지만 도시 노인이 누리는 공공서비스의 혜택을 농촌의 노인은 누리기 힘들다.

수도권만 지방을 수탈한 것이 아니다. 균형발전을 하겠다면서 지방으로 유입되는 인구에 돈을 쏟아붓는 동안 우리나라 개발과정에서 소외되었던 농촌과 늙은 농어민들은 다시 버려졌다. 균형발전정책이 지역의 핵심도시 또는 거점도시 중심의 산업발전을 통해 낙후지역, 농촌지역의 개선으로 이어지는 낙수효과에 집중하느라 지방의 가난한 고령노인들의 공공서비스까지 챙기지는 않았기 때문이다.

당장 시급한 것은 개발과정에서 소외돼 우리나라 국민이라면 어느 지역에 살건 당연하게 누려야 할 기본권조차 제대로 보장받지 못하는 지역에 공평한 공공서비스를 제공할 방안을 찾는 일이다. 또한 이렇게 제공되는 공공서비스는 지역민의 이해, 지역민의 필요에 따라야 한다. 개발과정에서 뒷순위로 밀리기만 했던 지방의 공공서비스를 중앙정부와 이미 개발의 수혜를 누리고 있는 다른 지자체와 함께 당장 시행하는 것이 지방 인구대책이 되어야 한다.

지방소멸대책이 고령사회대책으로 전환되어야 하는 이유는 분명하다. 지방은 이미 초고령사회에 진입했고 고령사회에는 더 많은 공공서비스와 더 다른 공공서비스가 필요하다. 지역균형 발전의 수혜와 목표는 유입되는 인구가 아니라 정주하는 인구에 초점을 맞춰야 한다. 균형발전이 목표로 해야 할 것은 지역 살리기가 아니라 지역주민 살리기다. 지역주민이 우선이 되고 지역주민에게 제공하는 공공서비스가 정책목표가 되면 적어도 균형발전에 쏟아붓는 재정이 헛돈 쓰기가 되지는 않는다. 같은 국민이면서도 수도권과는 달리 국가가 제공하는 공공서비스에서 소외되었던 고령의 지방주민에게 더 많은 그러나 다른 종류의 공공서비스를 제공하는 것이 지방 인구대책의 핵심이 되어야 한다. 부수적으로 지역민에게 안전하고 편안한 지역은 고령에 접어드는 도시의 베이비부머에게도 노후를 보내고 싶은 지역일 수밖에 없다. 고령친화정책의 핵심은 돌아오는 베이비부머에게 주택과 토지구입과 일자리의 편의를 제공하는 것이 아니라 이미 초고령사회가 되어버린 지방주민에게 편의를 제공함으로써 고령의 베이비부머가 돌아오게 한다는 것이다. 국민은 장기판의 말이 아니다. 인구분산을 목표로 삼기보다 분산된 인구를 공평하고 공정하게 보살필 정책을 목표로 삼아야 한다.

균형발전은 성장정책이 아니라 분배정책이다

2005년 약 5조 4000억 원으로 시작한 균형발전예산은 점점 늘어나 2021년 9조 2000억이 되었다. 2008년부터 2021년까지 해마다 평균 10조 원 안팎이 책정된 균형발전예산의 14년간 총액은 140조 원이다.[32] 지자체 예산의 연도별 지역별 평균 4%에 달하는 균형발전예산은 충분하지는 않지만 그렇다고 적다고는 할 수 없는데, 이렇게 적지않은 규모의 돈을 쏟아붓고도 수도권과 비수도권의 격차는 더 커지고 있다. 2020년 수도권 인구는 과반을 넘었고 수도권의 지역총소득 비중도 2015년 50%를 넘어서면서 균형발전이 시작된 2005년, 수도권(48%):비수도권(52%)였던 지역총소득 비중이 2019년에는 수도권(52%): 비수도권(48%)로 오히려 역전되었다.

백약이 무효인 것 같은 지역균형 발전의 문제를 들여다보면 균형발전이 실패하는 이유가 보인다. 수도권과 비수도권 격차를 줄이기 위해 2005년 만들어진 균형발전예산은 지역간 균형발전을 도모하고 재정격차를 줄이기 위해 지방자치단체에 재정을 지원해주는 보조금 제도인데, 이러한 보조금이 오히려 수도권 집중 현상을 더욱 심화하는 사업에도 쓰이고 있다. 교통 및 물류 분야에 배정된 전체

---

32 「2008~2021년 국가균형발전특별회계 보조금(이하 균형발전 예산) 지역별 배분내역 분석」, 나라살림연구소.

균형발전예산 총액(23조 2587억 원)의 30%가 동부간선도로(988억 원), 태릉~구리광역도로(128억 원) 등 수도권 교통망 확충과 관련된 69개 사업에 투입되었는데 이는 교통 및 물류 분야에 배정된 전체 균형발전예산 총액(23조 2587억 원)의 30%에 이르는 규모다. 균형발전예산이 투입돼 서울 접근성이 개선되면서 오히려 수도권 인구는 매년 폭발적으로 늘고 있다. 수도권과 비수도권 격차를 줄이기 위해 탄생한 균형발전예산으로 수도권 인구를 늘리고 있는 셈이다.[33]

균형발전에 역행하는 사업에도 균형발전 예산이 쓰이는 것도 문제지만 균형발전사업의 주도권을 중앙정부와 국회가 쥐고 있는 것이 더 큰 문제다. 균형발전 예산의 약 20%는 '교통 및 물류' 분야 예산이고 이외에도 도로·철도·상하수도 등 사회간접자본(SOC) 건설에 전체 예산의 약 30%가 쓰였다.[34] 지역에 토지나 건설업을 보유한 자산가와 정치권의 이해관계가 잘 맞아떨어지기 때문이다. 도로가 뚫린다고 교통량이 늘어나고 지역이 성장하던 저개발의 시대의 성장공식은 선진국 대한민국에서 더 이상 통용되지 않는다. 그런데도 여전히 지역균형 발전이 사회기반시설 확대에 묶여 있는 것은 지방에 살건 살지 않건 지방에 영향력이 큰 사람이 대표하는 지방의 이해와 요구 때문이다. 균형발전에서 가장 중요한 것은 개발에서 소외돼왔던 지역에 사는 국민들의 기본권이 개발지역과 마찬가지로

---

33 권기석 외, 지역 격차 줄인다는 예산, 서울 '527%' 전국 최고 증가, 국민일보, 2021. 6. 14.
34 2008년부터 2021년까지 14년간 정부 중앙부처에서 편성한 균형발전예산 현황 자료를 국민일보 권기석 외 특별취재팀과 이 분석한 결과.

보장되어야 하고 지방의 이해를 반영하기 위해서 균형발전의 주도 권이 지역에 사는 지역주민에게 돌아가야 한다는 점이다.

균형발전이 실패하는 이유야 여러 가지를 찾을 수 있겠지만 기존의 사회 경제틀을 고수한 채로 지역균형 발전이 성공할 수 없다는 것은 분명하다. 도로가 부족해서 기반시설이 부족해 균형발전이 이뤄지지 않는 것도 인구분산이 되지 않는 것도 아니다. 서울, 서울대학, 대기업과 같은 일등만 살아남는 경쟁구도를 유지한 채 균형을 추구한다는 것은 거짓이다. 지방 대학에 지원을 늘려도 일렬로 늘어선 대학입시 경쟁구도가 바뀌지 않으면 지방대학이 살아날 길은 없다. 서울대학을 포함해 지역마다 있는 국립대학을 하나로 묶어 대학 서열화를 파괴하는 것만큼 인구집중을 완화할 좋은 정책이 없다는 것은 잘 알려진 사실이다.

지방소멸을 막겠다고, 유입인구 맞춤정책을 편다고, 산업을 유치하고 학교지원을 늘리고 주택을 제공하고 출산장려책에 세금을 쏟아부어도 도시인구는 돌아오지 않는다. 여전히 대도시에 더 많은 기회가 열려 있기 때문이다. 균형발전의 초점은 성장이 아니다. 균형발전은 성장의 열매를 모든 지역이 골고루 나누어야 하는 분배정책이다. 인구를 늘리고 산업을 늘려야만 지역경제가 사는 것도 아니다. 지역의 소득이 늘어 가용자원이 많아져도 경제는 산다. 산업을 유치하고 도로를 닦고 관광자원을 늘려야만 일자리가 생기고 지방 경기가 사는 것이 아니다. 행복택시나 방문보건의료서비스와 같은 공공서비스를 늘리고 지방의 소득을 늘려도 일자리가 생기고 지방

기후재난시대를 살아내는 법

의 경기가 산다.

노인까지도 편안한 도시, 고령친화도시(aging-free city)

세계보건기구(WHO)가 세계적인 고령화와 도시화 추세에 더욱 효과적으로 대응해 나가기 위해 2006년부터 추진한 범세계 고령친화도시 국제네크워크(Global Network of Age-Friendly Cities & Communities, GNAFCC)에는 2022년 12월 기준 51개국, 1,445개 도시가 가입하였고 2013년 가입한 서울시를 시작으로 우리나라의 40개 지자체도 이미 가입되어 있다.

노인에게만 편안한 도시가 아니라 노인까지도 편안한, 나이가 장애가 되지 않는 도시(aging-free city)를 추구하는 WHO의 고령친화도시는 공공건물, 대중교통, 신호등, 교통 체계 등 기반시설을 노인의 신체를 기준으로 하여 재설계하고, 노인의 지역사회서비스 및 의료서비스에 대한 접근성을 높일 수 있도록 사회적 약자를 기준으로 공공서비스를 재편한다.

신호등 주기 혹은 도로 안내판 활자 크기 등 젊은 한국 남성이 기준이었던 기반시설과 공공서비스를 고령자를 중심으로 재편하는 일은 인구를, 인구재생산이든 산업 생산이든, 생산의 단위가 아닌 복지의 단위로 바꿔보아야 가능한 일이다. 지방소멸이 장래, 인구 이동에 개선방향을 맞추고 있다면 고령친화정책은 현재, 지역의 생활에 개선방향을 맞추고 있는 정책이다. 지역균형 발전의 목표가 골고루 잘사는 '지역'이 되어서는 곤란하다. 지역균형 발전은 어디에 살건 '국민' 모두가 고르고 공정하게 공공서비스의 혜택을 누리는 것이다. 선진국 한국에서 공공서비스를 공평하게 누릴 권리는 기본권에 해당한다. 그렇다고 해서 모든 지역이 서울과 같은 수준으로 개발되어야 할 필요도 이유도 없다. 모두가 공평하게 누려야 하는 것은 공공서비스지 공공시설이 아니기 때문이다.

2020년 정부는 「농어업인 삶의 질 향상 및 농어촌지역 개발촉진에 관한 특별법」을 제정해 일상생활에 요구되는 공공, 기초생활 서비스의 최소 목표 수준을 설정하였다. 농어촌에도 대도시와 같은 공공서비스를 제공하겠다는 것이다. 병원, 도서관, 체육시설, 평생교육센터, 상수도와 도시가스 보급 등, 도시에 준하는 공공서비스 보급이 목표다. 의료복지, 교육문화, 정주여건, 경제활동 등 분야별로 빠진 것 없이 잘 짜여진 정책처럼 보이지만 여기서도 초점은 공공서비스지 공공서비스를 제공받는 사람은 아니다. 고령화된 지방의 인구구성에 대한 고려 없이 수도권의 공공서비스 수준에 지방의 공공서비스를 꿰맞춘다고 균형발전은 아니다. 동등한 권리를 갖고 있는 건 '지역'이 아니라 '사람'이다.

지역균형 발전의 주체는 지역민이 되어야 한다[35]

19세기 말 독일의 화학자 펠릭스 호프만이 개발하였고 오늘날까지도 '가장 놀라운 약'으로 불리는 아스피린은 생물다양성의 중요성을 말할 때 단골로 등장한다. 아스피린이 개발된 것은 오래전부터 해열과 진통을 위해 버드나무 껍질을 약재로 사용해온 전통에서 착안한 과학자들이 버드나무 껍질에서 아세틸살리실산을 찾아낸 데서 출발한다. 그러나 버드나무 껍질에서 유용한 성분을 찾아낸 것은 1%의 영감이 아니라 99%의 오래된 전통과 경험 덕분이다. 버드나무 껍질을 약재로 사용해온 전통은 기원전 1500년쯤 고대 이집트에서 작성된 파피루스에서 언급되고 기원전 400년쯤에는 히포크라테스가 사용했다는 기록이 있다.

이렇게 최근까지도 많은 신개발 의약품의 대다수가 전통적으로 사용하던 생물에서 발견되면서 생물다양성의 중요성에 많은 사람이 공감하게 되었다. 그러나 아스피린 개발에서 생물다양성만 이야기 하는 것은 반쪽의 이야기에 불과하다. 아스피린 개발에는 버드나무 껍질이라는 생물자원과 이를 전통적으로 활용해온 인류의 문화자원이라는 두 가지 자원이 동원되었기 때문이다.

생물다양성을 회복하기 위한 개발국과 전문가의 수많은 노력에

35　다양해야 강하다, 생물도 언어도, 이수경, 인터넷 한겨레, 2020. 3. 10.

도 불구하고 소멸 위험에 놓인 생태계가 복원된 사례는 극히 드물다. 생물다양성정책이 개발국이나 도회의 엘리트에 의해 주도되는 대부분의 경우, 외부인의 작물, 언어, 우선순위가 기반이 되는 일반적인 해법이 제시되는데, 이는 소멸 위험에 처한 대부분의 취약한 생태계에 적합하지 않다. 고립돼 진화해온 생물다양성이 높은 지역의 특성상, 주류 생물종의 침입이 생태계의 붕괴에 가장 큰 원인이기 때문이다.

따라서 개발국과 외부 전문가에 의한 생물다양성정책은 그 의도와는 관계없이 취약한 생태계를 복원하기는커녕 오히려 붕괴를 앞당기는 일까지 종종 일어난다. 이런 실패의 경험으로 소멸 위험에 놓인 지역의 생태계 복원에 지역민이 권한을 갖고 주도적으로 참여하도록 하였고, 이러한 방법이 속속 성과를 내고 있다.[36]

그러나 생물다양성정책이 단지 저개발국이나 저개발지역의 참여로만 실효성을 갖는 것도 아니다. 지역 엘리트, 전문가의 이해와 문화가 토착주민의 이해와 문화보다 오히려 개발국의 이해와 문화에 더 가까운 경우가 종종 있기 때문이다. 따라서 토착민의 지역 생태계에 대한 지식체계를 생물다양성 정책의 계획단계부터 도입하고 지역주민이 주체적으로 관할하도록 하는 것은 그동안 간과되었지만 정책의 성패를 가를 가장 중요한 요인이다. 다양성의 훼손이 생

---

[36] 1957년 '토착 부족민에 관한 제네바 협약'이 단순히 토착주민의 보호를 목표로 하였다면 1989년 목표를 토착문화와 주민보호로 변경하여 토착문화를 보호하지 않고는 토착주민도 생태계도 보호될 수 없다는 것을 인정했다.

물, 국가, 지역, 계층을 망라한 권력의 쏠림이 원인이므로 결국 다양성은 국가간, 지역간, 계층간의 다양한 권력의 불균형을 개선하는 데서 시작해야 한다.

다양성이 중요한 것은 비단 생태계와 인류문화에만 적용되는 것은 아니다. 생물다양성이 지구적인 안정에, 언어다양성이 인류의 안정에 중요한 것처럼 우리나라의 안정과 생존에도 다양성은 필수적이다. 인구의 절반이 수도권에 몰려 살면서 지역을 '작은 서울', '짝퉁 서울'로 만드는 지역개발로는 한국의 정체성은 물론 경제마저 발전은 고사하고 유지되기도 힘들다.

'아카데미는 지역영화제일 뿐'이라는 봉준호 감독의 인터뷰에 통쾌해하면서, 서울을 중앙이라 부르는 관행에는 둔감해도 되는 것은 아니다. 서울에 사는 전문가와 지역 엘리트에 의해 계획되고 주도되는 지역균형 발전 계획이 지역민의 이해와 필요에 무지한 것은 당연하다. 서울에서 계획된 지역균형 발전도 인구분산정책도 지역민의 이해가 아닌 지역으로 내려가는 서울 사람의 이해에 맞춰지게 되는 이유도 마찬가지다.

지역균형 발전은 먼저 다양한 지역문화와 정체성에 대한 존중에서 시작된다. 서울에서, 지방에서 난 개천용인 전문가와 행정가에 의해 주도되는 지역균형 발전은 실패할 수밖에 없다. 다양한 것이 강한 것이라는 명제는 생물종에만 국한된 것은 아니다.

· 에필로그 ·

"우리는 99%다"

2022년 대우조선 하청노동자 유최안 씨는 지난 5년간 삭감된 임금의 원상 회복과 노조 전임자 인정 등을 위해 파업을 요구하며 점거농성에 들어갔다. 유최안 씨가 점거농성을 위해 선택한 것은 한여름 무더위에 가로×세로×높이 1m의 쇠창살에 31일 동안 자신의 몸을 구겨넣어 가두는 것이었다. 지난 2016년, 오래된 조선사업의 불황으로 2만 명이 넘는 노동자가 일자리를 잃었고 하청 노동자들은 30% 가까운 임금을 삭감당했다. 하청노동자들의 점거농성은 활황기를 맞은 조선업계가 불황기에 나눠졌던 노동자들의 고통을 원상회복하기는 커녕 하청노동자의 거듭된 대화요청을 묵살하면서 시작되었다. 하청노동자들의 농성에 대해 윤석열 정부는 하청노동자와 원청간의 교섭중재와 같은 정작 정부가 해야 할 일은 뒷전으로 미루고 공권력 투입만을 암시하면서 파업노동자들의 숨통을 죄었다. 결국 대우조선하청노동자 파업은 51일 만에 타결되었지만 파업노동자들에게 날아든 건 470억 원의 손해배상소송이다. 2021년 한 해 매출이 4조 5000억이었던 대우 옥포조선소가 5개 도크 가운데, 파업으로 1개가 멈춰섰을 뿐 나머지 4개는 정상 가동 중이었고, 선박도 차질 없이 건조되었는데도 51일 동안의 하청노동자 농성으로 8천억의 손실을 입었다며 내민 청구서다. 정규직 노동자의 50%에도 못미치는 월급, 최저노동에도 못 미치는 월 200만 원의 임금을 받는 하청노동자에게 국민 세금 7조 원을 지원받고도 회생에 실패해 헐값 매각에 나선 대우조선 경영진이 들이민 책임 회피다.

2023년 노동절에 건설노동자 양회동 씨가 분신했다. 윤석열 정부가 건설 현장 노조 활동을 '건폭'이라고 부르며 대대적인 수사를 벌이는 가운데 벌어진 일이다. 양회동 씨는 "정당한 노조활동을 했는데 집시법(집회 및 시위에 관한 법률) 위반도 아니고 업무방해 및 공갈이라고 한다"며 억울해했다. 양회동 씨가 분신한 노동절 기념 축사에서, 국민의 힘과 윤석열 정부는 양대노총은 기득권 투쟁에만 골몰하지 말라고 경고했다. 윤석열 정부는 기득권을 타파하겠다면서 양대노총의 회계 장부를 요구했다. 검사 출신 김학의 법무부 차관은 별장 성접대를 받아도, 라임사태 주범 김봉현회장으로부터 7명의 전현직 검사가 술접대를 받아도 모두 무죄인데 이제 제 몫의 권리를 되찾겠다는 노동자들은 기득권, 구태로 몰려 줄줄이 검사 앞에 죄인으로 앉게 되었다.

2021년 12월, 전장연은 장애인의 이동권을 보장하고 장애인 권리 예산 반영을 확대하겠다는 정부의 오랜 약속을 실현하라고 지하철 탑승 시위에 돌입했다. 늘 그렇듯 시위에서 볼모가 된 것은 출근길 시민이었다. 오세훈 서울시장은 지하철 시위 중단 이전에 대화는 없다면서 전장연의 횡포(?)를 비난하고 나섰다. 전장연에 볼모로 잡힌 서울시민이야말로 사회적 약자이고 사회적 약자인 서울시민을 배려하는 것이 서울시장이 할 일이라고 주장했다. 전장연 출근 시위를 전장연 대 서울시민의 구도로 만든 것이다. 그런데 잠깐, 서울시민이 결과적으로 볼모가 된 것은 맞지만 볼모를 잡은 것은 전장연이 아니라 서울시다. 헌법이 보장한 기본권을 요구하기 위해 시위에 나선 전장연의 오랜 민원에 대한 해결책을 들고 대화의 테이블에 앉아 문제를 해결해 서울시민에게 불편을 끼치지 않아야 할 책임은 전장연이 아니라 행정당국인 서울시에 있다. 그런데도 서울시는 일찌감치 심판자연 한다. 윤석열 정부의 사회문제 다루기 방식인 갈라치기의 대표적 사례다.

총 159명이 사망한 이태원 참사의 비극은 2022년 10월 29일에만 일어난 것은 아니다. 국가의 가장 기본적 역할인 시민의 안전조차 지켜내지 못한 정부로부터 2022년 10월 29일 이후 유가족이 겪어야 하는 모욕은 참사만큼이나 비극이다. 이태원 참사의 책임자들은 책임을 지지 않았고 희생자와 생존자, 유가족은 일부 네티즌은 물론 책임 당사자였던 이상민 장관, 서울시장, 여당 국회의원의 모욕과 조롱에 시달렸다. 새벽 세시에 여성이 조깅해도 안전한 나라라는 세계를 향한 자랑은 서울 한복판 거리, 열린 공간, 축제에 참가한 사람들에게는 해당되지 않았다. 정부는 뒷전에서 희생자를 상대로 마약 검사를 하고 용산구청장은 건강을 핑계로 보석을 얻어내고 몰래 출근하더니 이에 항의하는 유족을 상대로 경찰에 신변보호를 요청했다. 정부의 의무인 이태원 참사 진실규명과 이태원 희생자를 위한 추모공간 요구는 정부와 서울시로부터 철저히 외면당했다. 유족이 원하는 분향소는 배제한 채 이태원 참사의 책임 당국인 서울시는 유가족에게 참사 희생자 분향소 철거만 겁박하면서 유가족들에게 변상금을 부과했다. 가해자인 정부와 서울시, 용산구청이 희생자들과 그 유가족들의 정당한 요구를 어거지, 생떼 취급하면서 불법으로 몰고 있다.

사회적 약자는 늘 개별 사안마다 소수다. 소수인 사회적 약자의 헌법적 권리를 탄압하는 윤석열 정부의 핑계는 늘 '국민 불편'이다. 사회적 약자와 국민 가르기. 장애인도, 노동자도, 이주노동자도, 사회적 참사의 유가족도 모두 소수다. 윤석열 정부의 그 얕은 수는 끊임없이 재생된다. 오늘은 윤석열 정부의 핑계인 '국민'이었던 나도 다른 사안, 다른 이유로 소수자, 당사자가 된다. 사회적 약자는 교집합이 아니라 합집합이다. 사회적 소수에 다른 소수를 더하고 거기에 다시 또 다른 소수를 더하니 우리는 99%다. 나와는 다른 사회적 약자의 고통에 귀를 기울이고 연대하는 우리 모두, 99%다.

촛불집회, 1% 정치에 대한 99% 저항의 승리

"1%의 요구는 언제나 하나이므로, 그들은 뭉치려 애쓰지 않아도

기후재난시대를 살아내는 법

같이 움직인다. 99%는 필연적으로 수많은 '소수자'이므로, 끊임없이 토론하고 논쟁하고 부딪히고, 그럼에도 연대하지 않는 한 같이 움직일 수 없다. 이제야 우리는 단순하고 순진해 빠진 점령운동의 선언이 얼마나 큰 힘을 발휘하는지 보고 있다. 언론은 구호를 조명하고, 지식인은 해석하고 비평한다. 시위는 끝나도 시위자들은 남는다. 「저항하라」는 바로 그들의 이야기다"

2009년, 대통령 선거 결과에 불복한 시민들의 이란 녹색운동과 2010년, 사회 불평등과 양극화, 실업난으로 촉발된 튀니지 재스민 혁명은 권위주의적인 아랍지역에 '아랍의 봄'을 불렀다. 2011년 5월 스페인의 '분노한 사람들', 2011년 9월, "우리는 99%다"라는 구호로 시작된 미국의 월스트리트 점령운동은 신자유주의에 지친 전 세계 99%의 저항운동의 영감이 되었고 우리나라도 예외는 아니었다.

2016년, 한국의 촛불시위는 박근혜 대통령을 탄핵했다. 1%의 정치에 대한 세월호로 상징되는 99%의 저항이 승리한 순간이었다. 촛불 시위가 요구한 것은 박근혜 퇴진만이 아니었다. '세월호 진상규명', '국정역사교과서 반대', '위안부 합의 무효'라는 공동의 목표가 시민을 광장으로 불러냈지만 참가자가 100만 명을 넘어서면서 촛불 집회는 스스로 생명력을 얻게 되었다. 동원된 조직이 아니라 참여한 시민이 만드는 직접민주주의의 힘이다. 흩어져있던 세월호 가족, 가습기 피해자, 비정규직 노동자, 여성, 농민, 이주노동자, 소수자만 연대한 것이 아니다. 처음 촛불시위를 기획했던 민중총궐기투쟁본부의 '공공부문민영화반대' 깃발은 힘을 잃었고 그 자리를 장수풍뎅이 연구회, 민주묘총, 전국 게으름뱅이 연합, 독거총각결혼추진회, 혼자온 사람들, 아이돌 팬 깃발이 채웠다. 사회적 소수자들의 시위에 서조차 소수자가 되어야 했던 시민들이 주체로 나서 1%를 갈아엎은 것이다. 한마음으로 염원하던 일을 이뤄낸 사람들이 대통령이 탄핵되자 촛불을 끄고 광장을 떠났다. 자칭타칭 촛불정부인 문재인 정부는 그렇게 99%의 염원과 기대로 탄생했다.

촛불집회는 진행중이다

그러나 촛불정부를 자처한 문재인 정부는 실패했다. 7, 80년대 이전 아니 이승만 시대, 대한제국의 친일파까지 퇴행하는 윤석열 정부를 탄생시킨 원죄를 따져 묻자고 하는 말은 아니다. 2022년 실시된 제8회 전국동시지방선거를 앞두고 더불어민주당은 "더불어민주당에 대한 국민의 실망은 잘 알지만 그렇다고 국민의 힘에게 투표하지는 않을 것 아니냐"면서 더불어민주당 지지를 호소했다. 그러나 틀렸다. 국민의 힘이 이기는 방법은 두 가지다. 더불어민주당 표를 가져오는 방법(+2표 효과)과 더불어민주당이 표를 받지 못하는 방법(+1표 효과)이다. 20대 대선이건, 8회 지방선거건 더불어민주당이 선거에서 진 이유는 반대자의 마음을 얻지 못해서가 아니라 지지자의 마음을 잃어서다. 우리나라 정치구도상 지지하는 정당을 바꾸는 일은 잘 일어나지 않는다. 지지자를 투표장에 불러모으지 않은 정당은

기후재난시대를 살아내는 법

이길 수가 없다. 문재인 정부는 5년 임기 동안 촛불시민의 마음을 너무 많이 잃었다. 그래서 문재인 정부는 실패했다.

조국 전 장관의 자녀입시비리 사건으로부터 촛불정부의 실패는 시작됐다. 조국 전 장관 가족이 겪고 있는 수난이 공정하지 않은 검찰의 표적수사 때문이란 걸 모르지 않는다. 강남 1%의 이너서클의 인맥과 교수라는 지위를 동원해 입시부정을 저질렀다고 해도 1%의 관행에 편승했다는 이유로 4년의 실형을 치러야 한다는 게 공정한 법집행으로 보이지는 않는다. 그런데도 실망이다. 다른 여러 가지 이유를 제쳐놓고 가장 실망인 건 촛불정부의 또 하나의 얼굴 조국 전 장관의 변명이다. 본인이 하는 변명보다 늘 더 많은 이해 거리를 준비했던 촛불시민에게 1%의 관행을 들이미는 조국 전 장관의 변명은 늘 실망이다. 조국 장관의 변명은 문재인 정부를 촛불정부라 믿던 99%를 정치로부터 돌아서게 했다.

조국사태로 문재인 정부는 밑천이 드러났다. 1%의 정치. 조국이 1%, 0.1%라는 걸 모르는 사람은 없다. 단지 촛불정부인 문재인 정부라면 1%를 위한 변명 뒤에 숨지 않고 99%의 분노에 사과했어야 한다. 촛불시민이 촛불정부에게 기대한 건 99%로서의 정체성이다. 조국 전 장관이 억울했을 거라고 생각한다. 조국 전 장관이 겪어야 했던 수난은 과도했고 집요했다. 하지만 늘 우리 정치와 언론은 상대의 약점을 발견하면 물어뜯어 찢어발기지 않았는가. 촛불정부가, 조국 전 장관이 촛불시민을 믿었더라면 겁박하는 상대에게 변명하기보다 싸움을 지켜보는 99%의 실망을 가늠했어야 했다. 정치는 늘

유권자를 관객으로 둔 무대고 승패는 관객의 마음을 얻는 것으로 결정되기 마련이라는 점을 염두에 두었더라면 말이다.

문재인 정부는 실패하지 않았다. 문재인 정부 시절 우리나라의 국제적 위상은 높아졌고 국민들은 '국뽕'에 젖을 만큼 자부심이 넘쳤다. 우리나라는 경제적으로도 선진국 반열에 올라섰고 '한류'는 세계의 문화를 선도했다. 부동산 정책의 실패, 오히려 반동을 불러온 검찰개혁 등이 실패의 요인으로 꼽히지만 실책이 있다고 실패는 아니다.

촛불정부는 실패했다. 촛불정부는 사회적 약자의 염원으로 만들어진 정부다. 세월호 유가족과 가습기 피해자, 비정규직 노동자, 여성, 장애인, 농민, 이주 노동자의 정부가 촛불정부다. 촛불정부는 광장에서 촛불을 들어 문재인 정부를 만들었던 99% 사회적 약자의 정부다. 1%의 훼방이 집요했어도 촛불정부는 약속한 대로 시민이 든 촛불 실현을 위한 노력을 멈추어서는 안 되는 정부다. 사안마다는 늘 소수인 사회적 약자의 연대를 만들고 시민이라는 뒷배를 믿고 개혁정책을 끊임없이 시도해야 하는 정부다. 그러나 문재인 정부는 1%의 반격에 휘청이면서 99%의 염원을 잊어버렸다. 문재인 정부의 정체성도 1%인 것이 드러나면서 촛불시민은 정치에 등을 돌렸다. 1%의 정체성을 가진 정부의 선의에 기대서 세상을 바꿀 수 없다는 것은 분명해졌다. 1%의 선의가 세상을 바꿀 거라는 믿음은 개인의 노력만으로 기후변화를 막을 수 있다고 믿는 것만큼 무망한 일이다.

촛불시민이 실패했다. 촛불을 끄고 광장을 떠나는 순간, 촛불 시민의 실패는 예견돼 있었다. 제3자로 구성되곤 하는 무슨무슨위원회거나 무슨무슨 민관공동조사단에서 늘 당사자는 제외된다. 당사자는 객관적이지 않기 때문이라는 것이다. 촛불시민은 민주주의를 회복시키겠다는 공동의 염원만 갖고 촛불집회에 참여했던 것이 아니다. 세월호 가족은 세월호 가족대로, 가습기 피해자는 피해자대로, 비정규직은 비정규직대로, 장애인은 장애인대로, 게으름뱅이는 게으름뱅이대로 소수는 민주주의 세상에서는 이뤄질 각자의 염원을 품고 촛불시위에 참가했다. 박근혜가 탄핵되고 민주주의 정부를 세우면 그걸로 된 것이라고 믿었던 것이 실책이다. 사안마다 소수일 수밖에 없는 당사자를 제외하니 결국 99%는 배제된다. 당사자가 아니어야 객관적이라는 근거 없는 '미신'이 어떤 사안에서도 사회적 약자가 되어 보지 않은 1%에게만 소수자를 대리할 권력을 쥐어준다. 늘 객관적 제3자(?)만 소수자를 대리하니, 늘 1%의 정치가 된다.

1%의 정부, 윤석열 정부가 들어선 것은 역사의 필연처럼 여겨진다. 문재인 정부의 실패, 99%의 염원으로 무대에 등장했지만 1%의 정체성을 가진 문재인 정부가 촛불정부로 성공하지 못한 것이 필연인 것처럼. 윤석열 정부의 사회적 약자를 행한 전방위적인 공격과 혐오는 촛불정부가 성공하기 위해 촛불시민이 완수해야 했던 것이 무엇인지를 드러낸다. 99%의 우리에게 필요한 것은 99%를 위한 정치를 하겠다는 1%의 정치세력이 아니라 99%의 정치다.

모든 혁명이 실패했던 이유는 혁명의 성취가 1%의 정치로 이어지기 때문이다. 혁명 정부가 1%의 정체성을 갖게 되면서 모든 혁명은 실패했다. 촛불집회, 재스민혁명, 이란의 봄, 월스트리트 점령시위가 보여준 것은 이제 99%의 직접민주주의를 실현할 물적 토대가 갖춰졌다는 것이다. 새로운 기술은 1%의 기성 정치, 기성 시민운동이 99%를 대변하던 시대를 끝냈다. 이제 광장에 모인 시민은 시민을 대변할 대표를 뽑고 촛불을 끄고 집으로 돌아가지 않는다. 이제 시민이 정책을 스스로 만들고 99%의 연대를 통해 정책을 집행하고 감시한다.

기후변화는 기성 체계가 무너지고 있다는 증거다

신자유주의로 양극화는 이제 수인한도를 넘었다. 4차 산업혁명으로 성장이 고용과 복지를 견인하던 시기가 끝났다는 것은 분명졌다. 기후변화는 이제 저개발국가를 넘어 선진국에서조차 시민의 생명과 안전을 위협한다. 모든 분야에서 위기신호가 급박해지고 있다. 4차 산업혁명의 시대, 기후변화시대에 자본주의는 제대로 작동되지 않는다. 모든 곳에서 위기신호가 울린다면 구조를 바꿔야 한다. 기후변화는 기후이상이 아니라 체제이상의 명확한 증거다.

기후변화를 감당하기 위한 산업구조조정과 지역균형 발전은 더 이상 미룰 수 없다. 개개인이 삶의 태도를 바꾼다고, 에너지의 효율을 높이거나 신재생에너지를 확대한다고 기후변화를 해결할 수 있던 시기는 이미 놓쳤다. 탄소시대를 이끌던 구조와 체제가 경제적,

지역적 양극화와 같은 오류의 누적과 4차 산업혁명과 같은 새로운 물적토대의 변화로 더 이상 제대로 작동할 수 없다. 당장 구조를 바꿔야 한다. 그러나 구조조정을 사회가 감당하기 위해서는 천문학적 비용이 필요하다. 또 구조조정과정에서 가장 큰 희생을 치러야 하는 것은 체제의 수혜자가 아니라 체제의 소외자다. 따라서 기후변화 구조조정을 사회가 수용하기 위해서는 구조조정의 고통을 공동체가 '공동의 차별적 책임' 원칙에 따라 분배하는 것이 필요하다. 세계가 수십 년 전 기후변화협약으로 약속했던 고통분담의 원칙이다. 구조조정에 필요한 비용은 천문학적이지만 다행인 것은 그 비용은 이미 마련돼 있다는 것이다. 현재 세계를 움직이는 구조는 기후변화 책임만 쌓아둔 것이 아니라 그에 필요한 비용도 자산과 소득이라는 형태로 쌓아두고 있다. 이미 몇몇 국가에서 시행되고 있는 탄소세, 소득과 자산에 쌓여있는 기후책임에 누진적으로 부과되는 기후세, 공동체가 함께 키운 플랫폼산업의 이익을 공동체가 환수하기 위한 플랫폼세 등 기후책임을 나눌 방법과 비용이 없는 것은 아니다. 기후변화 피해는 물론 기후변화와 4차 산업혁명으로 인한 구조조정으로 사회적 약자와 지역이 감당해야 할 고통을 공동체가 함께 나눠질 방법도 이 책에서 제시한 지방기본소득 외에도 얼마든지 찾아낼 수 있다. 기후책임과 피해를 나누는 방법에 대한 합의를 1%의 정치가 아니라 99%의 촛불시민의 직접민주주의가 해낼 수 있다. 4차 산업혁명을 불러온 기술의 발달은 이제 늘 실패하고 마는 선한 1%의 정체성을 가진 정부가 아니라 99% 촛불시민의 정치를 가능하게 한다.

재난을 불러온 것도 재난을 재앙으로 이끄는 것도 1:99의 불평등이다. 불평등은 이제 용인할 수준을 넘어섰다. 기후변화, 양극화, 지역불평등은 1:99 세상의 한계를 잘 보여준다. 기후변화 피해를 감당하기 위해서도 현존하는 세계의 모순을 뛰어넘기 위해서도 피해자의 직접 민주주의가 필요하다. 1인 미디어의 발달로 시민운동은 변화하고 있다. 2011년, 튀니지혁명, 이집트의 타흐리르 광장 시위, 스페인의 15M 운동과 월스트리트 점령운동, 2017년 우리나라의 촛불집회, 최근의 기후운동은 피해자의 경험과 상상력이 연대해 새로운 체제를 현실로 만들 수 있다는 것을 보여주었다. 기후변화도 양극화도 더 이상 견디기 힘들다. 기후변화와 양극화를 유발한 구조를 빼놓고 기후변화대책도 양극화 대책도 가능하지 않다. 지금 가장 시급한 것은 1%의 세계를 끝내고 당장 99%의 세계를 위해 촛불을 들어야 한다는 것이다. 이제 99%의 직접민주주의를 통해 기후변화를 헤쳐나갈 정치를 시작할 때다.

더 읽어보면 좋은 기후 관련 도서목록

(본문에 소개순)

- 『코로나, 기후, 오래된 비상사태』, 안드레아스 말름 지음, 우석영 · 장석준 옮김, 마농지, 2021
- 『기후대전』, 귄 다이어 지음, 이창신 옮김, 김영사, 2011
- 『이것이 모든 것을 바꾼다』, 나오미 클라인 지음, 이순희 옮김, 열린책들, 2016
- 「한국 기후변화 평가보고서」, 기상청, 2020년 7월
- 「대한민국2050 탄소중립 전략」, 대한민국 정부, 2020
- 『숨을 참다』, 익천문화재단 길동무 · 직장갑질119 기획, 후마니타스, 2022
- 『깻잎 투쟁기, 캄보디아 이주노동자들과 함께한 1500일』, 우춘희 지음, 교양인, 2022
- 『다른 의료는 가능하다』, 백연경, 백재중, 최원영, 윤정원, 이지은 저, 창비, 2020
- 『포스트 코로나 뉴노멀』, 슬라보예 지젝, 이택광 지음, 비전CNF, 2020
- 『자본과 이데올로기』, 토마 피케티 지음, 안준범 옮김, 문학동네, 2020
- 『그레타 툰베리의 금요일』, 그레타 툰베리 외 지음, 고영아 역, 책담, 2019
- 『기후책』, 그레타 툰베리 지음, 이순희 역, 김여사, 2023
- 『21세기 자본』, 토마 피케티 지음, 장경덕 외 옮김, 글항아리, 2014
- 『제4차 산업혁명』, 클라우스 슈밥 지음, 송경진 옮김, 메가스터디북스, 2016
- 『21세기 기본소득』, 필리프 판 파레인스 · 야니크 판데르보호트 지음, 흐름출판, 2018
- 『기후정의선언』, 우리 모두의 일 지음, 이세진 옮김, 조천호 보론, 마농지, 2020
- 『정해진 미래』, 조영태 지음, 북스톤, 2016
- 『개천에서 용 나면 안된다』, 강준만 지음, 인물과사상사, 2015

· 『아메리칸 러스트』, 필립 마이어 지음, 최용준 옮김, 사피엔스 21, 2010

· 『탄소세와 탄소배당』, 금민 지음, 대안ON, 2022

· 『사라져가는 목소리들, 그 많던 언어들은 모두 어디로 갔을까?』, 다니엘 네틀, 수잔 로 메인 지음, 김정화 옮김, 이제이북스, 2003

· 『점령하라』, 시위자 쓰고 그림, 임명주 옮김, 북돋움, 2012

기후재난시대를 살아내는 법

1판 1쇄 찍음 2024년 1월 10일
1판 1쇄 펴냄 2024년 1월 25일

지은이 이수경

주간 김현숙 | **편집** 김주희, 이나연
디자인 이현정, 전미혜
마케팅 백국현(제작), 문윤기 | **관리** 오유나

펴낸곳 궁리출판 | **펴낸이** 이갑수

등록 1999년 3월 29일 제300-2004-162호
주소 10881 경기도 파주시 회동길 325-12
전화 031-955-9818 | **팩스** 031-955-9848
홈페이지 www.kungree.com
전자우편 kungree@kungree.com
페이스북 /kungreepress | **트위터** @kungreepress
인스타그램 /kungree_press

ⓒ 이수경, 2024.

ISBN 978-89-5820-872-3   03300